★★★★★
이 책을 함께 만든 독자에디터들의 평가

어렵고 멀게만 느껴지던 토지 투자였는데, 이 책을 읽고 나서는 나도 해 볼 수 있겠단 생각이 들었어요. 소액토지 투자의 입문서로 제격이다 싶습니다!
- 경자 님

성공과 실패 경험을 두루두루 담고 있어 유익한 실전정보가 정말 많습니다. 투자는 그야말로 세상과 나의 공부 중 하나였음을 책을 읽으며 깨닫습니다. 덕분에 막막하고 어렵다고 생각했던 토지 투자에 한걸음 더 가까워진 느낌입니다.
- 교사엄마 님

조금은 어렵게 느껴질 수 있는 토지 투자라는 새로운 분야를 저자의 생생한 경험담을 바탕으로 풀어주셔서 재미있고 쉽게 배울 수 있었습니다. 소액으로 투자가 가능한 매력적인 토지 투자! 이 책을 교과서 삼아 차근차근 공부해 나가고 싶습니다.
- 굿오쩡이 님

책에 실린 사례를 읽으며 재미있는 경험담을 생생하게 듣는 듯 했습니다. 더불어 토지 투자에 대한 저자의 내공과 지혜를 얻을 수 있었습니다. 저도 모르게 토지 투자의 매력에 빠져버렸어요.
- 땅꼬 님

친절한 설명과 생생한 사례가 돋보이는 책이다. 저자의 시행착오와 성공 스토리가 흥미롭고 유익하다. 소액으로 할 수 있는 투자로 토지 공매 투자가 있었다. 토지 공매 투자를 하려면 공부가 필요한데, 이 책이 그 공부의 수단이다.
- 바다처럼 님

'토지 투자는 큰돈이 필요해'라는 고정관념이 있었는데, 만사오케이님의 투자 방법을 읽고 나니 천만 원 이하 소액으로도 가능하다는 사실에 놀랐다. 빨리 온비드에 접속해 봐야겠다!
- 연두 님

독자에디터는 본 책의 초안을 검토하고, 편집 아이디어를 제공하고, 오탈자를 확인하는 등 독자의 눈높이에 맞는 책을 만들 수 있도록 많은 도움을 주셨습니다.
바쁜 시간을 쪼개어 참여해주신 독자에디터 7기 여러분께 깊은 감사를 전합니다.

정부의 강력한 규제를 피할 수 있는 부동산 투자가 있다니. 큰돈이 장기간 묶여야만 한다고 생각했던 토지 투자를 적은 돈으로 빠르게 진행할 수 있는 법을 알려주는 놀라운 책이었다. 나만 봤으면 하고 바라게 되는 책.
― 욕망도서관장 님

소액토지 투자라고 해서 쉽게만 생각했는데, 책을 읽고 보니 그 안에는 다양한 경험과 많은 공부가 있었습니다. 땅을 사는 데에는 많은 돈 있어야 한다고 들었는데 그 편견을 깨어주는 책이었습니다. 평상시 아무렇지 않게 지나다니는 길이며 도로, 땅이 새롭게 보입니다.
― 카페지니 님

부동산에 투자하려면 최소 몇 천만 원은 필요하다고 생각했습니다. 하지만 이 책을 읽으면서 부동산 공매를 활용하면 500만 원 미만으로도 투자가 가능하다는 것을 알게 되었습니다. 제로금리 시대에 투자는 필수지만 주식은 변동성이 너무 크고 아파트는 정부의 규제가 점점 심해져서 이제 끝물이라 생각했는데, 저자 덕분에 새로운 투자처를 알게 되어 너무 기쁩니다. 열심히 시도해서 정상에서 만나고 싶네요.
― 투자자 제임스 님

흔히 부동산 투자의 끝판왕은 토지 투자라고 합니다. 토지는 비싸다는 편견을 깨고 소액토지 투자 방법을 알려주는 안내서이자, 협상과 소송의 기술까지 배울 수 있는 실용서입니다.
― 희망 님

※ 표기는 가나다순입니다. 그밖에도 함께 해주셨으나 후기가 실리지 못한 강남마님헬레나 님, 공감사라다빵 님, 그레이스박 님, 꿈빛나 님, 날고픈오리 님, 달동네아이 님, 도전미루 님, 백도서관 님, 썸머 님, 원더깨비 님, 이토 님, 작은물방울 님, 유주부 님, 책주부클로이 님께도 감사의 말씀을 전합니다.

만사오케이의
돈되는
천만원
소액토지

만사오케이의
돈되는 천만원 소액토지

초판1쇄 발행 2020년 7월 26일
초판12쇄 발행 2021년 8월 31일

지 은 이 만사오케이 (신동기)

발 행 처 잇콘
발 행 인 록산
편   집 조창원
디 자 인 올컨텐츠그룹
마 케 팅 프랭크, 릴리제이, 감성 홍피디, 핫콜드
경영지원 유정은
등   록 2019년 2월 7일 제25100-2019-000022호
주   소 경기도 용인시 기흥구 동백중앙로 191
팩   스 02-6919-1886

ⓒ 신동기, 2020

ISBN 979-11-90877-08-4 13320
값   19,000원

● 이 책은 저작권법으로 보호받는 저작물로 무단전재 및 무단복제를 금합니다.
● 이 책의 전부 혹은 일부를 인용하려면 저작권자와 출판사의 동의를 받아야 합니다.
● 잘못된 책은 구입처에서 바꿔드립니다.
● 문의는 카카오톡 '잇콘출판사'로 부탁드립니다.(아이디 itcon, 평일 오전 10시 ~ 오후 5시)

·········· 잇콘의 풍부한 콘텐츠를 다양한 채널에서 만나보세요 ··········

만사오케이의 돈 되는 천만원 소액토지

만사오케이(신동기) 지음

프롤로그

규제의 시대,
똘똘한 한 채보다
자투리땅이 나을 수 있다

요즘은 여기저기서 아우성입니다. 정부 규제 때문에 도저히 투자를 할 수가 없다고 말입니다. 주택담보대출은 거의 불가능해졌고, 전세를 활용한 갭투자도 제재를 받았지요. 기존 물건을 정리하자니 양도세 부담이 상당하고, 마지막 탈출구처럼 여겨졌던 법인도 철퇴를 맞았습니다.

전문가들은 이럴 때일수록 '똘똘한 한 채'에 집중하라지만 그게 어디 쉽습니까? 서울 아파트는 한 채에 최소 몇 억 원이 들어가는데, 모아놓은 자산이 많지 않은 이들에게는 그림의 떡입니다. 그래도 어찌어찌 영혼까지 끌어 모아 똘똘한 한 채를 마련했다고 합시다. 수도권 대부분이 규제지역으로 묶이고, 1주택자마저 숨통이 조이는 상황에서 규제 폭탄을 피할 수 있겠습니까? 실제 손에 쥐는 세후수익은 생각보다 훨씬 적을 것입니다.

발빠른 투자자들은 "이제 주택의 시대는 지났다"며 상가나 토지 투자로 눈을 돌리고 있습니다. 정부의 규제는 '서민 주거안정'이라는 목표에 따라 철저히 주택에만 초점이 맞춰져 있기 때문이지요. 그런데 상가는 매매차익보다 월

세수익에 적당하고, 수익률이 괜찮은 상가는 아파트 못지않게 투자금이 많이 필요합니다. 그래서 저는 이제는 토지, 그것도 소액토지 투자의 시대라고 생각합니다.

의아해 하시는 분도 있겠지요. '토지가 오히려 투자금이 많이 필요하지 않을까? 혹시 잘못 하면 수십 년을 묶이는 것 아닐까?'라며 말입니다. 그런 분들에게 제가 "천만 원이면 땅을 살 수 있고, 1년 안에 최소 두 배로 팔 수 있다"라고 하면 믿으시겠습니까? 아마 사기꾼이라고 생각할지도 모르겠습니다.

하지만 거짓말이 아닙니다. 실제로 저는 지난 10년 동안 적게는 200만 원, 많게는 몇 천 만 원으로 땅을 매입해서 몇 배의 가격에 매도하는 투자를 해왔습니다. 무려 160건 이상을 말입니다. 저는 수익률을 따져보고 최소 100%는 되겠다 싶을 때에만 투자를 합니다. 맘대로 되지 않더라도 50%는 먹고 나오겠다는 생각으로 말입니다.

남들에게는 볼품없는 땅, 누군가에게는 귀한 땅

대한민국에는 천만 원도 안 되는 땅이 수두룩합니다. '평당 천만 원'이 아니라, 필지 전체가 천만 원 이하인 땅 말입니다. 말도 안 된다고요? 물론 우리가 흔히 생각하는 그런 '번듯한 대지'일 리는 없습니다. 한두 평짜리 자투리땅, 길쭉길쭉 울퉁불퉁하게 생긴 땅, 여러 권리관계나 체납세금이 복잡하게 얽혀 있는 땅 등입니다.

그런 땅으로 어떻게 수익을 올리느냐고요? 얼핏 보기엔 활용하기 어려운 애물단지처럼 보이지만, 누군가에게는 탐나는 보물입니다. 권리관계나 인근 필지와의 위치, 법적인 허점을 잘 분석해 보면 그 땅을 탐낼 만한 사람이 누구인지 드러납니다. 이런 땅을 경매나 공매로 싸게 낙찰받은 후 그 사람에게 되판다면 짧은 시간 안에 높은 수익률을 올리는 겁니다.

듣기만 해도 어려울 것 같으신가요? 솔직히 중개사를 끼고 진행하는 아파트 갭투자와 비교하면 어려울 수 있습니다. 하나하나 직접 공부하고 조사하며 방법을 찾아내야 하지요. 하지만 이왕 말씀드린 거 좀 더 솔직해져 봅시다. 투자금이 충분하다면 굳이 왜 이 책을 펼치셨습니까? 맘 편하게 집을 둘러보고, 번거로운 서류작업은 중개사에게 맡기고, 세금 내라는 대로 내면서 아파트 갭투자만 해도 충분할 텐데요.

저는 그럴 수 없었습니다. 돈이 없었으니까요. 사업에 실패해 온 식구가 나앉게 생긴 상황이라, 투자금은 한 푼이라도 아끼고 수익률은 조금이라도 높여야 했지요. 그래서 경쟁이 적은 분야, 남들보다 노력이 좀 더 필요한 분야에 도전한 것입니다. 부동산 투자는 의외로 공평합니다. 투자금이 충분하면 적은 노력으로도 큰 수익을 낼 수 있습니다. 반면에 투자금은 적은데 큰 수익을 내려면 노력이 더 필요합니다. 치사하고 억울해도, 그게 세상 이치입니다.

투자금이 넉넉한 분들에게는 이 책이 별로 도움이 안 될지 모릅니다. 하지만 10년 전의 저처럼 가진 돈은 얼마 없지만 누구보다 절박함이 있는 분들에게는 큰 도움이 될 것입니다. 적은 종자돈이지만 더 크게, 더 빠르게 불려서 하루빨리 큰 투자자로 성장하는 방법을 알려드리기 때문이지요. 물론 이런 방법을 익힌 사람이 성장해서 나중에 투자금까지 넉넉해진다면 더더욱 무서울 것 없는 투자자가 될 것입니다.

10여 년간의 자영업이 남긴 것

저는 대학원까지 공부한 뒤 28살에 입대를 하고, 서른이 넘어 제대를 했습니다. 이때가 1990년대 후반인데, 무슨 일을 할까 고민을 많이 했지요. 마침 동서가 대구에서 100평이 넘는 족발 전문점을 운영하고 있었는데 장사가 매우 잘됐습니다. 일손이 부족했던 터라 여기서 일을 하면서 한식조리 자격증도 취득했습니다.

당시 60만 원 월급 받으며 안 쓰고 안 먹고 7년을 일하자 수중에 4,300만 원이 모였습니다. 그때 대구의 한 족발매장이 매물로 나왔습니다. 보증금 8,000만 원에 월 임대료 180만 원인 매장에 4,300만 원을 들고 찾아갔지요. 임대료 외에도 권리금이 1억5,000만 원인 매장이었는데 권리금은커녕 반도 안 되는 보증금을 들고 매장을 인계해 달라고 하니 매장주가 어이없어 했습니다. 하지만 포기하지 않고 네 번을 찾아가 간곡히 사정한 끝에 권리금 무, 보증금은 우선 4,300만 원만 주고 나머지는 1년 안에 갚기로 하고 인수받았습니다.

오픈한 첫 날 매출 17만 원은 지금도 잊히지 않습니다. 그래도 내 가게라는 자부심에 뿌듯했지요. 그때부터 하루에 2~3시간 쪽잠을 자면서 전봇대에 광고지 전단을 붙이고 다녔습니다. 발에 땀이 나도록 뛴 끝에 갈수록 고객이 늘었고 2호점도 열게 되었습니다.

그러던 중에 고민이 생겼습니다. 프랜차이즈 본사가 매각되면서 경영자가 바뀌었는데, 납품 고기의 질이 떨어지기 시작한 거죠. 여러 차례 이 문제를 본사에 항의했지만 크게 달라지는 점은 없었습니다. 신뢰를 잃은 본사와 계속 거래하느니 이참에 내 이름을 건 매장을 하고 싶었습니다.

당시에는 인근에 유사 업종이 우후죽순 생기기 시작해 족발의 경쟁력이 약해졌습니다. 그래서 어떤 업종이 좋을까 며칠을 고민한 끝에 피자가 떠올랐습니다. 장사가 잘되는 피자집을 운영하던 지인에게 부탁해 수업료를 지불하고 피자 만드는 법을 배운 뒤 피자 매장을 냈습니다. 가격이 싸고 맛있다는 소문에 장사가 잘됐지요. 그러자 주변 지인들이 같은 매장을 하고 싶다는 요청이 많아졌고, 생각지 않게 프랜차이즈를 내주게 되었습니다. 그렇게 점차 프랜차이즈를 늘려서 60~70개의 매장들을 관리하게 되었습니다.

매장이 많아지니 체계적인 식자재 물류 시스템을 갖추고 싶었습니다. 닭고기 유통에 뛰어들었는데, 그게 저의 오판이었습니다. 억대에 가까운 비용이 들었습니다. 원래 수지타산이 맞으려면 100개의 매장은 있어야 하는데 저는 60~70개의 매장에서 시작한 거죠. 그런데 24시간 영업하는 곳은 갈수록 늘어나고 식자재 유통 대형업체도 늘면서 손해가 발생하기 시작했습니다. 엎친 데 덮친 격으로 2008년 미국발 외환위기로 내수는 더 직격탄을 맞았지요. 더 이상 물류를 지속할 수 없자 사업을 정리하기로 했습니다.

'10여 년 가까이 고생했으니 그래도 2~3억 원은 남겠지'라고 생각했는데 현실은 달랐습니다. 유통업을 정리하면서 거액의 대출금을 갚아야 하는데 못 받은 거래처 미수금이 수억 원 발생했습니다. 가진 건물을 급히 팔아 정리했음에도 제게 남은 건 빚 10억 원이었습니다. 그동안 고생한 세월의 결과가 빚뿐이라니, 눈물이 났습니다. 하지만 저는 가장입니다. 사랑하는 아내와 토끼 같은 자식들을 어떻게든 지켜야 했지요. 보증금 500만 원에 월 40만 원짜리 문간방으로 이사 가는 날, 두 주먹을 불끈 쥐었습니다.

'내가 어떻게든 살아남으리라! 어떻게든 재기해서 훗날 웃으면서 이 시절을 얘기하리라.'

10억 원 빚을 청산해준 경·공매

프랜차이즈와 물류 유통을 하면서 뼈저리게 느낀 점은 진입장벽이 낮은 업종일수록 유사업체가 우후죽순 생긴다는 것입니다. 또한 고객의 주머니 사정에 따라 수익이 들쑥날쑥하므로 당연히 경기의 영향을 받습니다. 그래서 경기를 타지 않는 업종, 나만이 할 수 있는 차별화된 일을 해보고 싶었는데 그것이 바로 '부동산', 그중에서도 경·공매를 이용한 토지 투자입니다. 배달을 하면서 많은 곳을 다닌 덕분에 그 지역이 어떻게 변화하고 부동산 가격이 얼마나 올랐는지를 체감했기 때문에 부동산이야말로 나를 일으켜 세워줄 유일한 출구라고 생각했습니다.

이때부터 부동산 경매와 공법 등을 배우기 위해 주말마다 대구에서 서울에 있는 학원을 오가길 수백 차례 반복했습니다. 우여곡절이 많았지만 그래도 제게는 이 길밖에 없다는 절실함에 끝까지 매달렸지요. 초기에 투자할 돈이 없던 저는 아내 이름으로 받은 사업자대출 2억 원을 들고 시작했습니다. 그러니 얼마나 절실했겠습니까? 제가 본격적으로 경·공매 투자를 시작한 게 2011년이니 이제 햇수로 10년 차입니다. 그 사이 10억 원이 넘는 빚을 갚고 이제 슬슬 자산을 축적해나가고 있습니다.

경·공매를 시작할 때 막연해 하는 분이 많습니다. 과연 얼마의 자금이 있어야 경매를 잘할 수 있을지 걱정합니다. 그런데 경매는 자금이 많다고 잘하는 것이 아니라 한정된 자금을 얼마나 잘 활용하여 투자 횟수와 보유 개수를 늘리느냐가 핵심입니다. 3,000만 원의 여유자금으로 일반 부동산 시장에서는 고작해야 아파트 한 채 사기도 힘듭니다. 하지만 토지 소액투자는 3,000만 원이면 10필지 이상의 부동산을 취득할 수 있고, 원금 이상의 수익을 올릴 수 있습니다.

그러므로 여유자금이 백만 원, 천만 원밖에 없다고 낙담할 필요가 없습니다. 소액 토지 투자 방법은 무궁무진하므로 한정된 자금으로 어떻게 하면 투자 횟수를 늘릴 수 있을지를 늘 고민하기 바랍니다. 최소 투자금으로 최대의 수익을 올리는 게 최고니까요. 그러다 보면 처음에는 조금씩 발생하던 수익이 점점 커져가는 걸 발견할 수 있습니다. 마치 손으로 뭉친 작은 눈뭉치를 굴리면 눈사람을 만들 수 있는 것과 같은 이치죠.

경·공매로 나오는 모든 물건들이 낙찰 후 어떤 방식으로 정리되며 수익으로 연결되는지를 알려면 직접 부딪히는 방법밖에 없습니다. 그 경험이 더 큰 수익으로 연결되는 지름길이니까요.

그러니 돈 없다, 시간 없다는 말만 하기보다는 도전해 보십시오. 인생의 바닥에서 없는 자본으로 뛰어든 저도 했으니 여러분도 할 수 있습니다. 대신 절실해야 합니다. 솔직히 말씀드리면 저의 투자 방법은 돈이 적게 드는 만큼 좀 더 수고롭습니다. 그러니 그저 안이한 생각으로 임하면 제자리 뛰기밖에 할 수 없을 것입니다. 대신 적극적으로 따라오신다면 누구보다 높은 수익률을 올릴 수 있다고 장담합니다.

그동안 제가 얻은 경험과 지식, 노하우를 이 책에 모두 담았습니다. 성공한 경험뿐 아니라 초기의 실수와 시행착오까지 공개했습니다. 여러분은 저와 같은 실수를 하지 않기를 바라는 마음입니다. 또한 제가 실패의 경험을 통해 얻은 교훈과 깨달음을 나누는 것도 의미 있다고 생각합니다. 제 투자 사례를 재미있게 보면서 자연스럽게 토지 소액투자와 경·공매에 대한 지식을 얻을 수 있을 것입니다. 이 책이 아무쪼록 도전을 앞둔 여러분에게 도움이 되었으면 하는 바람입니다.

여름의 한가운데에서
만사오케이 드림

프롤로그 규제의 시대, 똑똑한 한 채보다 자투리땅이 나을 수 있다 • 004

남들이 안 보는 땅에 기회가 있다
- 소액 토지투자를 위해 갖춰야 할 것들 -

1 돈이 적어도 지금 당장 시작할 수 있다 • 021
자랑할 만한 땅보다 돈 될 만한 땅

2 땅의 가치를 따지는 세 가지 방법 • 024
땅 자체의 가격을 보자 | 주변 땅과의 관계를 보자 |
법적 권리의 가치를 보자 | 입지적 가치와 공법적 가치를 두루 살피자

3 경매와 공매는 무조건 배워라 • 031
비슷한 듯 다른 경매와 공매 | 토지 투자에서 경·공매가 더 빛나는 이유

4 땅의 '계급장'을 알려주는 공법 지식 • 036
공법 지식은 어떻게 투자에 도움이 되는가 | 경·공매에 공법에 소송, 협상이 더해진다면

5 앞으로의 투자는 소송이 좌우한다 • 042
소송은 다양한 전략으로 활용될 수 있다 | 소송을 두려워할 필요는 없다 | 할까 말까 싶을 때는 그냥 하라

`한 걸음 더` 경매와 공매의 진행 과정 • 048

천만 원짜리 땅으로 19일 만에 천만 원 벌다
- 용도지역과 용적률 -

1 작지만 계급장 높은 나폴레옹 같은 땅 • 056
용적률과 건폐율을 살펴라 | 주변 땅과의 관계를 생각하라

2 절반 가격에 낙찰받아 19일 만에 매도 • 064
잔금도 치르기 전에 걸려온 매도 전화 | 보기에 좋은 땅 vs 계급장이 높은 땅

3 땅의 가치를 알려주는 토지이용계획서 • 071
토지이용계획서는 어떻게 볼까 | 토지에서는 하위법률이 더 무섭다

`한 걸음 더` 반드시 함께 봐야 할 토지대장 • 078

큰 땅을 좌지우지하는 작은 땅의 위력
― 도심지 과소토지와 건축협정 ―

1 **410만 원에 낙찰받은 5평짜리 땅의 비밀 • 082**
구도심 자투리땅 투자에서는 건축협정을 눈여겨보자 | 온비드의 사진만 믿어선 안 된다 | 소액 투자는 조급해 할 필요가 없다

2 **건축협정을 알면 작은 땅의 가치가 보인다 • 093**
맹지에도 건축이 가능하다 | 맞벽건축으로 토지 활용이 좋아진다

3 **소규모 정비사업과 건축협정의 시너지 • 100**
건축협정형 자율주택정비사업에 주목하라 | 훗날 있을지도 모르는 분쟁을 방지하려면

> 한 걸음 더 보상금도 받고 남은 땅도 파는 일타쌍피 투자 • 104

지목에 속으면 기회를 놓친다
― 도로부지 투자 & 부당이득청구소송 ―

1 **토지의 지목은 왜 중요할까 • 109**
지목은 '답'인데 현황은 '도로'인 땅 | 지목보다 누가 사갈 땅이냐가 중요하다

2 **지목을 바꾸면 땅의 가치가 달라진다 • 116**
농지의 용도를 변경하는 법

3 **지료를 받거나 좋은 가격에 팔거나 • 122**
부당이득반환청구소송을 진행하다 | 관할법원 선점의 중요성

> 한 걸음 더 도로인 듯 도로 아닌 '사도'의 반전매력 • 129

CASE.04
어떻게 나누느냐에 따라 가치가 달라진다
- 토지분할청구소송 & 지적측량 -

1 토지분할은 왜 돈이 될까 • 135
공유물 분할의 세 가지 방식 | 토지분할의 절차

2 일부러 안 좋은 땅을 현물분할 받는 전략 • 140
대대로 얽히고설킨 자두밭의 사연 | 더 잘 팔기 위해 토지분할청구소송을 하다 |
공유물분할청구소송의 절차 | 작은 것을 내주고 큰 것을 얻는 양보 전략

3 예의를 지키니 더 큰 수익이 돌아왔다 • 150
저녁까지 얻어먹으며 매도에 성공

`한 걸음 더` 측량의 네 가지 종류 • 153

CASE.05
수익률은 결국 협상으로 결정된다
- 협상과 대화의 기술 -

1 굽혀야 이기는 싸움도 있다 • 159
남의 공장 앞마당에 '알박기'를 하다 | 토박이 중견기업의 뚝심을 우습게 본 대가 |
3년 만에 두 번째 협상을 시도하다

2 지는 쪽은 항상 더 조급한 쪽 • 170
가까스로 농지취득자격증명을 받다 | 말을 바꾼 상대방 | 오기만으로는 협상에서 이길 수 없다

3 협상에 임하는 투자자의 자세 • 180
협상력을 높이는 일곱 가지 기술

`한 걸음 더` 농지취득자격증명의 개념과 발급 방법 • 183

창의력을 발휘하면 맹지도 돈이 된다
- 맹지 투자 & 분할매도 -

1 건축허가의 기본은 도로 • 189
도시계획시설 도로와 도로법상 도로 | 누가 봐도 이상한 맹지를 낙찰받은 이유 |
자르고 붙이면 전혀 다른 땅이 된다

2 생각을 조금만 바꾸면 가치는 두 배 오른다 • 200
위치가 나쁘다면 창의성을 발휘하라 | 돈 되는 맹지 vs 돈 안 되는 맹지 | 맹지에 도로 내는 법

> 한 걸음 더 도로의 다양한 종류 • 206

개발계획을 살펴야 하는 이유
- 개발촉진지구 & 토지보상 -

1 학원비 내는 값으로 소액투자를 해보자 • 213
개발촉진지구란 무엇인가 | 알고 보면 어마어마한 혜택

2 개발사업자에게 높은 가격에 매도하다 • 223
토지를 수용당하지 않도록 타협점을 찾자 | 투자금 대비 3배 이상의 수익을 올리다

> 한 걸음 더 보상가 산정 시점을 알아두자 • 230

CASE. 08
그린벨트라고 우습게 보지 마라
– 개발제한구역 & 토지거래허가구역 –

1 토지거래허가구역은 경·공매로 접근하라 • 237
개발지역 인근을 눈여겨봐야 하는 이유 l 토지거래허가를 받는 법 l
허가를 받은 뒤에 땅을 방치해선 안 된다

2 특수물건의 종합선물세트 같은 물건 • 247
농지취득자격증명 받기 l 분묘기지권 해결하기 l 무단으로 지어진 비닐하우스

3 시골 땅 잘 파는 방법은 따로 있다 • 251
지역 토박이의 힘을 빌려라 l 사기 전에 어떻게 팔지를 생각하자 l 연고 없는 지역의 땅을 파는 세 가지 팁

[한 걸음 더] 개발제한구역에 투자하려면 '이축권'을 노려라 • 257

CASE. 09
농지도 무피투자가 가능하다
– 농지 매입 & 농업경영체 등록 –

1 제값을 인정받지 못한 땅을 찾아라 • 263
감정평가가 낮게 이뤄진 땅 l 개발지역 인근이라면 재감정을 활용하자 l 농협 조합원에 가입하는 이유

2 농사꾼의 마음으로 땅의 가치를 키우자 • 272
방치된 땅을 살리기 위해 l 사람도 나무도 적당한 시련이 필요하다 l 달콤한 수확의 기쁨

[한 걸음 더] 농지를 매수했다면 경작에 신경 쓰자 • 279

법정지상권은 반드시 깨야 할까?
— 법정지상권 & 지료청구소송 —

1 법정지상권이 성립하는 미등기건물 • 287
강제이행금이 부과되고 있는 물건 | 법정지상권이 성립하는 땅의 특징

2 법정지상권도 상황에 따라 다르게 적용된다 • 292
저당물의 경매로 인한 법정지상권 | 담보가등기 등에 관한 법률에 의한 법정지상권 |
입목의 경매 등으로 인한 법정지상권 | 관습법상의 법정지상권 | 미등기 건물의 법정지상권

3 증여한 물건에도 법정지상권이 인정될까 • 299
지료청구와 건물철거 소송을 진행하다 | 소송에서 졌다고 투자에서도 진 건 아니다

[한 걸음 더] 셀프 소송의 일반적인 진행 과정 • 307

분묘에 대해 사용료를 받을 수 있다
— 분묘기지권 & 분묘굴이청구소송 —

1 첫 낙찰, 묘지가 있는 땅 • 313
계획 없이 받은 첫 낙찰 | 800만 원으로 300평 땅을 사다

2 분묘굴이청구소송의 시작 • 317
협상 결렬, 소송이 시작되다 | 셀프로 진행한 분묘굴이청구소송 | 판례로 가능성을 확인하다 |
분묘기지권을 두려워할 필요가 없다

[한 걸음 더] 분묘 투자 시 꼭 알아둬야 할 핵심 판례들 • 330

CASE.12
기부채납의 함정을 조심하라
- 공매중지신청 & 미불용지 투자 -

1 보상의 틈새를 노리는 미불용지 투자 • 337
미불용지일 경우 지료청구의 기준 | 보상 기준의 틈새를 노리다

2 미불용지인 듯 미불용지가 아닌 땅에 주의하자 • 342
낙찰받고 보니 기부채납된 도로 | 사(私)개발에서 발생하는 기부채납 | 기부채납된 땅을 알아보는 요령

3 공공기관에 맞서 공매를 취하시키다 • 349
세 기관에 삼고초려, 행정소송까지 각오하다 | 포기하지 말고 할 수 있는 일은 다해보자

[한 걸음 더] 또 하나의 틈새시장, 신탁공매 • 353

에필로그 밥 먹듯이 투자하며 경험을 쌓아가자 • 356
부록 • 361

INTRO

남들이 안 보는 땅에 기회가 있다

소액 토지투자를 위해 갖춰야 할 것들

돈이 적어도 지금 당장 시작할 수 있다

 토지, 좀 더 가슴에 팍 와 닿는 말은 '땅.' 듣기만 해도 가슴 설레는 단어입니다. 공매를 시작한 지 10여 년이 흐르는 사이 저는 땅 부자가 되었습니다. 2019년 기준으로 전국에 대략 70필지 정도의 땅을 가지고 있습니다.

 여기서 '70필지가 어느 정도 면적이지?' 하고 의문을 갖는 분도 있을 것입니다. 필지란 하나의 지번을 가지고 지적공부에 등록되는 토지의 기본 단위를 말합니다. 면적의 단위가 아니라 1지번이 곧 한 필지입니다. 그러므로 필지마다 면적은 제각각이지요. 한 필지에 1,000평이 넘는 땅도 있을 테고, 한 필지에 1평도 안 되는 땅도 있습니다. 또한 네모반듯한 모양의 한 필지도 있을 테고, 부정형(일정하지 않은 모양)의 필지도 있습니다. 다시 말해서 제가 70필지를 보유하고 있다는 것은 70군데에 땅을 소유하고 있다는 뜻입니다.

 70군데에 땅이 있다니 드넓은 대지를 둘러보는 지주를 떠올릴지 모르겠지만 제 속사정은 조금 다릅니다. 사람마다 같은 얼굴이 없듯, 땅도 제각각 모양이 다릅니다. 제가 가진 땅은 대부분 작고 못생긴 땅입니다. 땅을 샀다고 하면 주변 사람들한테 자랑하는 맛도 좀 있어야 하는데 저는 그러기가 좀 어렵습니다. 아마 제가 가진 70필지의 면적을 모두 더한 면적보다 큰 1필지의 땅을 갖고 있는 분들도 많을 것입니다.

"에구구, 땅주인이라더니 이게 뭐야, 푸하하."

이렇게 비웃으려나요? 하지만 제가 가진 땅이 쉽게 볼 땅은 아닙니다.

자랑할 만한 땅보다 돈 될 만한 땅

2016년 1월에 제가 300만 원대에 낙찰받은 약 5평짜리 인천 남구 숭의동 땅은 간단한 소송을 통해 적정가치가 4,800만 원임을 공식적으로 인정받았습니다. 아직 보유하고 있지만 4년 전에 인정받은 이 가격에만 팔아도 세금과 비용을 모두 제한 후의 수익률이 1,000%를 넘는 겁니다. 2012년에 낙찰받은 한 땅은 보증금 230만 원만 넣은 상태에서 잔금을 치르기도 전에 약 7,100만 원을 받고 되팔기도 했습니다. 낙찰받고 되팔기까지 걸린 시간은 단 열흘입니다. 이것을 연 수익률로 환산하면 과연 얼마겠습니까?

땅은 남들한테 자랑하려고 사는 게 아니라 돈을 벌려고 사는 겁니다. 적은 돈으로 큰돈을 버는 데에는 오히려 작고 못생긴 땅들이 진짜 효자 노릇을 합니다. 이 책을 읽는 순간부터 여러분도 고정관념을 바꾸었으면 합니다.

작고 못생긴 땅들은 천만 원이면 충분히 매입 가능합니다. 그러면서도 예뻐해주고 껴안아주면 몇 천만 원, 몇 억 원이 되어 보답을 합니다. 그런데 우리는 이런 땅을 무시합니다. 투자자들뿐만 아니라 돈이 없어서 땅을 못 산다는 사람들까지도 "저게 돈이 되겠어?"라며 얕잡아봅니다.

하지만 한편으로는 그런 사람이 많기 때문에 저 같은 사람이 돈을 법니다. 모든 사람이 못생긴 땅의 가치를 알아본다면 적은 돈으로 큰 수익을 낼 기회는 많지 않을 겁니다. 이런 보물들은 지금도 심심찮게 발견됩니다. 우리가 진지하게 덤벼들지 않았을 뿐입니다. 작고 지저분하고 못생겨서 '저런 땅을 누가 사?'라고 하는 그런 땅에 저는 주로 투자를 합니다.

이 책에서 보여드릴 사례는 모두 제가 실제 투자했던 물건들로, 한 건당 적게는 300만 원에서 많게는 2,000만 원 미만의 소액으로 투자한 물건입니다. 이 중에는 대출이 가능해 천만 원 미만의 적은 실투자금이 소요된 경우도 많고, 대출을 받지 않은 전체 토지금액이 천만 원 이하인 경우도 많습니다. 그러니 땅 투자를 하려면 돈이 많아야 한다는 편견은 접어두고, 제가 투자한 이 미운 오리새끼들이 어떻게 근사한 백조가 되어 날개를 폈는지 한번 지켜보기 바랍니다.

땅의 가치를 따지는 세 가지 방법

건물도 못 지을 것 같은 작은 땅이 돈이 될 수 있을까? 이런 걱정 때문에 투자를 꺼리는 분이 많습니다. 작은 땅은 시세라는 걸 적용하기가 어렵기 때문이죠. 그런데 이를 뒤집어 생각하면 그 땅의 가격은 내가 어떻게 하느냐에 따라 달라질 수 있다는 뜻이기도 합니다.

작고 못생긴 땅에는 정해진 시세가 없습니다. 왜 그럴까요? 첫 번째 이유는 감정평가 방식 때문입니다. 땅의 감정평가는 주로 인근지역에서 기존에 거래된 사례를 참고하여 이뤄집니다. 그런데 주택이나 상가에 비해 땅은 거래 사례가 드물죠. 만약 기준으로 삼은 거래 사례가 10년 전의 것이라면 물가상승률 정도만 반영될 뿐 그 사이에 이 지역의 상황이 어떻게 달라졌는지는 반영되지 않았을 수도 있습니다. 땅이 작고 못생겼으니 건축 행위가 어렵다는 이유로 가치가 더 낮게 매겨지기도 합니다. 그래서 노련한 투자자들은 감정평가 결과를 곧이곧대로 믿지 않습니다.

이런 땅이 국가지정 전자 자산처분 시스템인 '온비드(OnBid)' 공매에 나왔다면 더 좋습니다. 흔히 아는 부동산 경매가 개인 간의 채무 문제 때문에 부동산을 강제로 매각하는 것이라면 온비드 공매는 국가와의 문제, 즉 세금 체납 문제 때문에 진행되는 매각 절차입니다.

그런데 경매에 비해 온비드 공매에서의 감정평가는 상대적으로 시세를 정확하게 반영하기가 어렵습니다. 개인 간 채무가 얽혀 있는 경매의 경우에는 이해관계자들이 돈을 조금이라도 더 돌려받으려고 하다 보니 감정평가가 꼼꼼할 수밖에 없지만 온비드 공매에서는 채권자가 국가인 만큼 상대적으로 감정평가에 덜 예민하기 때문이죠.

경매에 비해 온비드 공매는 관심을 갖는 사람이 적기 때문에 경쟁률도 낮습니다. 그렇기 때문에 공매를 공부한다면 소액으로 돈을 벌 수 있는 기회에 한층 더 가까워진다고 볼 수 있습니다.

그러나 작은 땅이라고 무조건 로또인 것은 아닙니다. 현명한 투자자라면 땅값을 매길 때 반드시 세 가지를 생각해야 합니다.

땅 자체의 가격을 보자

첫째는 땅 자체의 가격입니다. 땅 자체의 가격을 나타내는 지표는 실제 거래가격인 시세 외에도 공시지가, 감정평가액 등 여러 가지가 있는데 부동산을 거래할 때는 이러한 지표들이 널리 사용됩니다. 그러나 현명한 투자자는 그것만 생각하면 안 되고 앞으로 나올 두 가지까지도 생각해야 합니다.

주변 땅과의 관계를 보자

둘째는 주변 땅과의 관계로 인한 가치입니다. 주변 땅을 개발하는 데 내 땅이 요긴하다면 그만큼 이 땅의 가치는 높아집니다.

이것을 극대화한 것이 이른바 '알박기'입니다. 알박기라고 하면 나쁜 일처럼 여겨지기도 하지만 투자자라면 다르게 생각해야 합니다. 공익을 위한 사업

공시지가

공시지가란 국토교통부 장관이 조사하고 평가한 토지의 단위면적당 가격이며 '부동산가격공시 및 감정평가에 관한 법률'에 따라 매년 산정됩니다. 공시지가를 기준으로 건강보험료는 물론 재산세, 보유세 등 각종 세금을 산정합니다.

크게 표준지공시지가와 개별공시지가로 나뉘는데 표준지공시지가란 전국 2,700만 필지를 개별적으로 공시지가로 산정하기 어렵기 때문에 대표적인 50만 필지를 골라서 국토교통부 장관이 산정한 것을 뜻합니다. 개별공시지가는 이러한 표준지 공시지가를 기준으로 개별 토지의 특성과 비교표준지의 특성을 비교하여 시장, 군수, 구청장이 결정 공시합니다.

감정평가액

감정평가사가 부동산의 경제적 가치를 화폐 단위로 측정한 것입니다. 법원은 경매물건의 감정을 감정평가사에게 의뢰합니다. 감정인의 평가액을 그대로 최저매각가격으로 정해야만 하는 것은 아니지만 실무에서는 대부분 그렇게 하고 있습니다. 경매 진행 중인 감정평가서는 매각 기일 1주일 전부터 매각물건명세서에 첨부하여 일반인의 열람이 가능합니다.

에서 일반 사람들을 대상으로 알박기를 한다면 비난받을 만도 하겠죠. 하지만 현실에서 알박기는 대부분 일반 사람들을 대상으로 하는 게 아니라 그 땅을 개발해서 더 큰 이익을 보려는 사람들을 대상으로 합니다. 앞으로 엄청난 이익을 벌어들이려는 사람들이 정작 남의 땅은 싼 값에 가져가려 들면 그게 더 이상한 것 아닐까요?

그러니 땅 투자를 잘하려면 편견을 버리고, 내 작고 못생긴 땅이 주변 땅과 어떤 관계에 놓여 있는지 주의해서 살펴보기 바랍니다. 만약 주변 땅의 주인에게 내 땅이 요긴하다면 그만큼의 가치를 얹어서 더 높은 가격에 땅을 팔 수도 있으니 말입니다.

법적 권리의 가치를 보자

셋째는 정당한 법적 권리에 대한 값입니다. 내가 어떤 것에 정당한 권리를 가지고 있는 사람인데 그 권리를 제한받거나 포기해야 할 상황이라면 그에 대한 대가를 요구할 수 있다는 뜻입니다.

예전에 시세 3억 원짜리 아파트가 체납세금 때문에 공매에 나온 적이 있습니다. 그런데 그 체납세금이란 것이 단돈 300만 원이었습니다. 집주인은 팔순을 앞둔 할머니였는데 '그 정도는 당장 내일이라도 갚으면 된다'고 쉽게 생각한 듯합니다. 설마 300만 원 때문에 3억 원짜리 집이 넘어가겠나 싶었겠죠. 그러나 정부는 생각보다 훨씬 냉정합니다. 원칙대로 하지 않으면 법질서를 유지할 수 없으니까요. 300만 원이 아니라 단돈 300원이라도 체납이 계속되면 가차 없이 물건을 공매에 넘겨버립니다.

　이런 식으로 부동산을 잃게 된 사람들은 낙찰받은 사람을 '남의 실수를 이용해서 제 뱃속을 채우는 못된 놈'으로 매도하곤 합니다. 억울한 건 이해하지만 정당한 법적 절차를 통해 그 집을 낙찰받은 사람이 대체 무슨 잘못입니까? 그 긴 시간 동안 당국의 여러 차례 경고도 무시하고 수수방관했던 사람이 그 물건을 낙찰받기 위해 공부하고, 조사하고, 발품 팔며 노력한 수고를 물거품으로 만드는 것은 옳은 일일까요?

　냉정하게 들릴지 모르지만, 경매나 공매에 나온 땅 중에 사연 없는 땅은 없습니다. 전 소유자가 사정이 어려웠을 수도 있고, 잠깐의 실수를 했을 수도 있습니다. 그런 안타까운 사연 덕분에 돈을 번다는 게 처음에는 저도 내심 죄송한 마음이 들었습니다. 하지만 제가 경험해본 바로는 정말 억울한 경우는 매우 드물고, 오히려 욕심을 부리다가 소탐대실하는 바람에 본인의 부동산을 날리는 것은 물론, 믿고 돈을 빌려준 주변 사람들까지 피해를 본 경우가 많았습니다.

　사연은 안타까워도 그걸 낙찰받은 사람은 정당한 법적 절차를 통해 권리를 얻은 것입니다. 오히려 낙찰을 받음으로써 복잡하게 얽히고설킨 채무관계를 해결하게 된 것이므로 그 권리를 당당하게 주장해도 됩니다.

　이른바 '도장값'이라 불리는 것도 여기에 속합니다. 앞서 예를 든 것처럼 적은 세금이라고 만만하게 생각했다가 덜컥 집이 공매에 넘어가버리면 누구나 당장 세금 300만 원을 납부할 테니 3억 원짜리 집을 돌려달라고 할 겁니다. 그러나 이미 낙찰된 정당한 공매를 취소할 수는 없죠. 그러면 전 주인은 최고가매수인(낙찰자)에게 얼마의 웃돈을 얹어주더라도 이 물건을 포기해달라고 부탁합니다. 이것이 흔히 말하는 '도장값'입니다.

전 집주인이 아니라 이웃 토지 주인이 도장값을 제안하는 경우도 있습니다. 건축법상 이 땅이 꼭 필요하거나 합쳐서 지을 때 훨씬 더 큰 수익이 기대될 때입니다. 경우에 따라서는 낙찰자가 잔금을 치를 수 있도록 돈을 빌려주고, 등기가 낙찰자 앞으로 넘어오는 즉시 소유권을 넘겨받게 해달라고 제안하기도 합니다. 공법을 잘 아는 투자자들은 이것이 가능한 토지를 일부러 골라서 낙찰받기도 합니다.

입지적 가치와 공법적 가치를 두루 살피자

핵심은 땅의 가치를 단편적으로 보지 말고, 다양한 관점에서 입체적으로 평가하는 것입니다. 안목이 부족한 사람은 땅만 팝니다. 하지만 통찰력 있는 투자자는 주변 땅과의 관계와 이해관계자들의 상황을 보고 땅의 가치를 더욱 높입니다. 관점을 바꾸는 것만으로도 투자의 방향이 완전히 달라질 수 있습니다.

제대로 된 땅 투자를 위해서는 필지의 '입지적 가치'와 '공법적 가치'를 모두 알아야 합니다. 입지적 가치란 그 땅이 속해 있는 지역의 가치를 말합니다. 땅은 부동성(不動性), 즉 움직이지 못한다는 특성을 가지고 있기 때문에 입지의 영향을 많이 받습니다. 서울 강남의 땅값이 지방의 땅값보다 훨씬 비싼 이유는 입지 때문이지요. 그래서 땅에 투자하려면 그 땅의 지금 모습만 볼 게 아니라 '어디에 있는가?', '앞으로 뜰 곳인가?'라는 식으로 입지적 특성을 면밀히 분석한 후 그 지역의 성장 가능성까지 고려해야 합니다.

공법적 가치란 땅을 활용할 수 있도록 하는 법률, 즉 공법(公法)에 의해 생겨

나는 가치입니다. 공법은 개인과 국가 간 또는 국가기관 간의 공적인 생활관계를 규율하는 법입니다. 말은 어렵지만 주로 토지나 건축물 등 부동산을 개발·매매·관리·규제할 때에 적용되는 법률이라고 보면 됩니다. 즉 부동산에 대해 이해관계자들이 지켜야 할 규제사항과 절차 등을 국가가 정해놓은 것입니다.

같은 지역의 땅이라고 모두 똑같이 개발할 수 있는 것은 아닙니다. 필지마다 다른 공법적 제한을 받기 때문에 바로 옆에 있는 땅이라도 건축 가능 여부뿐만 아니라 지을 수 있는 건축물의 종류·형태·크기·모양 등이 각각 다릅니다. 모든 공법을 전문가 수준으로 달달 외울 수는 없겠지만 더 높은 수익을 위해서는 공법 지식을 어느 정도 아는 것이 좋습니다.

투자의 기본은 싸게 사서 비싸게 파는 것입니다. 경매나 공매를 통하면 부동산을 일반매매보다 싸게 취득할 수 있다고 하니 너도 나도 뛰어들던 때가 있었습니다. 하지만 중요한 것은 낙찰받는 것이 아니라 수익을 얼마나 얻을 수 있는 가입니다.

감평가의 50% 가격에 물건을 낙찰받았다고 그 즉시 50%의 수익이 났다고 보긴 어렵습니다. 수익은 살 때가 아니라 팔 때 생기는 것이기 때문이죠. 아무리 싸게 낙찰 받았어도 팔리지 않는다면 결과적으로 실패한 투자입니다. 그런데도 감정가의 몇 퍼센트(%)에 낙찰받는지만 생각하고, 2등 입찰자와 차이가 얼마나 적게 났느냐만 신경 쓰는 분이 많습니다.

부동산 투자를 할 때는 늘 출구 전략을 세워야 합니다. 싸다고 무조건 낙찰받을 것도 아니고, 비싸다고 무조건 유찰되길 기다리는 것도 아닙니다. 진정한 투자자라면 제대로 가치를 평가하고, 얼마에 팔고 나올 수 있을지까지 생각할 줄 알아야 합니다.

경매와 공매는 무조건 배워라

아파트를 중심으로 한 갭투자 시장이 퇴색하면서 투자 전략이 다양해져야 할 시점입니다. 이럴 때 빛을 발하는 것이 바로 경매와 공매라고 생각합니다. 경매와 공매가 그 자체로 돈을 벌어주는 것은 아니지만, 알고 있으면 매우 다양한 투자 전략을 구사할 수 있기 때문입니다.

> **갭투자**
> 주택의 매매 가격과 전세금 간의 차액이 적은 집을 전세를 끼고 매입하는 투자 방식을 말합니다. 매매 가격이 상승하면 이득을 볼 수 있었습니다. 3~4년 전부터 저금리와 주택경기 호황 등으로 유행했습니다. 그러나 매매 가격이 오히려 떨어지거나 오르는 폭이 적을 경우 주택을 매입할 때의 경비를 포함해서 손해를 볼 수도 있습니다. 심지어는 전세금을 세입자에게 돌려주지 못하는 상황에 처할 수 있어 신중하게 접근해야 하는 투자 방식입니다.

부동산은 상승기와 하락기를 거치며 순환하는데, 상승기에는 경·공매가 그다지 힘을 발휘하지 못합니다. 매매가 활발하기 때문에 소유자의 채무 문제가 심각해지더라도 경·공매까지 가지 않고 그전에 급매로 매각되어 채무를 해결하기가 쉬우니까요. 하지만 침체기가 오면 달라집니다. 투자 수요가 얼어붙으면 소유자가 물건을 급매로 내놓아도 좀처럼 팔리지 않습니다. 그래서 충분히 좋은 물건임에도 경·공매까지 나오게 되는 것입니다.

경·공매를 할 줄 모르는 투자자는 이런 시장에서 할 수 있는 투자가 별로 없지만 경·공매를 할 줄 아는 투자자라면 오히려 큰 기회를 잡을 수 있습니다. 좋은 물건은 많이 나오는데 사겠다는 투자자는 적으니 경·공매로 싸게 낙찰받을 수 있기 때문입니다. 저 역시 처음에는 경매로 토지 투자를 시작했고 현재는 경쟁률이 더 낮은 온비드 공매를 주로 활용하고 있습니다. 어려운 시장에서도 다양하게 활용될 수 있는 경·공매는 당분간 더욱 빛을 발하게 될 것입니다.

비슷한 듯 다른 경매와 공매

경매와 공매는 채무의 변제라는 큰 틀에서 보면 비슷합니다. 사실 엄밀히 말하면 경매(競賣)는 공매(公賣)의 일종입니다. 원래 공매란 공공기관이 주체가 되어 실시하는 다양한 경매를 통틀어서 의미하기 때문이지요. 수많은 공매 중에서 법원이 진행하는 것을 흔히 '경매'라고 부르고, 국세청의 위탁을 받아서 한국자산관리공사(캠코)가 진행하는 것을 흔히 '공매'라고 부를 뿐입니다. 이 책에서도 별다른 언급 없이 '공매'라고 하면 캠코가 진행하는 공매를 의미한다고 이해해 주시기 바랍니다.

경매에는 돈을 받을 권리가 있는 채권자와 돈을 돌려줄 의무가 있는 채무자가 있습니다. 채무자가 채권자에게 약속대로 이자나 원금을 잘 갚는다면 아무 문제가 없지만 사람 일을 누가 장담하겠습니까? 채무자가 돈을 제대로 갚지 않으면 채권자는 돈을 돌려받기 위해 법원에 도움을 요청합니다. 이것이 바로 경매입니다. 채권자가 정당한 권리를 가지고 있다면 이를 보호하기 위해 법원이 대신 채무자의 재산을 팔아서 돈을 돌려주는 것입니다.

공매에서는 압류·신탁·국유·이용자산 등 다양한 종류의 공매가 진행되지만 우리가 흔히 알고 있는 것은 압류 공매입니다. 압류 공매에서 채권자는 세무당국, 채무자는 납세의무자가 됩니다. 납세의무자가 내야 할 세금을 내지 않으면 세무당국은 납세의무자의 재산에 압류를 걸어 이것을 공매에 넘기고, 낙찰된 금액으로 세금을 환수합니다. 다만 세무당국이 체납자의 재산을 직접 압류해서 매각하기는 어렵다 보니 캠코에 공매를 대신 진행해달라고 의뢰하고, 캠코는 온비드(www.onbid.co.kr)라는 웹사이트를 이용해서 공매 절차를 진행하게 됩니다.

토지 투자에서 경·공매가 더 빛나는 이유

경·공매를 통해 토지 투자를 하면 일반적인 매매 투자에 비해 이점이 있습니다. 그 이점은 세 가지로 볼 수 있습니다.

첫 번째는 과소토지(자투리땅)의 경우 감정가가 비교적 저렴하다는 것입니다. 앞서 말했듯 경·공매에서 감정가를 산출할 때는 기존에 거래되었던 매매 사례를 기준으로 하여 감정하는 경우가 대부분입니다. 그런데 토지의 경우 아파트나 빌라에 비해 매매 사례가 적고, 더군다나 자투리 땅의 경우는 주변에 비교 대상이 드물다 보니 몇 년 전의 매매 사례를 근거로 물가상승분만 더해 감정가가 정해지는 경우가 많습니다. 그러다 보니 개발호재나 발전으로 인한 가격상승 내용이 배제되어 있는 경우가 많습니다.

또한 토지 투자에서는 경매보다 공매가 좀 더 유리합니다. 경매는 개인과 개인 간의 금전거래에 의한 이해관계가 충돌하므로 감정을 꼼꼼하게 하는 경향이 있으나 공매의 경우 상당수는 세금 체납으로 그 토지에 대한 권리를 포기하다시피 하며 감정가에 대한 이의신청이 별로 없습니다. 그러다 보니 감정가도 낮은 편입니다.

두 번째는 주택에 비해 낙찰 후 온전히 소유하는 데까지 어려움이 덜하다는 것입니다. 아파트 등 주택은 무단으로 점유하는 체납자나 임차인이 있는 경우 내보내기 위해서는 인도명령을 거쳐야 합니다. 공매의 경우에는 명도소송을 진행해야 할 수도 있습니다. 그런데 토지의 경우에는 점유자가 없는 경우가 대부분입니다. 다만 토지에도 국가경영체 등록을 한 임차인이 있을 수 있으므로 낙찰 전에 해당 산업계에 임대차신고가 되어 있는지 확인할 필요는 있습니다.

세 번째는 토지는 주택과 달리 주택임대차보호법(주임법)의 적용을 받지 않아서 권리 분석이 쉽다는 것입니다. 여기서 말하는 토지는 누가 봐도 토지만 있는 전·답·과수원 등이 아니라 구도심 지역의 과소토지를 뜻합니다. 제가 토지를 보는 주요 포인트는 이해관계인이 있는가, 인허가에 영향을 미치는가, 인접한 땅에 국유지가 존재하는가, 경계침범의 땅인가, 합필이 가능한 땅인가, 재개발 재건축에 포함이 되는 땅인가, 골목길 진입로인가 등입니다.

땅의 '계급장'을 알려주는 공법 지식

법은 공공의 이익을 위해 개인이 땅을 개발하는 행위를 제한합니다. 아무리 내 땅이라도 내 맘대로 쓸 수가 없고 법에서 정한 대로만 써야 한다는 뜻이죠. 예를 들어, 내 소유의 땅이 있어서 그 위에 집을 짓고 싶은데 그 땅이 여럿이 함께 쓰는 도로로 사용되고 있다면 내 마음대로 길을 막고 집을 지을 수가 없습니다.

공법은 지역별로 적용되는 게 아니라 필지, 즉 개별적인 단위로 적용됩니다. 아무리 좋아 보이는 땅이라도 공법상 건축 행위가 불가능한 곳이라면 건축을 할 수 없습니다. 심지어 그 주변에 이미 건물이 있더라도 말이죠. 이것이 바로 부동산 공법의 무서움입니다.

하지만 일반 사람들은 부동산 공법을 잘 모릅니다. 소위 기획부동산이 판을 치는 것도 그 때문입니다. 누구나 들어봄직한 위치에 있지만 강력한 행위제한을 받는 땅을 싸게 사들인 뒤, 마치 개발이 될 것처럼 꾸며서 실제 가치보다 비싸게 파는 것입니다. 입지에 대해서만 들었지 공법에 대해서는 잘 모르니 쉽게 수긍하고 속아 넘어가는 사람이 많은 것입니다.

대표적인 사례가 정선의 카지노 특구 주변입니다. 정선에 관광특구가 지정되며 카지노가 들어오자 기획부동산들이 그 주변 토지를 잘게 쪼개서 팔아먹는 사례가 많았습니다. 카지노 바로 옆에 붙은 땅이니 개발이 안 될 수 없다며, 지금 사두면 가치가 엄청 오를 거라는 말에 혹해서 매입한 사람이 많았지만 이들이 간과한 사실이 있습니다. 카지노가 들어선 곳과 아무리 가깝다고 해도 그 주변 토지의 행위제한이 자동으로 풀어지는 것은 아니라는 점입니다. 오히려 무분별한 개발을 막기 위해 당분간 행위제한을 풀지 않을 가능성도 높습니다. 지금도 세종, 원주, 평택, 제주 등 보통 사람들도 한 번씩은 들어봤을 대형 개발호재가 있는 지역이라면 기획부동산들이 극성입니다.

소액토지에 투자하지 않더라도 모든 부동산 투자자는 부동산 공법을 알아야 합니다. 내 돈을 버는 것도 중요하지만 소중한 내 돈을 지킬 줄도 알아야 하는데, 공법을 모르면 손해를 볼 수 있기 때문입니다.

행위제한

관계 법령에 의하여 토지이용행위 등을 제한하는 것을 말합니다. 국토교통부에서 운영 중인 토지이용규제정보서비스(루리스)를 보면 해당 지역 지구 등의 토지이용 행위에 대해 '가능' 또는 '불가능' 등의 행위제한 사항이 명시되어 있습니다.

공법 지식은 어떻게 투자에 도움이 되는가

공법 지식으로 수익을 올리는 대표적 방법은 맹지 투자입니다. 사람들은 맹지, 즉 길에 접해 있지 않은 땅을 싫어합니다. 도로에 접해 있지 않으면 건축허가가 나질 않아 개발이 어렵기 때문입니다. 이때 차가 다닌다고 모두 도로로 인정받는 것은 아닙니다. 너비 4m 이상의 도로에 해당 필지가 2m 이상 접해야 건축법상 도로 요건을 갖췄다고 보고 건축허가를 받을 수 있습니다. 그보다 도로 폭이나 접해 있는 부분이 좁으면 건축허가를 받기 어렵습니다.

경·공매에서 도로에 접한 땅이 감정가의 80% 내지 90% 수준에 낙찰된다면 맹지는 보통 50% 이하로 낙찰됩니다. 그런데 맹지는 이미 감정평가를 할 때부터 도로에 접한 땅보다 훨씬 낮게 평가됩니다. 결국 맹지의 실제 낙찰가는 주변시세의 30% 정도밖에 되지 않는 셈입니다.

이런 땅을 과감하게 낙찰받을 수 있겠습니까? 이런 땅이 산골짜기가 아니라 도심지역에 있다면 저는 기꺼이 입찰합니다. 땅은 부증성(不增性, 늘어나지 않는 특성)이 있습니다. 개발이 활발하게 일어나는 도심에서는 언제나 땅이 모자랍니다. 도심지에 있는 맹지도 당장은 건축허가를 받을 수 없겠지만 언젠가 개발될 가능성이 크니 이를 보고 저렴하게 투자해놓는 것입니다.

그때가 언제 올지 모르는데 십 년이고 이십 년이고 기다려야 할까요? 아닙니다. 여기에 또 하나의 공법 지식이 활용됩니다. 바로 용도지역이지요. 흔히 '주거지역, 상업지역, 준공업지역' 또는 '1종, 2종, 3종' 등으로 불리는 것 말입니다. 저는 이것을 '땅의 계급장'이라고 부릅니다. 뒤에서 좀 더 자세히 다루겠지만, 이 계급장에 따라서 건폐율과 용적률이 달라지고 활용 가치가 달라집니다.

예를 들어, 1종 주거전용지역은 용적률이 낮기 때문에 건물을 새로 지어봐야 별로 크게 짓지 못합니다. 이렇게 계급장이 낮은 땅은 투자를 해도 크게 재미를 보기 어렵지요. 반면에 상업지역이라면 용적률이 높기 때문에 앞으로 새로운 건물을 짓게 되면 한 평의 땅이라도 활용가치가 큽니다. 아무리 맹지라도 이런 땅은 싸게만 받아놓으면 돈이 될 수 있습니다.

용적률과 건폐율

용적률은 대지 내 건축물의 바닥면적을 모두 합친 면적(연면적)이 대지면적에 대해 차지하는 백분율을 말합니다. 국토계획법에는 토지를 효율적으로 이용하기 위하여 용도지역별로 용적률에 대해 최대 한도의 범위를 규정하고 있으며 이는 시·도·군의 도시계획조례 등에서 확인할 수 있습니다.

건폐율은 대지면적에 대한 건축면적의 비율을 말합니다. 건축면적은 건물의 외벽이나 이를 대신하는 기둥의 중심선으로 둘러싸인 수평투영면적을 뜻합니다. 즉 건폐율은 토지를 사용하는 제한면적으로, 건폐율이 60%라고 하면 건물을 지을 수 있는 면적이 60%라는 것이고 나머지 40%는 보존해야 한다는 뜻입니다. 건폐율이 클수록 더 넓게 건축이 가능합니다.

용적률과 건폐율은 토지의 용도에 따라 구분되며 이 역시 「국토의계획및이용에관한법률」과 지방자치단체의 조례로 확인 가능합니다. 토지의 용적률과 건폐율을 확인해야 건물을 얼마나 넓게 몇 층까지 지을 수 있는지 계산을 할 수 있습니다. 다만 연면적에 들어가지 않는 건물의 지하층, 지상의 주차장, 피난안전구역과 경사지붕 아래의 대피공간을 잘 감안해야 합니다.

경·공매에 공법과 소송, 협상이 더해진다면

생각해보면 저도 처음에 공매에 대한 지식만 있었을 때에는 투자 결과가 별로 신통치 않았습니다. 그런데 여기에 공법 지식이 더해지고, 소송 지식과 입지 지식이 더해지고, 협상력이 더해지면서 천만 원짜리 땅으로 몇 배의 돈을 버는 경우가 많아졌습니다.

부동산 공법에는 「국토의계획및이용에관한법률」, 「건축법」, 「산지관리법」, 「농지법」 등 많은 법률이 있는데 이것들을 공부하는 것이 쉬운 일은 아닙니다. 하지만 너무 어렵게 생각할 일도 아닙니다. 법조문 하나하나를 외우려 하지 말고 먼저 내가 투자하려는 필지에 적용되는 행위제한을 중심으로 공법을 익혀나가면 좋습니다. 직접 투자할 토지에 왜 이런 제한이 걸려 있는지를 중심으로 공부하다 보면 더 확실하고 생생한 공부가 됩니다.

소송 지식 역시 직접 소송을 진행해보는 게 가장 빠르고 확실한 공부법입니다. 소송이라고 하면 많은 분이 겁부터 내지만 천만 원짜리 소액토지에 투자해서 큰돈을 벌려면 소송은 피할 수 없는 중요한 과정입니다. 세상에는 영화나 뉴스에 나오는 것처럼 어마어마한 소송만 있는 게 아니라 몇 십만 원에서 몇 백만 원짜리 소액을 놓고 하는 간단한 소송이 더 많습니다. 요즘은 법원도 전산화가 잘 되어 있어서 변호사를 선임하지 않고도 전자소송을 활용해 간편하게 소송을 진행할 수 있습니다. (소송은 워낙 건별로 다양한 경우가 존재하므로 이 책에서 모두 다룰 수는 없다는 것을 양해바랍니다. 제가 진행하고 있는 소송에 대해서는 블로그에 정보를 공개하고 있으니 참고해도 좋습니다.)

마지막으로 협상력을 키우는 것도 중요합니다. 시중에 협상과 설득에 대한 다양한 서적이 나와 있으니 이를 보면서 공부하는 것도 좋지만, 아무래도 실전에서 부딪치며 체득하는 것만큼 좋은 건 없습니다.

요컨대 소액투자에서는 몸으로 부딪히며 배우는 것만큼 좋은 공부가 없습니다. 세상에 공짜는 없는 법이지요. 적은 돈으로 큰 수익을 내려면 머리와 몸이 좀 더 부지런해지는 수밖에 없습니다. 이 책에 등장하는 저의 사례를 보면서 '나라면 어떻게 했을까'라고 생각해보며 간접경험을 하는 것도 좋을 것입니다. 한 번 배워두면 평생 두루두루 써먹을 수 있으니 이런 노력을 수고라고 생각하지 말고, 부자의 길에 한걸음 더 가까워지는 길이라고 생각하기 바랍니다.

앞으로의 투자는 소송이 좌우한다

소액으로 투자해서 남들과 다른 높은 수익률을 얻으려면 공짜로는 안 되고 좀 더 특별한 노력이 필요합니다. 그중에서도 중요한 게 소송입니다. 소송이라고 하면 막연하게 어렵고 부담스럽다고 느끼지만 기본을 이해하면 부동산 시장에서 최상위 포식자가 될 수 있습니다. 하늘을 날아다니는 독수리가 강물 속 물고기나 숲속의 작은 짐승들을 골라먹을 수 있는 것처럼 저 높은 곳에서 돈 될 만한 소액 물건들을 찾아서 골라먹을 수 있게 됩니다.

소송은 다양한 전략으로 활용될 수 있다

부동산에는 명도소송이나 지료청구소송, 철거소송 외에도 무척 다양한 소송이 존재합니다. 그래서 소송은 단순히 상대방에게 돈을 받아내는 수단을 넘어 다양한 부분에서 활용될 수 있습니다.

예를 들어, 소송하는 과정에서 감정가가 높아질 수 있습니다. 정확한 가치평가를 위해 재감정을 요구하면 이전에 반영되지 않았던 요소를 반영하여 감정평가가 이루어지므로 감정가가 높아질 수 있습니다. 비록 저렴한 가격에 낙찰을 받았어도 팔 때는 제값을 받을 수 있는 것입니다.

또한 소송 과정에서 해당 토지에 대한 정확한 정보를 알게 될 수도 있습니다. 예를 들어, 어떤 땅의 지목변경이나 건축허가와 관련해서 미심쩍은 부분이 있는데 담당 공무원도 해당 내용을 잘 모른다고 합니다. 이런 땅에 소송이 걸리면 사건의 이해관계자로서 판사에게 사실확인 요청을 신청할 수 있습니다. 정확한 판결을 위해서 판사가 각 부처에 사실 관계를 확인해달라는 명령을 보내게 되고, 그동안 확인하기 어려웠던 부분에 대해 공식적 답변을 얻게 되는 것입니다.

이처럼 다양한 장점이 있기 때문에 앞으로 부동산 투자 시장에서는 소송이 더욱 대중화될 거라고 봅니다. 일반매매 시장뿐 아니라 경·공매 시장의 경쟁도 점점 치열해지는 만큼 새로운 수익을 창출할 수 있는 분야로 사람이 몰릴 테니까요.

변호사 등 법률 전문가들의 참여도 많아질 겁니다. 한 해 1,500명이 넘는 법조인들이 탄생하기 때문에 변호사들도 경쟁력을 갖추기 위해 점차 본인만의 전문 분야를 강화하는 추세입니다. 그중에서 부동산 분야에 관심 갖는 사람도 많아질 것이고, 그만큼 소송도 대중화되겠죠.

그나마 아직까지는 실전 경험을 가진 변호사들이 적습니다. 그래서 현장에서 몸으로 익힌 우리 투자가들에게 아직 기회가 있다는 것입니다. 하지만 오래가지는 않을 것입니다. 변호사들이 본격적으로 부동산 투자를 공부하기 시작할 테니까요. 그러니 하루라도 먼저 소송을 공부해 두길 권합니다.

소송을 두려워할 필요는 없다

많은 사람이 소송을 두려워합니다. 송사가 진행되면 막대한 소송비용 때문에 소위 '패가망신한다'고들 하니까요. 저도 직접 소송을 진행해보기 전에는 이런 두려움이 컸습니다. 하지만 여러 사건을 통해 변호사들과 부동산 법리를 다퉈보니 그렇게 두려워할 것만은 아니다 싶습니다.

물론 처음에는 시행착오가 많았습니다. 변론의 숫자가 많아지다 보니 상대편 변호사가 제안하는 안건을 대책 없이 수긍해버려서 소송 중간에 청구취지가 변경되는 어이없는 경우도 겪어봤습니다. 청구취지란 무엇에 대해 어떤 재판을 해달라는 것인지를 요약한 것입니다. 그러므로 청구취지가 변경되었다

▼ 부동산 관련 소송의 종류

보전절차	소송절차
점유이전금지가처분	명도소송
처분금지가처분	공유물분할청구소송
	건물철거소송
	전세권말소청구소송
	가등기말소청구소송
부동산가압류 채권가압류 유체동산가압류	금전지급청구소송
	부당이득반환청구소송

는 것은 재판의 방향성 자체가 달라졌다는 뜻입니다. 또, 다른 사람도 아닌 판사에게 내용을 정확히 파악하고 오라는 충고 아닌 충고도 들어봤습니다.

처음 법정에 들어갔을 때에는 예상 답변을 손바닥에 깨알같이 메모하고 청심환까지 먹었습니다. 그러나 어느덧 수십 건의 소송을 진행하면서 법정에 자주 출두하다 보니 이제는 소송의 진행 방향을 어느 정도 내다 보고, 판사와 밀고 당기기를 하는 여유까지 생겼습니다.

소송비용은 생각보다 많이 들지 않습니다. 요즘은 전자소송 제도가 잘 되어 있어서 변호사를 선임하지 않고도 간단한 소송 정도는 직접 진행할 수 있습니다. 저는 소장과 준비서면을 직접 작성하고, 법무사들의 조력을 받아 수정하고 완성합니다. 이런 식으로 하면 소송비용이 적게는 50만 원 선으로 줄어듭니다.

뿐만 아니라 그 과정에서 엄청난 공부가 됩니다. 직접 소장이나 준비서면을 작성하고 상대방과 답변서를 교환하는 과정 하나하나가 투자 공부입니다. 아무리 좋은 책을 읽고 강의를 들어도 직접 겪어보는 것만 못한 게 투자이고 소송입니다.

제 강의를 듣는 분들에게도 "책임질 수 있는 범위의 작은 금액이라면 가장 힘든 소송을 해보라"고 말합니다. 몇 천만 원씩 투자해서 소송을 진행하는 것은 위험이 크지만 100만~200만 원 정도 투자해서 소송을 배운다면 사실 남는 장사죠. 부동산 투자 학원에 내는 수강료도 그 정도는 할 텐데, 학원에서 배우지 못한 많은 실전 노하우를 배울 수 있으니 얼마나 좋습니까?

혹시 "에이, 100만 원짜리 물건이 어디 있어요?"라는 생각을 갖고 있습니까? 그런 물건 있습니다. 그것도 엄청 많습니다. 당장 경매정보사이트에서 입찰최저가의 금액 범위를 100만 원 이하로 설정하고 검색해보십시오. 전국에 수백 개의 사건이 뜹니다. 물론 여러분이 일반적으로 봐왔던 부동산은 아닐 겁니다. 하지만 그 정도 금액이라면 잘돼서 수익을 얻으면 좋고, 안돼서 잃어도 살아가는 데 크게 지장이 없습니다. 대신 공부는 확실히 됩니다. 앞으로 평생 사용할 무기를 만든다고 생각하고 한번 도전해보면 어떨까요?

할까 말까 싶을 때는 그냥 하라

직장인들이 매일 하는 최고의 고민은 '오늘 점심 뭐 먹지?'가 아닐까 싶습니다. 그럴 때 누가 나서서 메뉴를 제안하면 참 다행이다 싶지요. 혹시 맛이 없더라도 책임감에서 살짝 벗어날 수 있다는 안도감마저 느낍니다.

복잡다단한 세상을 살아가면서 우리는 무수히 많은 선택의 순간에 놓입니다. 하지만 뭐 하나 쉬운 선택이 없지요. 하다못해 점심 메뉴 정하는 것조차 어려우니 말입니다. 선택의 무게가 점심메뉴 정도로 가벼운 수준이라면 남에게 책임을 미뤄도 괜찮습니다. 반면 내 삶을 만들어가는 중요한 선택이고 그 결과를 누구도 대신 책임져주지 못한다면 고민과 갈등과 망설임이 커질 수밖에 없습니다.

수많은 시행착오를 겪으면서 깨달은 것이 있다면 고민하다가 아무것도 못 하는 것보다는 일단 지르고 수습하는 게 낫다는 사실이었습니다.

'할까 말까 고민될 때는 그냥 하라!'

제 소신입니다. 여러분의 지나온 날들을 돌이켜보십시오. 해서 후회한 것들이 많습니까, 아니면 하지 않아서 후회한 것들이 많습니까? 사랑을 고백했다가 차이면 상처는 남지만 곧 아뭅니다. 하지만 결국 고백하지 않았다면 두고두고 미련과 아쉬움이 남습니다.

어느 누구도 자신의 삶이 후회와 아쉬움으로 채색되는 걸 원치는 않겠지요. 부동산 투자도 마찬가지입니다. 집중해서 물건을 골랐다면 바로 실행하는 실천력이 뒷받침돼야 합니다. 인생에 큰 지장을 주지 않을 정도의 금액이라면 할까 말까 고민할 시간에 차라리 방법을 찾아보라고 말하고 싶습니다. 생각보다 쉽게 성과를 얻는 경우가 많다는 걸 알게 될 겁니다. 실패해도 인생이 망할 정도의 타격을 입지는 않는다는 것. 그것이 소액투자의 가장 큰 장점입니다.

소액 토지 투자의 종류와 방법은 매우 다양해서 하나의 이론으로 정리하기가 어렵습니다. 그래서 이 책에서는 제가 실제 투자한 소액토지의 사례들을 소개하면서 어떤 식으로 투자했는지 경험담의 형식으로 이야기해보려고 합니다. 그 과정에서 자연스럽게 투자 대상을 고르는 법, 낙찰가와 매매가를 결정하는 법, 소송의 절차와 방법 등을 맛볼 수 있을 겁니다. 부담 없이 투자 선배의 이야기를 듣는다고 생각하고 큰 방향성을 잡는다고 생각하기 바랍니다.

단, 제가 해왔던 방식이 모든 상황에 들어맞는다고는 할 수 없습니다. 그때그때 임기응변으로 대응한 적도 많았고, 소송 결과보다는 협상과 타협으로 문제를 해결한 경우도 많습니다. 따라서 제가 해드리는 이야기는 '이런 방법도 있구나' 정도로 참고만 하시고, 구체적인 투자나 소송 진행 여부를 결정하실 때는 정확한 법령을 확인하시거나 전문가의 도움을 받으시기 바랍니다.

한 걸음 더

경매와 공매의 진행 과정

경매와 온비드 공매의 기본적인 구조는 비슷하지만 실제 진행되는 과정에 차이점이 있습니다. 어떤 차이점이 있는지 알아보도록 합시다.

▼ 법원 경매와 온비드 공매의 차이점

	법원 경매	온비드 공매
관련법	민사집행법	국세징수법
채무자-채권자	개인 - 개인(금융기관)	개인 - 국가(세무당국)
입찰 장소	물건지 관할 법원	인터넷 온비드 사이트
입찰 방식	기일입찰 (정해진 시간에 입찰 후 현장에서 개찰)	기간입찰 (약 3일 동안 입찰 후 개찰 결과 발표)
유찰 시 저감률	회차당 20~30%씩	회차당 10%씩
회차 간 간격	약 1개월	약 1주일
잔금납부 기한	낙찰 후 약 1개월	낙찰 후 약 1주일~1개월 (금액에 따라)
인도명령 방식	인도명령 즉시 신청 가능	명도소송 후 승소해야 인도명령 신청 가능

● 입찰 방식

경매는 입찰할 때 직접 법원에 가서 해야 하지만 공매는 인터넷을 통해서 입찰할 수 있습니다. 경매에서는 서울에 사는 사람이 부산에 소재한 물건에 입찰하려면 입찰기일에 맞춰 부산 법원으로 가서 직접 입찰표를 작성해서 내야 합니다. 혹은 대리인이 위임장을 작성해서 함께 제출할 수도 있습니다. 그리고 입찰이 끝나면 현장에서 바로 개찰(입찰표를 열어봄)해서 결정이 납니다.

반면 공매는 온비드 홈페이지를 통해서 입찰을 하고, 기간도 하루가 아니라 정해진 기간(대략 3일간) 이내에만 하면 되므로 좀 더 편리합니다. 직장인들에게는 어쩌면 공매가 더 적합한 투자 방법일 수도 있습니다.

● 유찰 시 저감률

경매나 공매에서는 입찰할 금액의 상한선은 정해져 있지 않지만 하한선은 정해져 있습니다. 각 물건마다 최소 얼마 이상의 금액으로는 입찰해야 한다고 정해진 금액이 있는데 이것이 최저입찰가격(최저가)입니다.

물건이 경·공매에 처음 나왔을 때의 최저가는 감정평가가격(감평가)의 100%가 기본입니다. 감평가는 해당 물건의 가치가 얼마인지를 감정평가사들이 정해진 절차에 따라 평가한 금액인데 대부분은 시세와 비슷한 수준에서 결정되지요.

하지만 정도의 차이는 있어도 문제가 있어서 경매나 공매에 나온 물건을 시세대로 낙찰받으려는 사람은 별로 없을 겁니다. 그래서 첫 회차에서는 아무도 입찰하지 않는 경우가 많은데 그러면 이 물건은 유찰, 즉 다음에 다시 매각하기로 결정이 됩니다. 그렇게 해서 다음 회차로 넘어가게 되면 최저가가 낮아집니다. 즉, 이제부터는 감평가보다 더 낮은 가격에 입찰을 할 수 있게 되지요.

경매에서는 유찰이 되면 기존 최저가에서 20% 내지 30%가 저감된 가격으로 최저가가 매겨집니다. 예를 들어, 감평가 1억 원짜리 부동산이라면 1회차에 써낼 수 있는 최저가는 1억 원이지만, 한 번 유찰되어서 20%가 저감된다면 2회차에서 감평가의 80%인 8,000만 원부터 써낼 수 있고, 3회차에서 한 번 더 80%를 적용한 6,400만 원부터 써낼 수 있다는 뜻입니다. 저감률은 지역마다 다릅니다.

온비드 공매는 저감률이 회차당 10%p씩입니다. 즉, 감평가 1억 원짜리 부동산이라면 1회차의 최저가는 100%인 1억 원, 2회차에서는 90%인 9,000만 원, 3회차에서는 80%인 8,000만 원이 됩니다.

경매는 한 번에 30%까지도 저감되는데 공매는 10%씩밖에 저감되지 않으니 공매가 더 불리해 보일 수 있지만, 사실은 그렇지 않습니다. 진행되는 속도가 다르기 때문이지요. 경매는 한 번 유찰되면 다음 입찰기일까지 약 한 달 정도 걸립니다. 반면 온비드 공매는 일주일마다 입찰기일이 잡힙니다. 다시 말해, 경매는 대략 한 달에 20% 내지 30% 꼴로 저감된다면 공매는 매주 10%씩 저감되어 한 달에 약 40% 정도가 저감되는 셈입니다.

● 잔금납부기한

경매와 공매는 모두 입찰할 때 최저가의 10%에 해당하는 금액을 입찰보증금으로 납부해야만 입찰한 것으로 인정됩니다. 패찰, 즉 낙찰이 안 되면 이 금액을 돌려받고, 낙찰이 되면 이 금액은 법원이나 캠코가 보관합니다. 그리고 본인이 써낸 낙찰가에서 입찰보증금을 뺀 나머지 금액(잔금)을 납부해야만 소유권을 넘겨받을 수 있지요.

그런데 잔금을 납부하는 기간이 경매와 공매가 다릅니다. 경매에서는 낙찰이 되면 7일간의 매각허가결정기일이 주어지고, 다시 7일간의 매각허가확정기일을 거친 뒤에 잔금납부기일이 주어집니다. 그래서 최종적으로 잔금을 납부할 수 있는 기간까지 대략 한 달이 조금 넘게 주어지는데, 물론 그전에 납부를 해도 상관없습니다.

온비드 공매는 낙찰 후 4일이면 매각결정통지서를 받게 되는데 여기에 잔금납부기일이 명시되어 있습니다. 낙찰대금이 3,000만 원 미만일 경우 7일 이내, 3,000만 원 이상이면 30일 이내로 잔금을 납부해야 하고 마찬가지로 그전에 납부해도 상관없습니다. 보통 납부최고기일까지 10일 정도가 더 주어지지만 어쨌든 경매에 비해 공매가 훨씬 빠르게 진행되는 것이지요.

경매와 공매 둘 다 잔금납부기일 이내에 금액을 납부하지 않을 경우 입찰보증금을 몰수당합니다. 참고로, 경매에서는 잔금납부일이 지났더라도 새롭게 잡힌 재매각기일 3일 전까지는 연체이자를 부담하고 납부함으로써 소유권을 얻을 수 있지만, 공매는 납부최고기일이 지나면 잔금납부를 할 수 없습니다.

● 인도명령제도 유무

이처럼 경매에 비해 온비드 공매가 훨씬 절차가 간편해 보이는데, 어째서 경매보다 공매의 경쟁률이 낮은 것일까요? 가장 큰 이유는 경매에는 인도명령제도라는 것이 있는 반면 공매에는 그런 것이 없기 때문입니다.

　인도명령제도란 인도(引導), 즉 재산을 넘겨주라고 법원이 점유자에게 명령하는 것을 말합니다. 낙찰자 입장에서는 점유자가 하루라도 빨리 나가주는 게 좋지만 여러 가지를 요구하면서 나가지 않으려고 버티면 참 곤란합니다. 어느 정도 이사비를 줘서라도 해결되면 좋은데 상대방이 너무 무리한 요구를 하거나 아예 말이 통하지 않는다면 협상이 이뤄질 수가 없지요. 이럴 때는 법원에 인도명령을 내려달라고 요청하는 수밖에 없습니다. 인도명령조차 듣지 않는다면 강제집행이 가능합니다.

　그런데 경매에서는 특별한 경우가 아니라면 신청을 통해 법원이 점유자에게 해당 부동산을 인도하라고 명령을 내려줍니다. 반면 공매에서는 인도명령을 받기 위해서 명도소송을 거쳐야 합니다. 명도소송에서 승소해야만 인도명령이 내려지고 강제집행도 할 수 있는 것이지요.

　간단한 인도명령제도에 비해 명도소송은 시간이 몇 개월 더 소요될 뿐만 아니라 소송이라는 것 자체로 부담을 느끼는 사람이 많습니다. 그래서 경매보다 공매에 도전하는 사람이 적고 경쟁률도 낮은 것입니다. 하지만 명도소송 역시 반드시 판결까지 가지 않는 경우가 많습니다. 점유이전금지가처분신청과 채권가압류 등을 활용해서 다소 수월하게 진행하는 것이 가능합니다. 그러니 무조건 꺼리지 말고 적극적으로 도전해보는 자세도 필요합니다.

● 겁먹지 말고 시작해보라

아직 경·공매를 접하지 않은 분들은 막연한 두려움이 있을 겁니다. 법률용어를 비롯해서 낯선 단어가 많고 눈에 쉽게 들어오지도 않습니다. 하지만 뭐든지 처음이 어려운 법입니다. 처음에는 간단한 권리분석 방법을 먼저 배우고, 나중에는 부동산 공법 등의 지식으로 나아가면 됩니다.

　경·공매에 대한 자세한 내용은 이 책에서 다룰 수가 없으므로 시중에 나와 있는 관련 도서나 강의를 적극 활용해서 꼭 배워두기 바랍니다. 추천할 만한 도서는 이 책 뒷부분의 부록을 참고하시기 바랍니다.

CASE 01

천만 원짜리 땅으로 19일 만에 천만 원 벌다

용도지역과 용적률

작지만 계급장 높은 나폴레옹 같은 땅

소액 토지 투자의 가장 큰 매력은 수익률입니다. 첫 번째로 소개할 사례는 군산에 위치한 $64m^2$의 작은 땅입니다. 저는 이 땅을 약 1,100만 원에 낙찰받아서 불과 19일 만에 약 2,100만 원에 매도했습니다. 3주도 안 되는 기간에 1,000만 원 상당의 수익을 올린 것이죠. 어떻게 그것이 가능했는지 지금부터 이야기해보겠습니다.

2016년 가을, 여느 날과 다름없이 온비드 공매 물건을 열심히 탐색하던 중에 눈길이 가는 물건이 있었습니다. 위치는 군산시, 면적은 겨우 $64m^2$(약 19평)의 작은 땅이었는데, 땅 위에는 슬래브 지붕이 얹힌 허름한 건물이 있었습니다. 다 무너져가는 것처럼 보이는 건물 사진만 보면 그냥 지나칠 만한 물건이었지요.

처음 감정가는 약 2,300만 원 정도였지만 절반 정도라면 낙찰받을 만하다고 생각됐습니다. 그래서 10%씩 여섯 번 유찰되어 최저가가 감정가의 절반 이하로 떨어지기를 기다렸다가 낙찰받았습니다. 낙찰가는 약 1,140만 원.

▼ 지상건물 모습

▼ 해당 물건의 경매정보지 내용

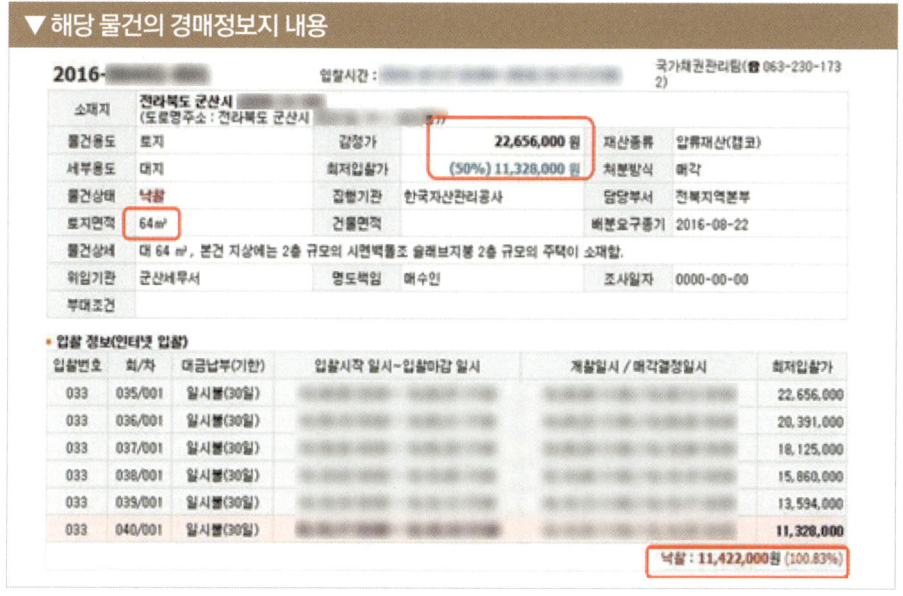

CASE 01 천만 원짜리 땅으로 19일 만에 천만 원 벌다

이 물건이 여섯 번이나 유찰된 데에는 여러 가지 이유가 있겠지만 가장 큰 이유는 면적이 작기 때문일 것입니다. 지목은 '대'라서 건축하기에 좋지만 면적이 $64m^2$(약 19평)밖에 되지 않습니다. 건폐율을 80%까지 적용한다고 가정해도 건물을 지을 수 있는 면적은 불과 15평 남짓. 이런 땅을 대체 어디에 쓰겠냐 싶었겠지요.

또한 대지 위에 시멘트 벽돌과 슬래브 지붕으로 만든 볼품없는 무허가 주택이 있는 것도 이유였을 겁니다. 미등기 무허가 건물이라고 하니 철거해버리면 그만 아니냐고 생각할 수도 있지만 이 건물은 법정지상권이 성립합니다. 법정지상권이 성립하면 땅 주인과 건물 주인이 다르더라도 땅 주인이 건물 주인에게 함부로 철거를 요구할 수 없습니다. 법정지상권에 대한 내용은 다른 챕터에서 자세히 다룰 예정이므로 여기에서는 이 정도만 알고 넘어가도록 합시다. 어쨌든 이 땅은 건물을 철거할 수도 없고, 철거하더라도 워낙 땅이 작아 다른 건물을 짓는 것도 애매했기 때문에 여섯 번이나 유찰될 때까지 사람들이 입찰하지 않았던 것이지요.

그렇다고 땅 주인에게 기회가 없는 것은 아닙니다. 건물을 철거하라고 요구할 수는 없지만 토지를 사용하고 있으니 건물주에게 지료(토지 사용료)를 청구할 수 있습니다. 만약 건물주가 2년 동안 지료를 연체한다면 법원에 법정지상권 소멸을 주장할 수 있고, 이것이 받아들여지면 건물을 철거할 수도 있습니다.

> **민법 제287조(지상권소멸청구권)**
> 지상권자가 2년 이상의 지료를 지급하지 아니한 때에는 지상권 설정자는 지상권의 소멸을 청구할 수 있다.

다만 지상권 소멸을 주장하려면 지료가 최소한 2년 이상 연체되어야 하므로 꽤 오랫동안 투자금이 묶일 수 있습니다. 게다가 토지 가격이 저렴하다면 받을 수 있는 지료도 몇 푼 되지 않을 것입니다. 그런 점들까지 감안해서 설령 2년 후에 건물을 철거한다고 해도 땅이 워낙 작으니 그 후에 지을 수 있는 건물도 마땅치 않지요.

용적률과 건폐율을 살펴라

이렇게 작고 법정지상권까지 있는 땅을 낙찰받은 이유는 무엇일까요? 이 땅이 겉으로 보면 허름해 보이지만 훨씬 큰 가치를 지녔다는 걸 알기 때문입니다. 이것을 알기 위해서는 앞에서 언급했던 땅의 계급장, 즉 '용도지역'의 개념과 그에 따른 용적률 및 건폐율을 알아야 합니다.

땅은 정해진 용도지역에 따라 용적률과 건폐율이 다르게 적용됩니다. '용적률'이란 건축물의 모든 층의 바닥면적을 합한 면적(연면적)이 대지 면적의 몇 배인지를 나타냅니다. 예를 들어, 4층짜리 건물이 있는데 한 층당 30평씩이라고 합시다. 그러면 이 건물의 연면적은 120평입니다. 그런데 이 건물이 지어진 대지의 면적은 100평이라고 합시다. 그러면 이 건물의 용적률은 120%가 되는 겁니다((연면적 120평 ÷ 대지면적 100평) × 100 = 용적률 120%).

또한 건폐율이란 건물을 90도 각도로 위에서 내려다보았을 때 차지하는 '수평투영면적'이 대지면적의 몇 %를 차지하느냐를 말합니다. 예를 들어, 100평짜리 땅인데 건폐율 80%를 적용받는다면 건축물의 수평투영면적은 80평

이내여야 한다는 뜻입니다.

　건물을 지을 때는 최대한 크게 짓는 것이 활용도가 좋겠지요. 그러려면 용적률과 건폐율을 모두 최대로 활용해야 합니다. 용적률은 높지만 건폐율은 낮게 제한되는 땅이라면 면적은 좁으면서 높이는 높은 뾰족한 탑 형태여야 할 겁니다. 반면 건폐율은 크지만 용적률이 낮게 제한되는 땅이라면 옆으로 넓게 지을 수는 있어도 위로 높게 올리지는 못할 겁니다. 용도지역에 따라 적용되는 용적률과 건폐율은 일반적으로 오른쪽 표와 같지만 지자체 조례에 따라 조금씩 달라지므로 미리 확인하기 바랍니다.

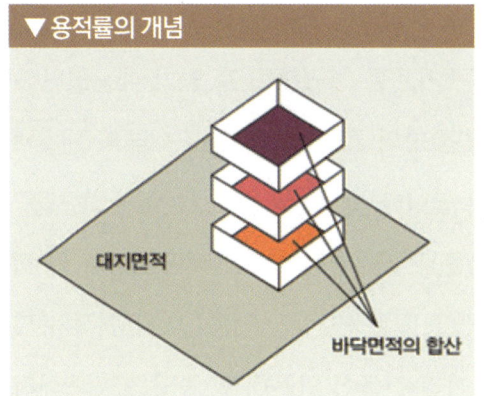
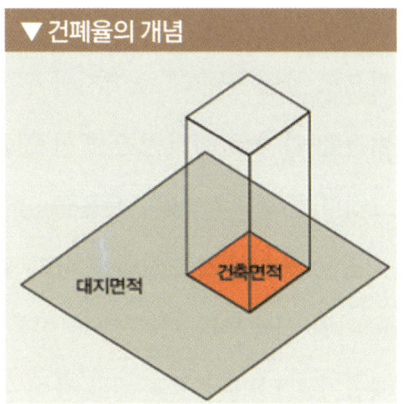

주변 땅과의 관계를 생각하라

제가 산 땅은 '일반상업지역'에 속하는 곳으로, 용적률이 무려 1,300%에 달하고 건폐율도 80%나 됩니다. 계급장이 높은 땅이란 말입니다. 물론 이 땅에 용

▼ 용도지역별 건폐율 및 용적률

용도지역				건폐율	용적률
도시지역	주거지역	제1종 전용주거	단독주택 중심의 양호한 주거환경을 보호하기 위해 필요한 지역	50%	100%
		제2종 전용주거	공동주택 중심의 양호한 주거환경을 보호하기 위해 필요한 지역	50%	150%
		제1종 일반주거	저층주택을 중심으로 편리한 주거환경을 조성하기 위해 필요한 지역	60%	200%
		제2종 일반주거	중층주택을 중심으로 편리한 주거환경을 조성하기 위해 필요한 지역	60%	250%
		제3종 일반주거	중·고층주택을 중심으로 편리한 주거환경을 조성하기 위해 필요한 지역	50%	300%
		준주거	주거기능을 위주로 이를 지원하는 일부 상업기능·업무기능을 보완하기 위해 필요한 지역	70%	500%
	상업지역	중심상업	도심·부도심의 상업기능 및 업무기능의 확충을 위해 필요한 지역	90%	1,500%
		일반상업	일반적인 상업기능 및 업무기능을 위해 필요한 지역	80%	1,300%
		근린상업	도시 내 및 지역 간 유통기능의 증진을 위해 필요한 지역	70%	900%
		유통상업	근린지역에서의 일용품 및 서비스의 공급을 위해 필요한 지역	80%	1,100%
	공업지역	전용공업	주로 중화학공업·공해성 공업 등을 수용하기 위해 필요한 지역	70%	300%
		일반공업	환경을 저해하지 않는 공업의 배치를 위해 필요한 지역	70%	350%
		준공업	경공업 및 그 밖의 공업을 수용하되, 주거기능·상업기능 및 업무기능의 보완이 필요한 지역	70%	400%
	녹지지역	보전녹지	도시의 자연환경·경관·산림 및 녹지 공간을 위해 보전할 필요가 있는 지역	20%	80%
		생산녹지	주로 농업적 생산을 위해 개발을 유보할 필요가 있는 지역	20%	100%
		자연녹지	도시의 녹지 공간 확보 및 도시 확산의 방지, 장래 도시용지의 공급 등을 위해 보전할 필요가 있는 지역, 불가피한 경우에 한해 제한적인 개발이 허용되는 지역	20%	100%
관리지역	보전관리		도시지역의 편입이 예상되는 지역 또는 자연환경을 고려해 제한적인 이용 및 개발을 하려는 지역으로 계획적 체계적인 관리가 필요한 지역	20%	80%
	생산관리		농업·임업·어업생산 등을 위해 관리가 필요하나 주변의 용도지역과의 관계 등을 고려할 때 농림지역으로 지정하기 곤란한 지역	20%	80%
	계획관리		자연환경 보호, 산림 보호, 수질오염 방지, 녹지 공간 확보 등을 위해 보전이 필요하나 주변의 용도지역과의 관계 등을 고려할 때 자연환경보전지역으로 지정하기 곤란한 지역	40%	100%
농림지역			농업의 진흥과 산림의 보전·육성에 필요한 조사와 대책을 마련해야 하는 지역	20%	80%
자연환경보전지역			환경오염 방지, 생태계 및 문화재의 보전과 수산자원의 보호육성을 위해 필요한 조사와 대책을 마련해야 하는 지역	20%	80%

※「국토의계획및이용에관한법률시행령」84조 제1항 및 85조 제1항에 따라 정리한 내용.
※ 각 시·도별 조례에 따라 변동될 수 있음.

적률 1,300%짜리 건물을 지을 수는 없습니다. 건물에는 필수적으로 주차장, 계단 및 엘리베이터 등 공용시설이 들어갈 면적이 필요한데 아무리 건폐율이 80%라 한들 이 땅의 면적은 19평이므로 건물을 지을 수 있는 면적은 15평에 불과하고, 그 안에 이러한 것들을 넣기는 곤란하지요. 설령 넣는다고 한들 구조가 이상해져서 별로 가치 없는 건물이 될 겁니다. 그래서 일반상업지역인데도 1종 주거지역에서나 볼 수 있는 낮은 건물만 지어서 사용하고 있었던 것입니다. 그렇다면 저는 왜 이 땅을 낙찰받았을까요? 바로 주변 땅과의 관계를 생각했기 때문입니다.

한 평짜리 땅이 공매에 나왔는데 용도지역이 일반상업지역이라고 해봅시다. 앞의 표에 따르면 이 땅에는 건폐율 80% 이하, 용적률 1,300% 이하가 적용됩니다. 그렇다면 이 땅 한 평은 정말 한 평일까요? 이런 땅에 한 평이 추가된다면 그 위에 지어질 건물의 연면적은 최대 13평이 늘어납니다. 상가 하나가 더 생기는 겁니다.

이런 땅이라면 인근에 땅을 가진 사람 중 누군가는 탐을 낼 것입니다. 어디 내놔도 멋진 땅이냐 아니냐가 중요한 게 아니라 누군가가 그 땅을 탐낸다는 사실이 중요합니다. 작고 못생긴 땅은 잘 안 팔려서 투자하기 어렵다지만 살 사람이 미리 정해진 땅이라면 걱정 없습니다.

제가 낙찰받은 땅 역시 그 자체만으로는 건물을 올리기 어렵지만 인근 지역 땅과 합해지면 충분히 가치를 발휘할 수 있었습니다. 이 물건은 도심의 일반상업지역 한가운데에 위치해 있고 주변에는 허름한 단층 건물들이 있었습니다. 이곳의 땅주인들도 기회가 되면 새로 건물을 지으려고 할 겁니다. 그런데 바로 옆에 한 평짜리 자투리땅이 붙어 있다면 건물 주인은 이 땅을 사려고 하지 않겠습니까? 이 땅의 용적률이 1,300%이므로 한 평만 사도 13평을 얻을 수 있으니까요.

물론 시세대로 제값을 다 받으려고 하면 인근 땅 주인도 별로 사려 하지 않겠지요. 하지만 시세보다 싼 가격을 제시한다면 충분히 구미가 당길 겁니다. 어차피 공매로 싸게 낙찰을 받았으니 시세보다 조금 싸게 넘기더라도 충분히 수익이 납니다.

절반 가격에 낙찰받아 19일 만에 매도

이 땅이 위치한 곳을 좀 더 살펴봅시다. 이 물건은 군산시 화물터미널 지역 인근에 위치해 있습니다. 도시가 형성될 때 가장 먼저 생겨난 중심지, 즉 구도심입니다. 지금은 오래되어 많이 쇠락한 느낌이지만 지자체에서는 이런 구도심 역세권을 언제까지나 내버려두지는 않을 겁니다. 최근에 화두가 되고 있는 도심재생 사업에서 볼 수 있듯이 개발을 한다면 이미 교통 등의 인프라가 갖춰진 구도심부터 개발하는 것이 일반적 순서입니다. 실제로 이미 인근에는 아파

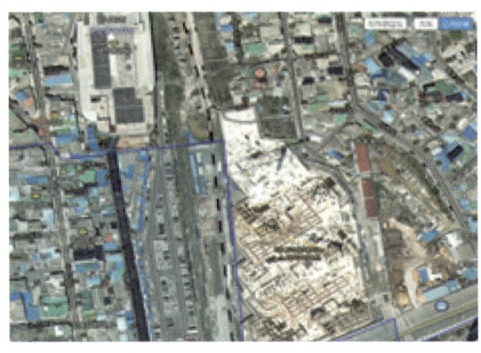 

트 단지가 들어서고 있었고, 추후 이 땅에도 긍정적 영향을 줄 것이 분명했습니다.

이제 이 땅의 등기부를 봅시다. 등기부를 보면 갑구 2번에 가압류가 약 9,300만 원, 갑구 3번에 군산세무소의 압류, 갑구 4번에 군산시의 압류가 있습니다. 이 중에서 3번인 군산세무소의 압류에 의해 공매로 나온 것입니다.

또한 이 물건은 을구에서 볼 때 근저당 4,000만 원이 나타납니다. 어쩌다가 이런 물건이 공매에 나왔는지 체납자의 사정은 모르겠으나 저렴하게 낙찰받으면 미래가치가 충분한 물건이라 판단했습니다. 일반상업지역인데 2,200만 원이라는 감정평가 금액은 너무 낮게 느껴졌습니다.

밸류맵에서 최근까지의 주변 매매 사례를 찾아보았습니다. 해당 물건을 클릭하면 주소와 면적·용도지역·매매대금 등을 확인할 수 있습니다. 밸류맵 (valuemap.com)은 제가 주로 사용하는 사이트입니다.

또한 국토교통부 실거래가 공개시스템에서 각 매물의 주변 매매 사례들을 보고 입찰물건이나 낙찰금액을 산정하는 데 도움을 받았습니다. 참 좋은 세상입니다. 안방에서 천리 밖의 세상을 보고 있으니까요.

가치에 비해 감정평가액도 낮지만 법정지상권이 성립하는 허름한 건물이 있으니 분명 유찰됐을 것으로 예상하고 기다리기로 했습니다. 결론부터 말하면, 감정가의 50%가에 낙찰을 받았습니다.

잔금도 치르기 전에 걸려온 매도 전화

그로부터 며칠이 지나지 않아 전화벨이 울렸습니다.

"여기는 전북지역본부 자산관리공사입니다. 군산시 금암동 ○○-○○○번지 낙찰 받으신 신동기 님 맞습니까?"

"네, 제가 맞는데요."

"체납자에게 전화를 받고 연락드립니다. 이 물건을 되사고 싶다고 하시네요."

"네?"

제가 놀란 이유는 아직 낙찰을 받고 잔금도 치르지 않은 상황이었기 때문입니다. 체납자는 깜빡하고 공매가 진행되고 있는 상황을 챙기지 못해 세금체납 문제를 정리하지 못했고, 그사이에 제가 낙찰을 받아버려 꼼짝없이 땅을 잃게 된 것입니다. 또한 땅값의 감정평가가 너무 저렴하게 이루어졌고, 거기에

▼ 해당 물건 인근의 시세(밸류맵)

▼ 국토교통부 실거래가로 살펴본 시세

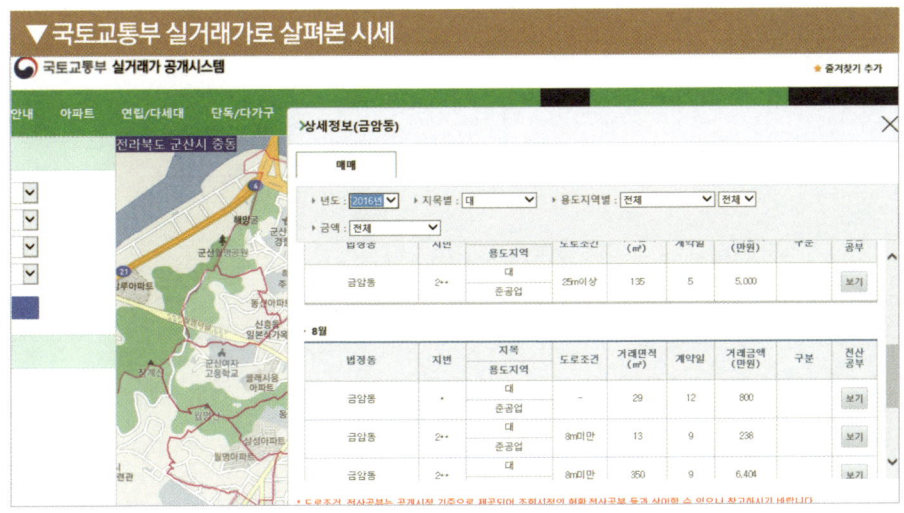

제가 절반 가격에 낙찰받았기 때문에 낙찰 잔금만으로 채무를 해결하기엔 부족하니 손해가 막대하다는 것입니다.

체납자는 제가 낙찰받은 금액에서 1,000만 원을 얹어주겠다고 했습니다. 소유자의 입장도 난처한 것 같았고 저에게도 나쁘지 않은 것 같아 그 제안을 받아들였습니다. 원래 생각했던 만큼의 수익은 아니지만 명도하고, 수리하고, 임대를 놓는 번거로운 절차 없이 3주도 안 돼서 순수익 1,000만 원을 벌어들인다면 결코 나쁜 조건은 아니니까요.

그래서 이 물건은 매각대금 1,100만 원을 모두 납부한 뒤 즉시 채납자에게 약 2,100만 원에 되팔았습니다. 낙찰받은 지 꼭 19일 만의 일입니다. 투자금 1,100만 원으로 1,000만 원을 벌었으니 수익률은 약 91%이지만 이것을 연 수익률로 환산하면 무려 1,750%나 됩니다.

수익률 = 순수익 1,000만 원 ÷ 투자금 1,100만 원 × 100 = 약 91%

하루 수익률 = 91% ÷ 19일 = 약 4.74%

연 수익률 = 4.74% × 365일 = 약 1,750%

몇 년 후에 볼일이 있어 군산에 갔다가 이 땅이 어떻게 되었는지 궁금해서 한번 들러봤습니다. 역시 그 물건이 있던 곳에 멋진 건물이 올라가 있더군요. 저도 단기간에 수익을 올릴 수 있어 좋았지만 제게 땅을 되산 채납자도 세금 문제가 해결되어 더 큰 건물을 올릴 수 있었으니 서로에게 기분 좋은 일입니다.

보기에 좋은 땅 vs 계급장이 높은 땅

이처럼 용적률과 건폐율이 높은 땅은 작아도 힘을 발휘하는 경우가 많습니다. 용적률과 건폐율을 결정하는 용도지역은 그래서 중요합니다. 제가 용도지역을 '땅의 계급장'이라 부르는 이유도 이 때문입니다.

계급장이 쉽게 높아질 수 없듯이 용도지역도 개인이 함부로 바꿀 수 있는 게 아닙니다. 물론 건물주 입장에서는 건폐율과 용적률이 높을수록 건물을 크고 높게 지을 수 있으니 좋지요. 하지만 모든 건물이 높고 빽빽하게 들어차 있으면 도시의 미관을 해치기 때문에 공익을 추구해야 할 정부 입장에서는 제한을 둘 수밖에 없습니다. 그래서 전국의 모든 토지에 용도지역을 정해서 그에 따라 건폐율과 용적률에 제한을 두는 것입니다.

용적률은 공법 중에서도 가장 간단한 개념에 속합니다. 그러나 이 간단한 개념 때문에 토지를 바라보는 관점이 바뀔 수 있습니다. 땅의 현재 모습을 보는 게 아니라 향후 어떻게 변할지를 생각하고, 그렇다면 누구에게 이 땅이 필요할지를 생각하면 성공적인 투자를 할 수 있습니다.

제가 낙찰받은 땅의 토지이용계획서를 봅시다.(토지이용계획서를 보는 방법에 대해서는 다음 장에서 자세히 다루겠습니다.) 자세히 보면 이곳은 일반상업지역으로 되어 있습니다. 앞의 표에서 볼 수 있듯이 일반상업지역은 용적률이 최소 400%에서 시작해서 최대 1,300%까지 용적률이 나옵니다. 1종 일반주거지역의 용적률이 100%인 것을 감안하면 최소한 네 배 더 큰 건물을 지을 수 있는 것입니다. 작고 못생겼지만 알고 보면 높은 계급장을 달고 있는 나폴레옹 같은 땅입니다.

▼ 해당 필지의 토지이용계획서

소재지	전라북도 군산시 금암동		
지목	대 ❓	면적	64 m²
개별공시지가 (m²당)	262,000원 (2018/01) 🔍 연도별 보기		
지역지구등 지정여부	「국토의 계획 및 이용에 관한 법률」에 따른 지역·지구등	도시지역 , 일반상업지역 , 방화지구	
	다른 법령 등에 따른 지역·지구등	가축사육제한구역(모든축종 사육제한)<가축분뇨의 관리 및 이용에 관한 법률>	
「토지이용규제 기본법 시행령」 제9조제4항 각 호에 해당되는 사항			

3 땅의 가치를 알려주는 토지이용계획서

땅의 계급장을 알아보기 위해 기본적으로 챙겨야 할 것이 토지이용계획서입니다. 토지이용계획서는 말 그대로 해당 토지를 어떻게 이용할 수 있는지를 기재해놓은 공식문서입니다. 토지이용규제정보서비스(http://luris.molit.go.kr)에 접속한 뒤 해당 토지의 주소를 입력하면 용도지역, 지목, 규제사항, 면적, 공시지가 등을 확인할 수 있습니다.

토지이용계획서에는 해당 토지에 적용되는 다양한 규제와 법령이 나와 있는데 초보자라면 모든 내용을 하나하나 이해하기가 어려울 겁니다. 하지만 이왕 토지 투자를 공부하기로 마음먹었다면 여기에 등장하는 관련 법령의 내용만이라도 정확히 확인하는 습관을 들이는 게 좋습니다. 요즘은 인터넷으로 검색하면 법령의 전문을 찾아볼 수 있어 편리합니다. 법령을 봐도 어떤 내용인지 잘 모르겠다면 관계부처에 전화해서 담당자에게 물어봐도 됩니다. 친절하게 알려줄 것입니다.

토지이용계획서는 어떻게 볼까

예를 들어보겠습니다. 다음은 인천시 서구의 모 필지에 대한 실제 토지이용계획서입니다. 어떤 단어들이 나오는지 살펴봅시다.

먼저 '자연녹지지역'이라는 것을 알 수 있고, 도로에 접해 있다고 나옵니다. 자연녹지지역이란 「국토의계획및이용에관한법률」에 의해 지정된 녹지지역의 하나로 도시의 녹지공간의 확보, 무분별한 도시확산의 방지, 장래 도시용지의 공급 등을 위해 국가가 보전할 필요가 있는 지역이며, 불가피한 경우에 한해 제한적인 개발이 허용되는 지역입니다.

또한 '개발제한구역'이라고 나오는군요. 이른바 '그린벨트'라 불리는 곳입니다. 개발제한구역 역시 도시팽창을 억제하고 도시 주변 지역의 개발행위를 제한하기 위해 설치되었으며 도시 주변 지역을 띠 모양으로 둘러싼 형태를 이룹니다. 참고로, 용도지역이란 국가적 차원에서 필수적으로 지정된 곳이며(예를 들어 자연녹지지역), 용도구역은 국가 차원에서 선택적 또는 특수한 관리를 위해 지정한 지역입니다(예를 들어 개발제한구역). 지역과 구역은 중복해서 지정할 수 있습니다.

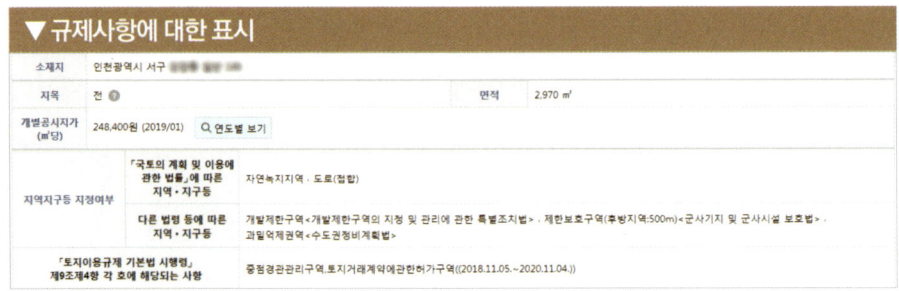

그리고 '제한보호구역'이라는 말도 보입니다. 그 이유로 「군사기지및군사시설보호법」에 따른 후방지역이라고 되어 있는데, 이 말이 무슨 뜻인지 알기 위해서는 해당 법령을 살펴봐야 할 것 같습니다. 토지이용계획의 아랫부분을 살펴보면 지역 지구별로 행위 제한 내용과 해당하는 법이 명시되어 있습니다. 제한보호구역을 공부하려면 이 법령들을 보면 되겠군요.

이 땅은 '중점경관관리구역'에도 해당합니다. 중점경관관리구역이란 중점적으로 경관을 보전·관리 및 형성해야 할 구역을 뜻하며 이렇게 지정된 지역은 경관위원회의 심의를 받아 통과해야만 개발행위를 할 수 있습니다. 쉽지 않다는 뜻이지요.

이곳은 또 '토지거래허가구역'입니다. 토지거래허가구역이란 투기 방지를 위해 지가가 급격히 상승할 것 같은 지역을 시·도지사가 지정한 곳입니다. 토지거래허가구역에는 용도별로 2~5년간 허가 목적대로 사용해야 하는 의무가 생깁니다. 그래서 이 땅을 거래하려면 매도인과 매수인이 함께 시·군·구청에

▼ 지역 지구 등 안에서의 행위제한내용

개발제한구역의 지정 및 관리에 관한 특별조치법 시행규칙 제7조
개발제한구역의 지정 및 관리에 관한 특별조치법 시행규칙 제8조
개발제한구역의 지정 및 관리에 관한 특별조치법 시행규칙 제10조
개발제한구역의 지정 및 관리에 관한 특별조치법 시행규칙 제12조
개발제한구역의 지정 및 관리에 관한 특별조치법 시행규칙 별표4
개발제한구역의 지정 및 관리에 관한 특별조치법 시행규칙 별표3
국토의 계획 및 이용에 관한 법률 제80조
국토의 계획 및 이용에 관한 법률 시행령 제83조

제한보호구역(후방지역: 500m)
군사기지 및 군사시설 보호법 제9조
군사기지 및 군사시설 보호법 시행령 제13조
군사기지 및 군사시설 보호법 시행령 별표4

방문하여 토지거래허가를 받아야 합니다.

이처럼 토지 필지 하나에도 다양한 법령과 규제가 적용되는 것을 볼 수 있습니다. 처음에는 너무 많은 개념이 나와서 복잡하고 어렵게 느껴지겠지만 너무 걱정할 필요는 없습니다. 핵심 개념을 알아두고 자주 접하다 보면 어느새 익숙해질 것입니다.

토지이용계획서에서는 규제사항만 볼 것이 아니라 함께 나와 있는 확인도면도 봐야 합니다. 땅의 형상이나 도로와 접한 모양은 물론이고 인접 토지와 어떤 관계에 놓여 있는지를 분석하면 좋습니다. 왼쪽 그림은 같은 땅의 확인도면입니다.

이 필지는 자연녹지지역, 개발제한구역의 땅입니다. 쉽게 말해서 대부분의 사람이 투자의 가치가 없다고 생각하는 땅입니다. 과연 그럴까요? 구역단계, 즉 최하위의 단계에서 '토지거래계약에 관한 허가구역'으로 묶여 있음에 주목

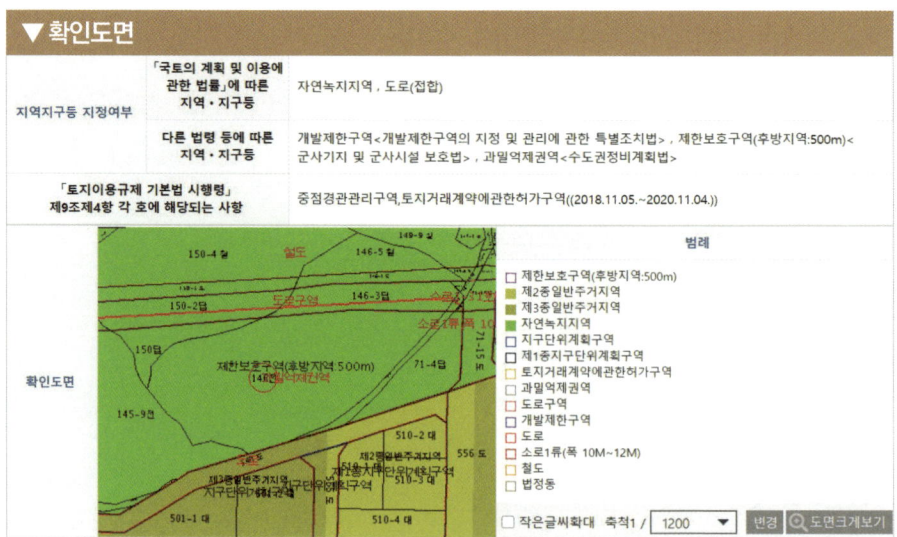

해 봅시다. 이 말은 부정적인 의미일까요? 토지거래허가구역으로 지정되는 곳은 토지 가격의 폭등과 난개발을 막아야 할 필요성이 있다는 뜻입니다. 그래서 공적개발이 진행될 때까지 거래에 시간 제약을 걸어놓은 것이지요. 뒤집어 생각하면 개발이 될 거라는 의미가 됩니다. 결국 이는 부정적인 의미로 해석하기보다는 투자에 긍정적인 의미로 평가해야 합니다.

또한 개발제한구역의 땅 뒤쪽이 지구단위계획으로 도로에 접하고, 토지 앞쪽과 옆쪽도 도로가 접하네요. 즉 삼면이 도로에 접하는 땅입니다. 이런 땅은 가히 '조상이 도와준 땅'이라고 할 만합니다.

이 땅은 개발제한해제규정에 포함될 수 있는 땅입니다. 물론 좀 더 공부를 해야 되겠지만 개발의 가능성을 내포하고 있는 땅입니다. 최소한 이 땅은 투자 가치가 있는 땅으로 볼 수 있습니다.

토지에서는 하위법률이 더 무섭다

토지이용계획서를 보면 개별공시지가, 지역·지구 등 지정 여부, 해당 필지에 적용되는 각종 시행령이 나와 있습니다. 그중에서도 초보자들이 반드시 살펴야 할 것은 「토지이용규제기본법」 시행령에 해당되는 사항입니다. 단도직입적으로 말씀드리면 초보들은 여기에 뭔가 적혀 있는 땅은 사지 않는 게 좋습니다.

법체계에서는 법률이 시행령보다 큰 상위법이므로 많은 사람들이 상위법이 풀리면 하위법도 풀린다고 생각합니다. 하지만 실제로는 반대입니다. 하위법인 시행령이 상위법인 법령보다 더 큰 힘을 발휘합니다. 그러므로 시행령에 뭔가 복잡한 것이 있다면 그것을 먼저 살펴봐야 합니다.

이 필지는 자연녹지지역이며, 가축사육제한구역입니다. 더불어 중점경관관리구역입니다. 흔히 상위법인 자연녹지지역의 개발행위 여부와 인허가에 관심을 갖는 경우가 많지만, 최우선적으로 하위법인 중점경관관리구역의 행위제한 여부 등을 파악해야 합니다. 실제로 하위법으로 갈수록 더욱 촘촘히 제약을 두는 경우가 많거든요.

이쯤에서 법체계를 간단히 알아보도록 합시다. 초보 투자자들은 법-시행

지역지구등 지정여부	「국토의 계획 및 이용에 관한 법률」에 따른 지역·지구등	도시지역(천안도시지역), 자연녹지지역
	다른 법령 등에 따른 지역·지구등	가축사육제한구역(전부제한지역)<가축분뇨의 관리 및 이용에 관한 법률>
	「토지이용규제 기본법 시행령」 제9조제4항 각 호에 해당되는 사항	중점경관관리구역

▼ 대한민국 법률 체계

순위	구분	내용
1	법	국회의 입법부에서 만들어지는 법률로, 신규 법을 만들거나 기존 조항을 수정하는 등은 국회를 통해 진행합니다.
2	시행령	일반적으로 법률의 시행을 위하여 발하는 대통령의 명령을 말합니다. 시행령의 개정은 대통령의 명령으로 효력이 발생합니다.
3	시행규칙	법령을 시행함에 있어 필요한 세부적 사항을 규정한 부령(部令)을 말합니다. 각 부처 장관의 명령으로 효력이 발생합니다.
4	조례	지자체가 법령의 범위 내에서 지방의회의 의결을 통해 제정하는 자치 규범을 말합니다. 실제 조례는 각 지방마다 다르므로 반드시 해당 필지의 조례까지 확인하는 습관을 들여야 합니다.
5	예규	상급행정청이 하급행정청에 대하여 그 감독권의 발동으로서 발하는 행정규칙의 한 형식입니다.
6	지침	업무에 대한 각종 지침을 기록한 서식입니다.

령-시행규칙만 중점적으로 공부하는 경향이 있습니다. 하지만 실무적으로 만나는 담당 공무원들은 법-시행령-시행규칙 외에도 조례와 예규, 지침을 바탕으로 업무처리를 하는 경우가 많습니다. 따라서 하위규정도 빼놓지 않고 살피는 자세가 중요합니다.

그러면 검토해야 할 게 너무 많다고요? 맞습니다. 그래서 토지 투자가 어려운 것이겠지요. 하지만 반대로 생각하면 어려울수록 경쟁자가 적다는 말도 됩니다.

반드시 함께 봐야 할 토지대장

토지이용계획서뿐 아니라 반드시 함께 봐야 할 것이 '토지대장'입니다. 토지대장은 토지의 소재나 지목, 면적, 소유자의 주소 등이 명시되어 해당 토지의 상황이 드러나는 장부입니다. 토지대장을 통해 해당 토지의 면적, 지목(토지의 주된 용도), 소유자, 개별공시지가 등을 정확히 확인하는 게 좋습니다. 토지대장은 정부24 홈페이지(www.gov.kr)에서 발급받을 수 있습니다.

다음 그림은 앞에 등장한 인천시 서구의 동일한 토지의 토지대장입니다. 좌측부터 보면 지목이 '전'이라는 것을 알 수 있고 면적은 2,970㎡입니다. 2002년 3월 25일에 지목이 변경되었음을 알 수 있으며, 현 소유자의 이름과 주소도 나오네요. 그리고 2013년부터 현재까지의 개별공시지가의 변화도 드러납니다. 개별공시지가란 표준지 공시지가를 기준으로 개별토지의 특성과 비교표준지의 특성을 비교하여 시장, 군수, 구청장이 결정 공시하는 개별토지의 단위면적당 가격을 말합니다.

주의할 점은 서류와 실제 토지의 현황이 다를 수 있다는 점입니다. 따라서 토지이용계획서와 토지대장, 지적도, 확인도면 등을 다각도로 참고하고 최종적으로는 현장답사를 통해 직접 확인하는 것이 가장 좋습니다. 소유자나 채권·채무자의 사정, 지형 등 서류에서 확인할 수 없는 내용을 현장에서 파악할 수 있다면 완벽한 투자가 될 것입니다.

▼ 토지대장

고유번호				도면번호	11	발급번호	
토지소재	인천광역시 서구			장 번 호	1-1	처리시각	17시 19분 58초
지 번	146	축 척	1:1200	비 고		발 급 자	인터넷민원

토지표시				소유자		
지목	면적(㎡)	사유		변동일자	주소	
				변동원인	성명 또는 명칭	등록번호
(01) 전	2970	(40)2002년 03월 25일 지목변경		2013년 08월 19일	인천광역시 남구	
				(04)주소변경		461019-1******
		--- 이하 여백 ---			--- 이하 여백 ---	

등급수정 년월일	1988.04.30. 수정	1989.01.01. 수정	1990.01.01. 수정	1991.01.01. 수정	1992.01.01. 수정	1993.01.01. 수정	1994.01.01. 수정	1995.01.01. 수정
토지등급 (기준수확량등급)	112	118	127	133	140	146	152	159
개별공시지가기준일	2013년 01월 01일	2014년 01월 01일	2015년 01월 01일	2016년 01월 01일	2017년 01월 01일	2018년 01월 01일	2019년 01월 01일	용도지역 등
개별공시지가(원/㎡)	221000	223500	226300	230000	239200	248400	248400	

토지 대장에 의하여 작성한 열람본입니다.
2019년 7월 12일
인천광역시 서구청장

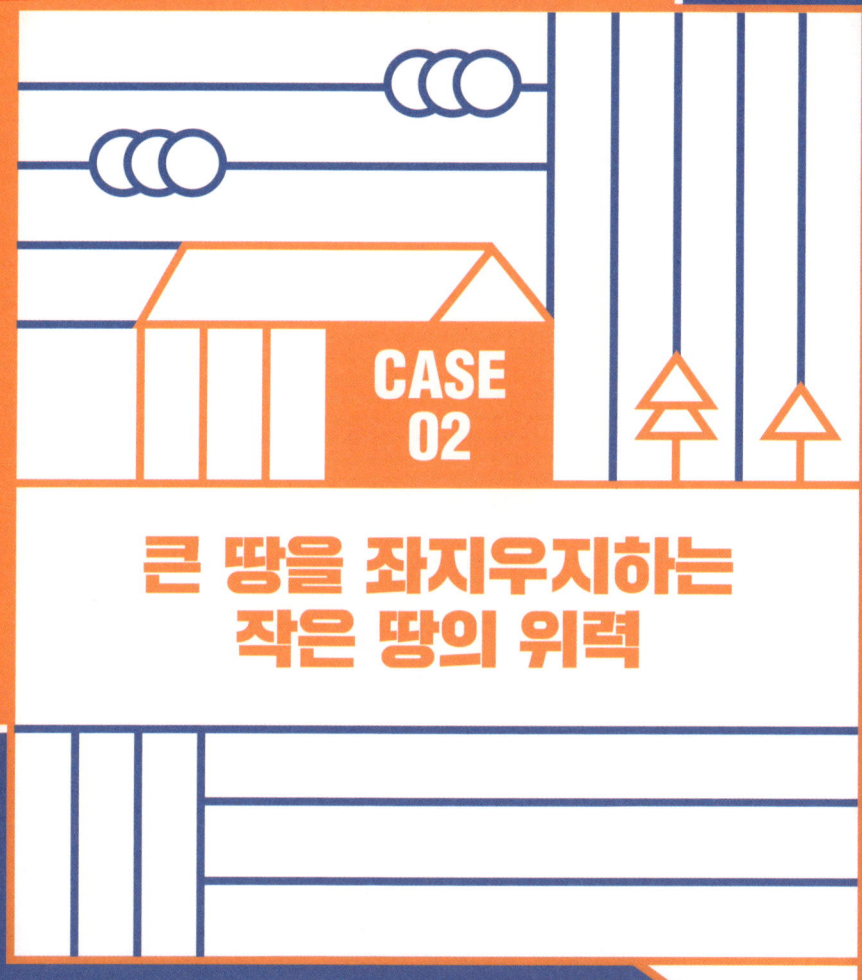

CASE 02

큰 땅을 좌지우지하는 작은 땅의 위력

도심지 과소토지와 건축협정

410만 원에 낙찰받은 5평짜리 땅의 비밀

도심지 과소토지를 눈여겨보는 투자자라면 '건축협정'에 관해 미리 공부하면 좋습니다. 건축협정이란 토지 소유자가 서로 협의하여 정한 기준을 적용해 건축하는 것을 말합니다. 법에서 정한 기준이 있지만, 그보다 먼저 토지 소유자들이 협의한 사항이 있다면 이를 적용해 준다는 말입니다. 건축협정을 통해 인접한 두 필지의 주인들끼리 협의만 된다면 두 필지를 하나의 필지처럼 활용해서 건축할 수 있습니다. 그러면 각각의 필지에 건축할 때보다 면적이나 각종 규제 등에서 꽤 많은 혜택을 누리게 됩니다. 얼핏 보면 토지 소유자에게 유리해 보이는 제도인데 정부 및 지자체는 왜 건축협정 제도를 시행하는 걸까요? 다 그럴 만한 이유가 있습니다.

주변에 눈을 돌려 도심에서 자생적으로 형성된, 20~30년 이상 된 도심 노후 주택지를 떠올려보세요. 이곳들의 특징은 먼저 도로가 협소하다는 겁니다. 지금이야 먼저 계획을 세우고 그다음에 개발에 들어가는 시스템이지만 예전에는 정부나 지자체에서 세우는 계획이랄 게 없었습니다. 건축허가 신청을 받고 요건에 맞으면 허가를 해주는 식이었죠. 그러다 보니 도로는 좁은데 집들이 도로 주변에 다닥다닥 붙어 있는 경우가 많습니다.

예전에는 자가용이 많지 않았으니 이게 크게 문제될 게 없었을 겁니다. 하지만 세월이 흘러 집집마다 자가용이 생겼는데 주차장은 부족한 탓에 주차를 집 앞 도로에 하게 되었죠. 밤이 되면 도로에 주차된 차들 때문에 다른 차들이 제대로 통과하지 못하는 일이 벌어집니다. 이런 곳에 새로 건물을 짓는다 한들 참 애매합니다. 개인이 도로를 확장할 수도 없고, 기존 주택이 깔고 앉은 땅이 작다 보니 새로 지어도 개별 주차장 확보가 쉽지 않습니다. 즉, 현실적으로 건축물을 새로 짓거나 정비가 불가능한 곳이 많습니다.

또한 건물에 붙은 자투리땅(과소필지)이나 맹지인 과소토지로는 건축이 사실상 불가능한 곳들이 많아 비싼 도심지 땅인데도 활용가치 없이 내팽개쳐지는 경우가 많습니다. 따라서 정부 및 지자체는 건축협정 제도를 이용해 토지의 활용가치를 극대화하고자 합니다. 다만 모든 지역에서 건축협정제도가 시행되는 것은 아닙니다. 건축협정은 다음 구역 중에서 토지주나 과소건물주 등이 협의할 경우에 가능합니다.

건축협정 제도가 시행되는 곳
- 지구단위계획구역
- 주거환경개선사업 또는 주거환경 관리사업으로 지정 고시된 구역
- 재정비촉진지구 중 존치구역
- 해당 지방자치단체의 조례로 정하는 구역

필지별로 소유자들이 자발적 건축협정을 맺은 뒤 건축허가를 신청하는 경우도 있고, 지자체에서 이미 필지별 건축협정을 강제해 놓은 경우도 있습니다. 후자의 경우라면 더 큰 수익을 올릴 수 있겠지요.

구도심 자투리땅 투자에서는 건축협정을 눈여겨보자

건축협정이 적용되는 땅에 투자했던 사례를 보여드리겠습니다. 2011년 온비드에서 부산 동구에 위치한 작은 땅 하나를 발견했습니다. 겨우 $18m^2$(약 5평) 정도의 작은 땅으로, 단층건물과 그 앞의 도로 사이에 길게 놓여 있었습니다.

이 땅 때문에 단층건물이 위치한 땅은 엄밀히 말하면 지적도상 맹지에 해당합니다. 현황 상으로는 이 땅에 아무것도 없어서 마치 도로의 일부인 것처럼 편하게 왕래하고 있지만, 단층건물의 땅주인이 건물을 새로 짓고 싶다면 이 땅을 매입하지 않고는 허가를 받을 수 없는 상황입니다. 그래서 단층건물 쪽 땅 주인과 이해관계가 성립할 수 있겠다 싶었습니다.

토지이용계획서를 보면 이 땅의 용도지역은 3종 일반주거지역이라 용적률이 최대 300%로 높은 편입니다. 게다가 주거환경개선지구에 속해 있으므로 건축협정이 적용될 가능성이 높아 보였습니다. 지자체에서는 도심의 신규 건축 인허가를 할 때 과소토지인 이 땅과 단층건물이 위치한 대지의 건축협정을 적극 유도할 것입니다. 두 필지가 함께 묶여 건축이 되어야 땅의 활용도가 활성화될 것이기 때문입니다.

굳이 건축협정이 필수 사항이 아닌 지역이라도 단층건물 쪽 땅주인에게는 충분히 구미가 당기는 땅입니다. 이 땅이 있어야 본인의 땅이 맹지에서 벗어나므로 건축허가를 받을 수 있고, 건폐율과 용적률을 똑같이 적용하더라도 건물 연면적이 더 늘어날 테니까요.

물론 언제 건물을 짓고 싶어 할지는 모르기 때문에 수익을 내려면 꽤 기다려야 할지도 모릅니다. 그렇더라도 감정가가 1,000만 원 정도이므로 절반 가격 이하로 낙찰 받는다면 운 나쁘게 몇 년 묶인다고 해도 크게 부담스러울 정

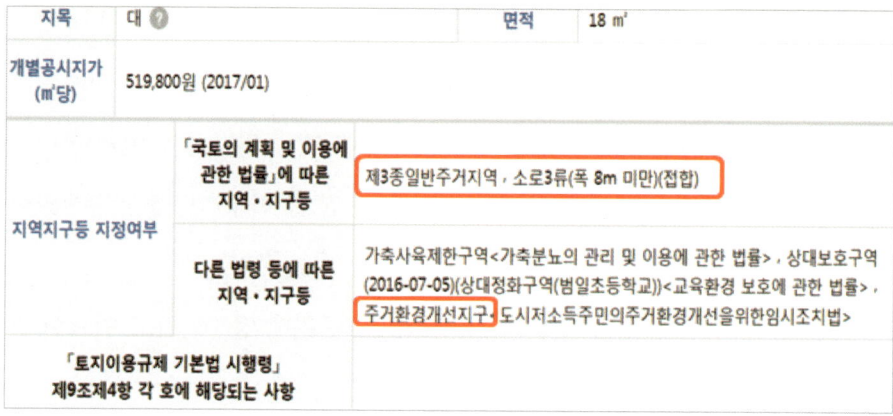

CASE 02 큰 땅을 좌지우지하는 작은 땅의 위력

▼ 낙찰 결과					
2011-		입찰시간:		조세정리팀 ☎ 051-860-8039	
소재지	부산 동구 도로명주소검색				
물건용도	대지	위임기관	수성구청	감정기관	(주)하나감정평가법인(HANA Appraisal Co. Ltd.)
세부용도		집행기관	한국자산관리공사	감정일자	2011-11-17
물건상태	낙찰	담당부서	부산지역본부	감정금액	10,260,000
공고일자	2012-03-21	재산종류	압류재산	배분요구종기	0000-00-00
면적	대지 18㎡			처분방식	매각
명도책임	매수자	부대조건			
유의사항					

▶ 입찰 정보(인터넷 입찰)				
회/차	대금납부(납부기한)	입찰시작 일시~입찰마감 일시	개찰일시 / 매각결정일시	최저입찰가	결과
020/001	일시불(낙찰금액별 구분)			5,130,000	유찰
021/001	일시불(낙찰금액별 구분)			4,617,000	유찰
022/001	일시불(낙찰금액별 구분)			4,104,000	낙찰

☞ 낙찰 결과					
낙찰금액	4,105,000	낙찰가율 (감정가격 대비)	40.01%	낙찰가율 (최저입찰 대비)	100.02%
유효입찰자수	1명	입찰금액	4,105,000원		

도는 아니죠. 결과적으로 여러 번 유찰되어 최저가가 절반 이하로 떨어졌을 때 이 물건을 약 410만 원에 낙찰받았습니다.

온비드의 사진만 믿어선 안 된다

이때 웃지 못할 해프닝이 일어났습니다. 낙찰을 받고 단층건물 쪽 땅주인과 협상을 해봐야겠다는 생각에 현장을 찾았습니다. 연세 많으신 할머니가 나오기에 온비드에 올라온 사진을 보여주며 제가 이 집 앞 자투리땅을 낙찰받았다고 말했더니 깜짝 놀라십니다.

"아이쿠, 이 땅이 팔렸어요? 우리가 사려고 그랬는데 땅주인하고 연락이 안 돼가지고…. 보아하니 권리관계도 복잡해 보이던데…."

"그러셨어요? 가격만 맞으면 저도 바로 팔 수는 있습니다."

"잘됐네, 잠깐만 기다려봐요. 아들한테 전화할게요."

속으로 쾌재를 불렀습니다. 전화를 받고 단숨에 달려온 아들도 이 땅이 공매로 넘어간 줄은 몰랐다며 자기들이 사고 싶다고 했습니다. 즉시 협상에 들어갔습니다. 밀고 당기기 끝에 1,000만 원에 협의를 보았습니다. 감정가보다 조금 낮은 금액이지만 제 입장에서는 410만 원에 낙찰받고 보름도 안 돼서 600만 원을 버는 것이니 별로 아쉬울 게 없었습니다. 협상 분위기도 화기애애해서 그때까지도 아주 행복했습니다.

아들이 필지 경계측량을 해달라고 했습니다. 계약서를 작성하기 전에 정확한 위치를 확인해달라는 것이지요. 이 정도 땅이면 비용이 많이 나와도 50만 원 정도면 가능할 것 같아 흔쾌히 승낙했습니다. 즉시 지적공사에 측량 신청을 해서 열흘 후로 측량일을 잡았습니다.

측량 당일, 현장에 도착해서 즐거운 마음으로 측량을 지켜봤습니다. 그런데 돌아가는 모양이 어째 좀 이상합니다. 아니나 다를까, 측량 결과가 나왔을 때는 하늘이 무너지는 줄 알았습니다. 제가 낙찰받은 토지는 이쪽이 아니라 도로 건너편의 저쪽 집 앞 땅이라는 겁니다.

아니, 이게 무슨 소리란 말입니까? 온비드 사진에는 아무리 봐도 이 집이 맞는데…. 뒷쪽의 사진은 이 물건의 실제 사진입니다. 왼쪽이 온비드에 올라왔던 사진, 오른쪽이 실제 해당 필지의 사진입니다.

물건이 위치한 곳은 워낙 옛날에 생겨난 동네라 길이 복잡합니다. 저도 이곳을 찾을 때 차량 내비게이션을 아무리 봐도 도무지 길을 찾지 못해 동사무소 직원에게 물어도 보고, 온비드에 올라온 사진을 근거로 겨우겨우 찾아내긴

했습니다. 그런데 온비드가 잘못된 사진을 올려놓았을지 누가 상상이나 했겠습니까? 결과적으로 제대로 확인을 못한 제 책임이지만 억울한 마음은 어쩔 수가 없습니다.

엉뚱한 사람과 가격협상까지 끝내 놓고 좋아했던 저도 저지만, 그 집 할머니와 아들의 황당한 표정은 지금까지도 잊을 수가 없습니다. 이런 일이 발생하지 않으려면 입찰 전에 미리 측량을 해보는 게 좋지만 아직 낙찰받은 소유자도 아닌 사람이 측량을 신청하는 것은 쉽지 않습니다. 따라서 정확한 위치를 확인하려면 경매나 공매에 기록된 사진만 믿지 말고 지적도를 정확히 분석해야 합니다.

저는 잘못된 판단으로 시기를 놓쳤지만, 혹시 이 때문에 잘못 낙찰받아 손해를 보게 되었다면 바로 조치를 취해야 합니다. 가능하면 빠르게 매각불허가 신청을 해야 합니다. 경매에서는 매각결정기일 전(낙찰 후 일주일 안에), 공매라면 매각허가결정이 이루어지는 나흘 후 월요일 오전 10시 전까지 매각불허가 신청을 해야 합니다. 만약 매각허가결정이 내려지고 잔금까지 납부한 상황이라

▼ 온비드 정보지 상의 사진(좌)과 실제 해당 토지(우)

면 취하가 어렵습니다. 경우에 따라서는 감액 요청도 할 수 있습니다. 최근 저에게 수업을 받은 교육생이 물건을 낙찰받고 경계측량을 하다 보니 대지라고 표시되었던 땅이 도로에 포함이 되어 있었습니다. 그래서 자산공사에 이의신청을 해서 도로에 포함된 땅만큼 납부금액을 감액을 받은 바 있습니다.

소액 투자는 조급해 할 필요가 없다

처음 세웠던 전략이 망가졌으니 다른 전략을 세워야 하는 상황입니다. 황망한 마음을 추스르고 건너편 집을 살펴보니 다행히도 기존 상황과 크게 다르지 않습니다. 마찬가지로 단층건물이고, 도로와의 사이에 제 땅이 놓여 있습니다. 이렇게 양쪽이 지적도까지 비슷했으니 온비드 직원이 헷갈릴 만도 합니다.

동구청에 문의해본 결과, 이곳의 인접 필지들은 '권고적 건축협정'이 적용되는 곳이라고 합니다. 건축협정의 종류는 뒤에서 자세히 다루겠지만, 권고적 건축협정이 강제적 건축협정만큼 강력하지는 않더라도 훗날 이곳에 제대로 된 건물이 들어서려면 뒤쪽 땅주인은 이 땅이 필요할 겁니다. 바로 위쪽 지역에는 멋지게 다가구건물들이 들어서고 있었으니 이 땅의 주인도 그런 욕심을 내지 않을까 싶었습니다.

게다가 측량 결과 단층건물의 대문 일부가 제 땅을 침범하고 있는 것이 확인되었습니다. 그렇다면 침범한 만큼의 건물을 헐어달라고 요구하거나 사용료를 내라고 할 수 있으니 좋은 협상 카드가 생긴 셈입니다.

문제는 이쪽 땅 사정은 이전의 할머니와 달리 많이 복잡하다는 점이었습니다. 등기부등본을 확인해보니 단층건물 쪽 땅의 소유자는 세 명이고, 심지어 건물은 건축물대장도 없는 미등기건물(무허가주택)이었습니다. 일단은 소유자들과 먼저 협상을 해보기로 했습니다.

낙찰받은 땅에 대해 등기를 완료한 뒤 단층건물 쪽 땅주인들에게 내용증명을 발송해서 소유주가 바뀌었다는 것을 알렸습니다. 그중에서 연락이 온 사람은 가장 큰 지분을 가지고 있는 사람이었습니다.

이 사람에게 물어보니 미등기건물의 주인은 친동생이라고 합니다. 그럼 제 땅에 걸쳐진 건물 부분은 어찌 하실 셈이냐, 지료를 내셔야 하지 않겠느냐고 했지만 일절 대꾸가 없었습니다. 원만하게 협의가 되어 건축을 한다면 서로에게 이득일 텐데, 그 땅의 지분권자들이 어떤 사연을 가지고 있는지는 정확히 모르겠습니다. 일사천리로 수월하게 협상이 진행되었던 앞집 할머니가 더욱 그리워지고, 동시에 일처리를 엉망으로 한 온비드에 화가 났지요.

일단 한 발 물러서서 여유를 가지고 그중 누군가가 주도적으로 건물을 지으려 할 때까지 기다리기로 했습니다. 어차피 410만 원밖에 들어가지 않은 물건이니 조급할 필요가 없습니다. 작은 땅은 큰돈이 들지 않아 여유롭게 관망

▼ 동일 필지의 1년 후 토지이용계획서

소재지	부산광역시 동구		
지목	대	면적	18 ㎡
개별공시지가(㎡당)	556,600원 (2018/01) 연도별 보기		
지역지구등 지정여부	「국토의 계획 및 이용에 관한 법률」에 따른 지역·지구등	제3종일반주거지역(제3종일반주거지역), 소로3류(폭 8m 미만)(접합)	
	다른 법령 등에 따른 지역·지구등	가축사육제한구역<가축분뇨의 관리 및 이용에 관한 법률>, 상대보호구역(2016-07-05)(상대정화구역(범일초등학교))<교육환경 보호에 관한 법률>, 정비구역(2017-12-13)(주거환경개선정비구역)<도시 및 주거환경정비법>	
	「토지이용규제 기본법 시행령」 제9조제4항 각 호에 해당되는 사항	중점경관관리구역(2018-02-21)(엄광산 일원 중점경관관리구역)	

할 수 있다는 점이 투자의 큰 장점입니다. 그동안 공시지가는 꾸준히 오르고 있으니까요. 물가상승분과 화폐가치의 하락분만큼 땅의 가치는 올라간다고 봐도 무방합니다.

또한 땅의 가치는 개발 욕구와 맞물려 달라집니다. 같은 땅이라도 매년 토지이용계획을 수시로 확인할 필요가 있습니다. 특히 도심이나 개발지 인근의 땅들은 수시로 변화를 확인해야 합니다.

이 땅 또한 낙찰될 시점의 토지이용계획과 현재의 토지이용계획에서 그 차이를 찾아 볼 수 있습니다. 1년 후 이곳은 주거환경개선지구에서 '주거환경개선정비구역'으로 변경되었습니다. 재개발 가능성이 높아지면서 땅의 가치는 더욱 높아진 셈이죠. 낙찰받을 당시보다 감정가격 자체가 많이 올랐을 뿐 아니라 건축협정에 포함될 땅이므로 시간이 지나면 투자 가치는 더욱 높아질 것입니다.

투자 비하인드

이 책을 쓰고 있는 지금 이 시점에도 소유자들의 태도에는 변화가 없습니다. 그렇다면 전략을 바꿔야지요. 경계복원측량 결과를 근거로 '건물철거 및 무단점유로 인한 부당이익 반환소송'을 청구할 예정입니다. 물론 협상의 여지는 얼마든지 열어두고 말입니다.

미등기건물은 아무래도 일반 건물에 비해 소송 절차가 복잡할 수밖에 없습니다. 등기가 없으니 주택의 실체가 없는 셈이고, 가처분 신청을 하기가 어렵기 때문입니다. 가처분 신청을 하지 않으면 소송 상대방들이 명의를 다른 사람에게 넘기면서 책임을 피하거나 소송을 길게 끌 수 있습니다.

그런 일을 겪지 않으려면 먼저 법원에 직권으로 등기부를 만들어달라고 요청해야 합니다. 그 후에 기존 절차대로 소송을 진행해서 건물을 철거하라고 요청하거나 사용료를 내라고 압박하면 됩니다.

협상이 제대로 이뤄진다면 더욱 높은 수익을 거둘 수 있으니 결과가 어떻든 수익은 이미 보장되었다고 생각합니다. 여기에 건축협정이 적용되는 필지이니 가치는 더욱 높아졌다고 봐야지요.

건축협정을 알면
작은 땅의 가치가 보인다

건축협정에 대해 좀 더 알아봅시다. 노후된 지역의 정비사업을 진행하다 보면 필수불가결하게 자투리땅들이 생겨납니다. 자투리땅은 보통 적게는 1평에서 많아봐야 10평 정도인 작은 땅을 뜻합니다. 이렇게 작은 땅에 뭘 지을 수 있겠습니까? 활용도 못한 채로 남아 있을 수밖에 없지요.

하지만 자투리땅이라도 구역 전체를 놓고 보면 꽤 넓은 면적이 나옵니다. 지자체 입장에서는 자투리땅을 효율적으로 활용하지 못하면 예산 낭비를 초래할 뿐 아니라 정비사업의 효과가 희석될 수 있습니다. 이런 문제를 해결하기 위해 지자체들은 필지를 개발할 때 인접한 자투리땅이 있으면 함께 활용해서 건축하도록 유도하고 있는데, 이것이 건축협정입니다. 건축법 제59조를 보면 대지경계선으로부터 $50cm$ 이내에 건축물이 위치해 있는 땅이 대상이 됨을 알 수 있습니다.

건축협정은 크게 두 가지로 나뉩니다. 첫째는 반드시 건축협정을 맺어야만 허가를 받을 수 있는 강제적 건축협정이고, 둘째는 건축협정을 맺으면 규제를 느슨하게 해주거나 혜택을 주는 권고적 건축협정입니다.

주거환경개선사업이 시행되는 곳은 그만큼 현재의 주택이 매우 낡고 환경이 열악한 곳이라는 뜻입니다. 그래서 주거환경개선사업은 지자체가 나서서 진행하는 공공사업의 성격을 띠게 되죠. 이런 곳일수록 건축협정이 적용될 가능성이 더 큽니다. 과거에 너도나도 두서없이 건물을 짓고 땅을 쪼갰을 테니까요. 사업시행 방법은 다음 네 가지가 있는데, 사업장마다 시행 방법이 다르므로 지자체에 문의해서 확인해야 합니다.

주거환경개선사업 시행 방법

❶ **신규공급방식** : 수용철거 후 신규주택을 공급하는 방식

❷ **자가주택개량방식** : 시·군·구에서 기반시설을 설치하고 주택은 스스로 고치는 방식

❸ **환지방식** : 정비된 땅으로 돌려받는 방식

❹ **환건방식** : 부동산 등 물건으로 돌려받는 방식

신규공급방식은 부동산을 대규모로 수용해야 하므로 막대한 예산이 소요됩니다. 그래서 요즘에는 신규공급방식보다 자가주택개량방식과 환지방식이 많이 사용되고 있습니다.

이중에서 자가주택개량방식을 눈여겨볼 필요가 있습니다. 자가주택개량방식은 지자체가 도로나 공공시설물 등의 기반시설을 지어주고, 건물은 주인들이 스스로 고쳐 짓는 방식입니다. 이때 함부로 지을 수는 없고 정해진 건폐율

과 용적률, 일조권 거리제한 등을 지켜야 합니다. 하지만 면적이 좁은 땅에 이러한 규제를 곧이곧대로 적용하면 실제 지을 수 있는 건물은 너무 작아서 수익성이 떨어지겠죠. 그럴 때 옆 땅과 건축협정을 맺으면 하나의 필지처럼 활용할 수 있기 때문에 수익성이 높아집니다.

또한 건축협정구역 내에서는 $60m^2$ 미만의 토지분할도 가능하여 들쭉날쭉한 모양의 토지를 반듯하게 만들고, 유효 건축면적을 확보하는 데 유리합니다. 행정 절차의 간소화 효과도 있습니다. 건축허가의 공동신청, 제반 수수료, 착공 신고, 사용승인, 공사 감리 등의 절차를 통합처리 할 수 있기 때문이죠.

해당 주민들이 함께 합의를 하고 진행을 하는 것이기 때문에 건축협정과 경관협정을 함께 심의받을 수 있기도 합니다. 경관법은 국토경관을 아름답고 쾌적한 환경을 조성하기 위해 만들어졌으며, 경관협정은 참여주민의 합의로 체결됩니다. 건축물의 의장이나 색채, 광고물 등의 외적인 면이나 토지의 보전 및 이용에 관한 사항, 공작물 및 건축설비의 위치 등을 주민 스스로가 논의해서 관리할 수 있도록 지원하는 제도입니다.

최근 서울시에서는 도심의 개발을 유도하기 위해 다양한 인센티브를 제공하고 있습니다. 용적률과 건폐율을 상향해 주거나, 합필을 통해 건물 크기를 키우도록 유도하므로 투자에 관심을 가지는 게 좋습니다.

맹지에도 건축이 가능하다

다음 그림은 도로에 붙은 A필지와 그 뒤의 B필지를 위에서 내려다본 모양입니다. B필지는 길에 접하지 않은 맹지이기 때문에 원칙적으로 건축을 할 수 없습니다. 하지만 길에 접해 있는 A필지와 건축협정을 맺는다면 하나의 필지로 간주되므로 건축이 가능합니다.

B필지 입장에서는 원래 건축을 할 수 없는 땅에 건축했으니 당연히 좋겠죠. A필지에도 좋은 건 마찬가지입니다. 원래는 건축물의 외벽이 인접 대지와 $50cm$ 이상 떨어져야 하지만 건축협정을 하면 그럴 필요가 없습니다. 그만큼 공간 활용이 더 효율적으로 변하겠죠. A땅 측면에서는 건폐율과 용적률의 도움을 받고, B의 입장에서는 맹지에 건축이 가능하게 된 것입니다.

맞벽건축으로 토지 활용이 좋아진다

맹지가 아니라도 '맞벽건축'을 통하면 활용도가 더 높은 건축물을 지을 수 있

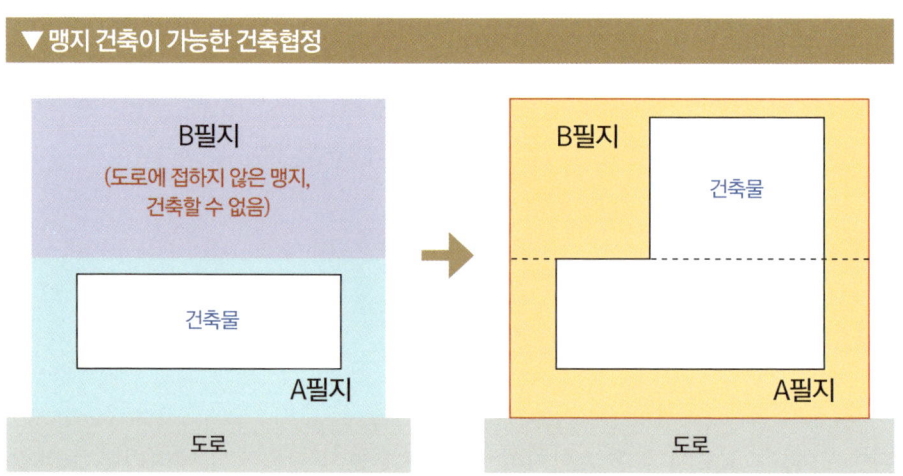

▼ 맹지 건축이 가능한 건축협정

습니다. 맞벽건축이란 둘 이상의 건축물 외벽을 대지 경계선에서 $50cm$ 이내로 바짝 붙여서 건축하는 경우를 말합니다. 원래 건축물의 외벽은 대지 경계선에서 $50cm$ 이상 떨어져야 하지만, 맞벽건축을 하기로 건축협정을 맺으면 이를 적용받지 않는 것입니다.

맞벽건축을 한다고 해서 건축물의 건폐율이 더 높아지는 것은 아닙니다. 건폐율은 대지 경계선과 상관없이 일정 비율로 정해져 있기 때문입니다. 하지만

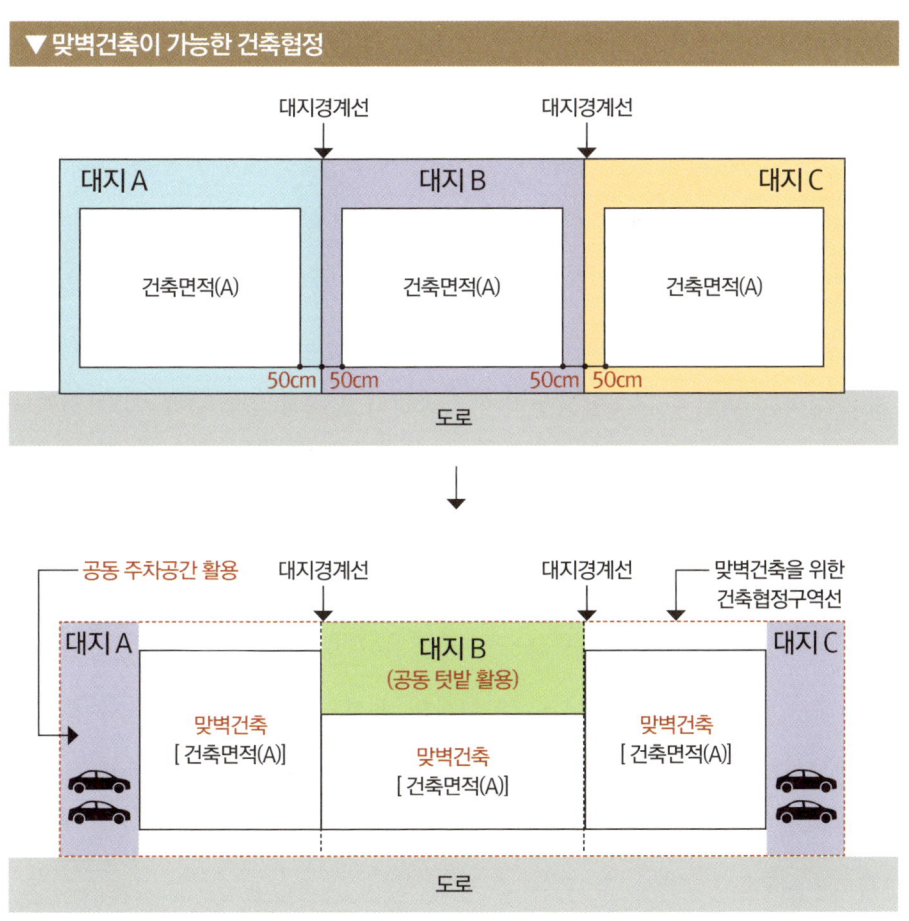

CASE 02 큰 땅을 좌지우지하는 작은 땅의 위력

인접 대지와의 간격을 좁힌 만큼 생겨난 자투리 공간을 모으면 다르게 활용하는 게 가능합니다. 따로따로 건축을 했을 경우에는 대지 경계선을 따라 길쭉한 자투리 공간이 생겨납니다. 하지만 다음 그림처럼 맞벽건축을 통해 절약된 공간을 다른 쪽으로 옮겨 붙이면 좀 더 반듯한 공간을 만들 수 있습니다. 주차장이나 공동텃밭으로 활용할 수도 있죠.

다만 맞벽건축이 모든 곳에서 가능한 것은 아닙니다. 원래 건축물을 서로 떨어뜨려 짓도록 한 이유는 일조권이나 조망권 등을 침해하지 않기 위해서인데, 맞벽건축은 이런 문제를 일으킬 수 있기 때문에 가능한 지역을 따로 규정해놓고 있습니다.

건축법 제81조를 보면 상업지역일 경우에는 다중이용건축물 및 공동주택은 스프링클러나 이와 비슷한 자동식 소화설비를 설치한 경우로 한정되며, 주거지역의 경우에는 건축물 및 토지 소유자 간에 맞벽건축을 합의한 경우에만 가능합니다. 또한 허가권자가 도시미관 또는 한옥 보전·진흥을 위하여 건축조례로 정하는 구역과 건축협정구역에 가능하다고 나와 있습니다. 이런 지역들은 지자체에 문의하면 해당 여부를 확인할 수 있습니다.

건축협정은 주거환경개선사업 중에서도 자가주택개량방식과 잘 어울리는 제도입니다. 이렇게 파격적인 혜택이 주어져야 해당 지역의 땅주인들이 스스로 건축물을 고쳐 짓고, 이를 통해 도시환경이 개선될 테니까요. 건축협정이 적용되는 지역이라면 토지이용계획서상의 용도지역만으로 건폐율과 용적률을 계산하지 말고, 지자체에 문의하여 사업시행 후 적용되는 건폐율과 용적률은 어떤지, 그 외의 혜택은 무엇이 있는지 확인해보기 바랍니다.

건축협정의 장점

- 맹지에 건축물을 지을 수 있다.
- 토지분할을 자유롭게 할 수 있다.
- 맞벽건축을 할 수 있다.
- 북측 토지에 대한 일조권 사선제한을 적용하지 않는다.
- 건폐율과 용적률을 협정 부지를 통합하여 산정할 수 있다.
- 함께 공유할 수 있는 시설이 생긴다.
- 건축 행정절차가 간소화된다.
- 경관협정을 함께 체결할 수 있다.

소규모 정비사업과 건축협정의 시너지

국가는 작은 토지의 합필을 권장합니다. 그래야 토지의 활용도가 높아지고 경제적 효과가 발생하기 때문입니다. 특히 최근에 추진되고 있는 도심재생 관련 정책들은 이러한 방향과 밀접한 연관이 있습니다. 과거에는 낙후된 구도심 지역을 무조건 밀어내고 새 아파트를 짓는 것만이 개발이라고 여겼다면 최근에는 지역의 모습을 최대한 유지하면서 환경을 개선하는 쪽으로 정책의 방향이 바뀌고 있습니다.

그동안 낙후된 도심지역을 재생하는 방안으로 정부가 해왔던 사업들은 주로 마을도서관 건립이나 벽화 그리기 같은 것들입니다. 그러나 이런 사업만으로는 별다른 효과를 낼 수 없으므로 경제기반형이나 중심시가지형 사업 쪽으로 초점을 맞춰 민간자본을 유치하려고 합니다. 경제기반형은 국가·도시차원에서 경제적 쇠퇴가 심각한 지역을 대상으로 새로운 경제 거점을 형성하는 사업이며, 중심시가지형 사업은 주로 상업지역을 대상으로 상권 경쟁력 확보·노후시장 개선·빈 점포 리모델링 등을 지원하는 사업입니다. 하지만 구도심은 건물은 낡았을지라도 땅값이 비싸서 돈은 많이 드는데 규제는 까다롭다 보니 참여하려는 민간자본이 별로 없었습니다.

건축협정형 자율주택정비사업에 주목하라

그래서 나온 정책이 2018년 7월 17일부터 시행되고 있는 「빈집및소규모주택정비에관한특례법」 중 자율주택정비사업입니다. 단독주택이나 다세대주택을 스스로 개량하거나 건설하는 사업인데, 쉽게 말해서 해당 지역에 대해 각종 규제를 완화해 주고 특례와 기금지원 등을 해줄 테니 집주인들이 직접 도시재생을 하라는 것입니다. 이에 따라 소규모 정비사업에 대한 관심도 커지는 추세입니다.

핵심은 바로 건폐율과 용적률에 혜택을 주는 대신 자투리땅들을 합쳐서 개발하라는 것이죠. 이를 위해서는 크게 세 가지 방식이 있습니다. 여러 필지를 하나로 합필한 후 지분을 나눠 갖는 '합필형', 경계가 반듯하지 않아 못생긴 땅들을 이웃 땅과 합친 후 구획을 예쁘게 정리하여 각자 집을 짓는 '자율형', 그리고 주인들끼리 자율적으로 세부사항을 협약하고 건축을 하는 '건축협정형'입니다.

그중에서도 건축협정형 자율주택정비사업은 앞서 살펴본 건축협정과 비슷한 내용입니다. 두 필지 이상에서 건축이나 리모델링을 진행할 경우 토지 및 건축물 소유자들이 협정을 체결하면 각종 규제를 완화해주는 제도입니다. 그만큼 건축협정의 위력은 앞으로 더욱 커질 것으로 보입니다.

▼ 자율주택지원사업의 방식별 인센티브

			건축협정형	자율형, 합필형
	건축기준 등 통합적용		- 조경면적, 접도규정, 지하층, 건폐율, 용적률, 부설주차장, 하수처리 시설 통합 적용 - 허가수수료, 감리, 착공신고, 사용승인 등 통합 적용	-
	대지분할 제한		완화	-
	맞벽/합벽 건축		가능	-
	임대주택 건설특례		- 연면적의 20% 이상 임대주택 공급시 : 국토계획법 제78조에 따른 용적률 상한까지 완화 - 임대주택을 다가구/다세대 주택으로 건설 시 : 주차면적 세대당 1대 → 세대당 0.6대 이상(주거전용면적 30㎡ 미만인 경우, 0.5대)	
건축기준완화	① 도시재생 활성화지역 內 + 근린재생형 활성화계획 반영	조경	50% 완화	
		건폐율	건축면적에서 주차장 면적 제외	
		높이(가로구역)	50% 완화	
		높이(일조, 채광)	50% 완화	
		부대·복리시설	- 어린이놀이터 : 인접대지와의 이격거리(3m 이상) 미적용 - 주택세대수별 복리시설 설치 의무면적의 범위에서 필요한 시설 설치	
		용적률	공동이용시설, 복리시설 설치시 시·도 조례로 완화	
	② 도시재생 활성화지역 外	조경	20% 완화	-
		건폐율	20% 완화	-
		공지 확보	없음	-
		높이(가로구역)	20% (6m 이상 접도시)	-
		높이(일조, 채광)	20%(채광 방향 일조규정만 적용)	-
		부대·복리시설	-	
		용적률	20%	-

훗날 있을지도 모르는 분쟁을 방지하려면

건축협정은 당사자에 의한 자율적 건축제한이고 건축행정에 대한 주민의 자발적 참여라는 의미를 가지고 있으므로 점차 그 중요성이 커지고 있습니다. 그러나 앞서 얘기했듯 모든 지역에서 건축협정이 적용되는 것은 아닙니다. 지구단위계획 구역, 주거환경개선사업 또는 주거환경관리사업으로 지정고시된 구역, 재정비촉진지구 중 존치지역, 해당 지방자치단체의 조례로 정하는 구역 등에서만 체결이 가능합니다. 조례는 자치법규 정보시스템(www.elis.go.kr)에서 지역별로 확인할 수 있습니다.

장점이 많은 건축협정이지만 훗날 협정 당사자들 간에 협의가 지켜지지 않을 경우를 대비할 필요는 있습니다. 건축법 제77조의 4 제5항에 따르면 토지의 구역, 건물의 모습(외벽·지붕·창호·담장 등), 건축물의 용도, 협정의 유효기간 등에 있어 토지 소유자 전원의 합의가 필요하므로 협정서를 작성할 때에는 이 점을 분명히 해야 합니다. 또한 협정을 위반할 경우 건축협정 위반자는 위약금 부과나 법적제재를 받을 수 있다는 조항 등 어떤 조치를 취할 것인지 구성원끼리 분명히 합의를 해야만 훗날의 분쟁을 예방할 수 있습니다.

한 걸음 더

보상금도 받고
남은 땅도 파는 일타쌍피 투자

자가주택개량방식으로 사업이 진행되면 기반시설인 도로를 새로 내거나 확장하게 됩니다. 이를 위해서는 지자체에서 해당 부지를 수용해야 하죠. 도로계획에 따라 새로운 도로에 접하게 되는 땅은 당연히 가치가 매우 높아집니다.

문제는 내 땅의 일부만 도로로 수용되고 일부는 남는 경우입니다. 만약 수용 후 남은 땅의 면적이 충분히 크다면 가장 좋습니다. 새 도로에도 접했겠다, 번듯하게 건물을 지으면 되니까요. 하지만 남은 면적이 건물을 짓기에 충분하지 않을 정도로 작다면 애매해집니다. 아무짝에도 못 쓰는 자투리땅이 되어버리는 겁니다.

그림으로 설명해보겠습니다. 어떤 동네에서 도로를 확장하고 나니 그림처럼 A, B, C의 필지가 남았다고 합시다. 가장 크게 웃는 것은 A필지의 주인일 겁니다. 도로로 수용되면서 보상금도 받고, 남은 땅은 큰 도로에 접하게 되었으니 건물을 지으면 수익이 엄청날 테니까요. B필지의 주인은 도로수용에 대한 보상금을 받았으니 돈을 벌긴 했습니다. 하지만 남은 자투리땅으로는 아무것도 할 수 없습니다. 가지고 있으면 재산세나 나가겠죠.

가장 속 터지는 것은 C필지 주인이 아닐까요. 바로 근처에 번듯한 도로가 났고 토지의 면적도 충분하니 새 건물을 올리면 큰돈이 될 게 눈에 뻔히 보이지만, 건축허가는 받을 수 없을 테니 말입니다. 지적에 도로가 있다고 해도 여전히 C필지는 도로에 접하지 않은 맹지이기 때문에 건축허가가 나오지 않습니다.

이때 B필지의 주인이 C필지 주인에게 자기 땅을 사가라고 하면 C필지 주인은 가격이 좀 높더라도 충분히 사들일 용의가 있을 것입니다. 이런 땅을 잘 고르면 돈이 됩니다. 수용된 땅은 보상을 받고, 남은 땅은 뒤 필지 주인에게 높은 가격에 팔아서 꿩 먹고 알 먹는 투자가 됩니다.

그런데 이 토지에 보상계획이 잡혔는지는 어디서 알 수 있을까요? 해당 토지에 사업을 진행하는 시행자는 사업인정을 받은 후 공익사업의 개요와 보상시기, 방법과 절차 등이 포

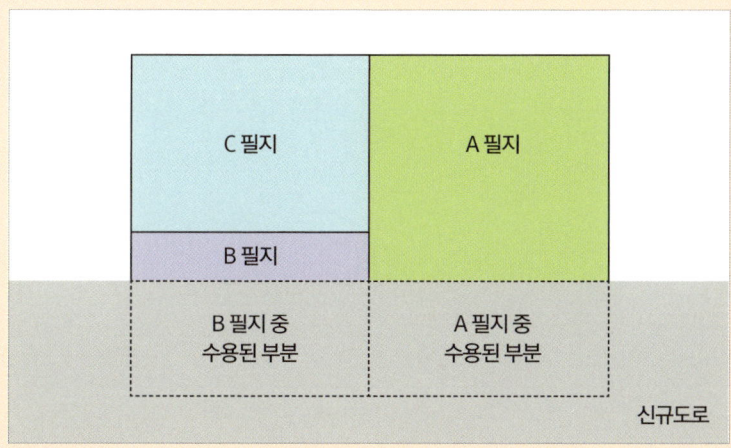

함된 보상계획을 일간 신문이나 관계자들에게 통지합니다. 또 일정기간 동안 일반인이 열람할 수 있기 때문에 지자체 홈페이지 등을 주시하면 좋습니다. 도로가 날 계획이 있는지는 해당지역의 도시계획과에 질의를 해서 물어보거나 토지이용계획확인서를 확인해보면 됩니다.

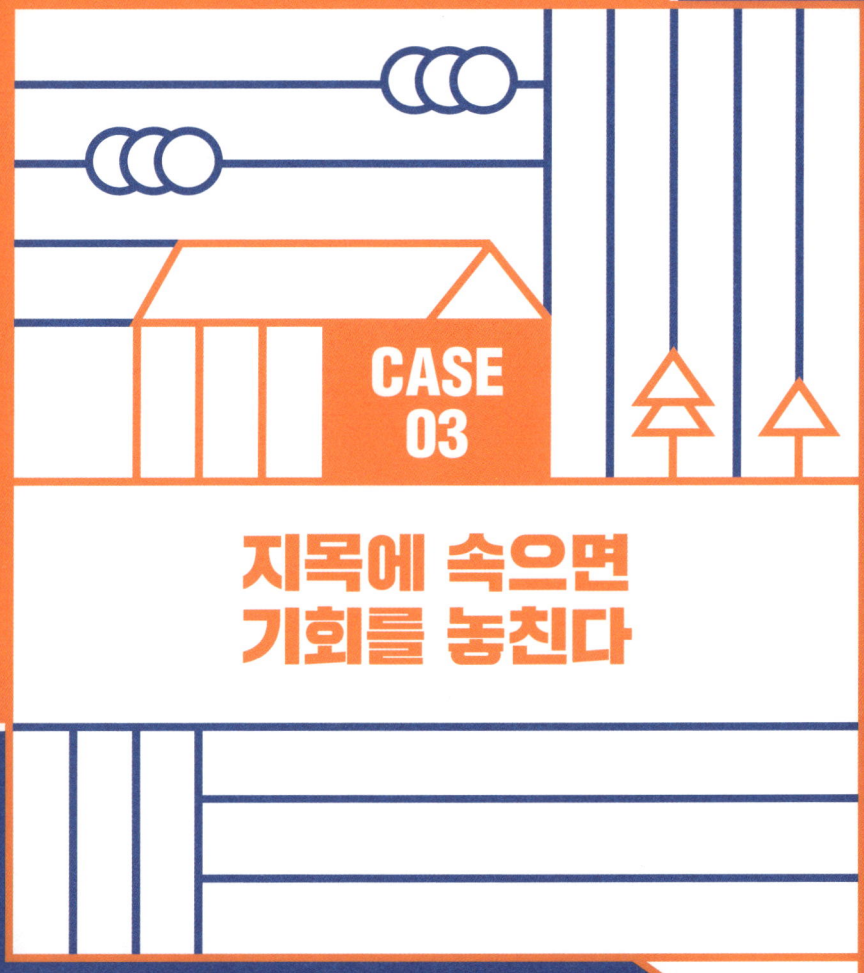

CASE 03
지목에 속으면 기회를 놓친다

도로부지 투자 & 부당이득청구소송

토지의 지목은 왜 중요할까

모든 땅에는 지목(地目)이란 것이 있는데, 지목은 쉽게 말하면 '땅의 사용 목적'이라고 할 수 있습니다. 땅은 「공간정보의 구축 및 관리 등에 관한 법률」에 따라 주된 용도를 28개 지목으로 구분하여 공부에 등록합니다. 예를 들어 지목이 '전'이면 밭이고 '답'이면 논이란 뜻입니다.

투자자들은 '전'과 '답' 중에서 주로 '전'을 선호합니다. 답(논)과 전(밭)의 차이는 물을 상시적으로 이용하느냐, 아니냐에 있습니다. 답은 물을 상시적으로 이용하는 토지이므로 물이 고여야 하겠죠. 그래서 땅의 높이가 주변보다 낮은 경우가 많습니다. 높이가 낮으면 지목을 변경해서 건축을 하더라도 흙을 부어서 높이를 높여야 하므로 돈이 더 들겠죠. 반면에 전은 물을 상시로 이용하지 않아 높이가 주변 토지와 비슷한 경우가 많습니다.

지목을 반드시 외워야 한다고 말하기는 어렵지만 적어도 자주 접하는 지목은 기억해 두면 편합니다. 대부분은 지목의 맨 앞 글자를 부호로 사용하지만 네 개는 두 번째 글자를 부호로 씁니다. 그 네 개는 '주차장(차), 공장용지(장),

하천(천), 유원지(원)'인데 저는 '짜장천원(차-장-천-원)'이라는 말로 기억하고 있습니다. 지목의 기호와 종류는 아래의 표에 나와 있는데, 그중에서 자주 접하게 되는 농지(전, 답, 과수원)와 임야, 대, 도로, 창고용지 정도는 꼭 기억하기 바랍니다.

법적으로 농지는 농부만 소유할 수 있지만, 실무적으로는 도시민도 농지를 소유할 수 있습니다. 하나의 세대를 구성하는 인원이 보유한 총 농지의 합이 $1,000m^2$(300평) 미만일 경우 '주말체험영농' 목적으로 해당 관청에 '농지취득자격증명'을 제출하면 됩니다. 또 총 농지의 합이 $1,000m^2$ 이상일 경우에는 '농업경영계획서'를 추가로 제출하면 됩니다.

최근 들어 농지에 대한 발급 절차를 엄격하게 하고 있으며 발급을 받더라도 해당 농지가 실제로 농지로 쓰이고 있는지를 주기적으로 확인하고 있습니다. 그러므로 투자나 단기매매가 목적인 농지를 입찰하기 전에는 반드시 농지취득자격증명이 발급되는지를 관할청에 확인해보는 것이 좋습니다.

▼ 28개 지목의 종류

순번	부호	지목	순번	부호	지목	순번	부호	지목	순번	부호	지목
01	전	전(밭)	08	대	대(대지)	15	철	철도용지	22	공	공원
02	답	답(논)	09	장	공장용지	16	제	제방	23	체	체육용지
03	과	과수원	10	학	학교용지	17	천	하천	24	원	유원지
04	목	목장용지	11	차	주차장	18	구	구거(수로)	25	종	종교용지
05	임	임야	12	주	주유소용지	19	유	유지(물고인땅)	26	사	사적지
06	광	광천지	13	창	창고용지	20	양	양어장	27	묘	묘지
07	염	염전	14	도	도로	21	수	수도용지	28	잡	잡종지

지목은 '답'인데 현황은 '도로'인 땅

온비드에서 검색을 하다가 경기도 광주시에 위치한 20평 정도의 작은 땅이 눈에 띄었습니다. 중부고속도로 인근에 공장 몇 개가 위치한 소규모 공장단지가 있는데, 그중 한 공장의 초입에 고속도로로 이어지는 좁은 길이 있고, 그 좁은 길에 납작하게 붙은 땅이었습니다.

▼ 해당 필지의 모습

▼ 해당 필지의 토지이용계획서

소재지	경기도 광주시			
지목	답		면적	68 m²
개별공시지가 (m²당)	105,600원 (2017/01)			
지역지구등 지정여부	「국토의 계획 및 이용에 관한 법률」에 따른 지역·지구등	계획관리지역(계획관리), 보전관리지역(보전관리)		
	다른 법령 등에 따른 지역·지구등	고속국도법상의기타(도로구역)<고속국도법>, 자연보전권역<수도권정비계획법>, 공장설립승인지역<수도법>, 배출시설설치제한지역<수질 및 수생태계 보전에 관한 법률>, 특별대책지역(1권역)<환경정책기본법>		
「토지이용규제 기본법 시행령」 제9조제4항 각 호에 해당되는 사항				

CASE 03 지목에 속으면 기회를 놓친다

지목은 '답'인데, 땅이 작은데다가 뱀처럼 길쭉해서 벼농사를 지을 수 있을 것 같지 않았습니다. 실제로 바로 옆 필지에는 공장 건물들이 들어서 있는 것이 보였습니다. 역시나 이 땅은 논농사를 짓는 곳이 아니라 실제로는 공장에 차량이 드나들기 위한 진입로처럼 사용되고 있었습니다. 지목과 현황이 다른 것입니다.

초보자들은 지목을 중요하게 여기는 경향이 있습니다. 그래서 지목이 '대', 즉 대지로 정해져 있는 땅을 좋아하는데 꼭 그럴 필요는 없습니다. 지목과 실제 사용되고 있는 현황은 다를 수 있기 때문입니다.

지목은 현재 상황을 최대한 반영하여 지정되고 재산세의 기준이 되긴 하지만 어디까지나 서류상의 꼬리표라고 생각하면 됩니다. 지목이 '전'이라고 해서 천년만년 밭으로만 써야 한다는 말은 아닙니다. 밭으로 쓰이고 있어도 형질변경을 통해 '대'로 바꿀 수도 있고, 건축허가를 받아 건축을 할 수도 있습니다. 실제로 지목이 '전'인 땅 위에 건축물이 지어진 경우도 흔하게 발견됩니다. 행여 지목이 '묘(묘지)'라고 해도 실제 무덤이 없다면 나대지와 같기 때문에 어렵지 않게 지목을 변경할 수 있습니다. 그러므로 지목을 토지의 현재 상태로 보면 곤란하고, 지목에 따라 적용되는 개발행위에 제한이 있다는 것만 알아두면 됩니다.

지목보다 누가 사갈 땅이냐가 중요하다

투자자들이 이 물건을 낙찰받지 않은 이유는 무엇일까요? 폼이 안 나기 때문일 겁니다. 땅 모양이 지렁이같이 생겼고 평수도 20평밖에 안 됩니다. 뭐라도 지으려면 대로변에 최소한 100여 평은 돼야 하지 않겠습니까? 하지만 그랬다면 이 땅의 가격은 아마 1억 원이 넘었을 겁니다.

이 땅은 작고 못생긴데다 지목이 '답'인 관계로 대접을 못 받고 있었습니다. 토지이용계획서상에 큰 하자가 없는데도 감정평가액은 평당 60만 원이 안 되었습니다. 인근의 공장 대지들은 평당 200만 원을 상회하는데 말입니다.

물론 이 땅은 지목이 '답'이므로 농지취득자격증명(농취증)을 발급받아야 한다는 문제가 있었습니다. 전·답·과수원은 농사를 짓기 위한 땅으로, 임야는 나무를 심기 위한 땅으로 지정된 지목입니다. 우리나라의 현행법은 실제로 농사를 지을 사람만 '전'이나 '답'을 소유할 수 있도록 하고 있기 때문에 농취증을 발급받을 수 없는 사람은 이 땅에 대한 소유권이전등기를 할 수 없습니다. 또한 그 땅이 농사에 사용되지 않고 있으면 해당 관청에서 농취증 발급을 거절하는 경우가 있으므로 조금 까다로운 과정을 거쳐야 합니다.

그렇지만 이 땅은 충분히 돈이 될 것 같았습니다. 지목은 계속 그 목적으로만 사용하도록 강요하는 것은 아니고, 형질변경을 통해 다른 지목으로 변경될 수 있습니다. 다만 형질변경을 위해서는 면적과 지목에 따른 부담금을 납부해야 합니다. 이 땅은 고속도로와 인접해 있고 인근 공장에 꼭 필요한 진입로이기 때문에, 싸게 낙찰받으면 지목을 변경하는 비용까지 고려해도 수익이 꽤 좋을 것 같았습니다. 그래서 여러 번 유찰되기를 기다렸다가 제가 평당 18만 원, 전체 금액 약 360만 원에 낙찰받아 식구로 만들었죠.

지목이 다른데도 이 땅을 낙찰받은 이유는 바로 옆에 있는 공장 때문입니다. 사실 이 공장에는 다른 진입로가 있었는데, 폭이 $2m$밖에 되지 않고 경사가 급하다 보니 제가 낙찰받은 이 땅을 진입로로 이용하고 있었습니다.

나중에 안 사실이지만 여기에는 나름의 사연이 있더군요. 원래는 중부고속도로가 건설될 때 한국도로공사가 이 공장의 진입로를 따로 만들어야 했는데 왜 그랬는지 공사를 빠뜨렸다고 합니다. 공장 사장님이 수시로 민원을 넣었지만 공사 입장에서도 당장 어찌할 방법이 없어서 한 20년을 이 땅 때문에 서로 가슴앓이를 했다고 합니다. 당사자들에게는 힘든 시간이었겠지만, 투자자라면 이 땅을 왜 예뻐해야 하는지 알겠죠?

게다가 이 땅은 공장 뒤의 다른 부지로 연결됩니다. 만약 그 부지에 무언가를 짓기 위해 건축허가를 받으려면 도로에 붙어 있는 이 땅이 있어야 합니다. 건축법에 따르면 폭 $4m$ 이상의 도로에 접하지 않은 땅은 건축허가를 받을 수 없기 때문입니다. 명색이 고속도로에 인접한 땅인데, 당장은 아니더라도 그 부지의 주인 입장에서는 공장이나 창고를 짓고 싶은 마음이 분명 있을 거라고 생각했습니다. 그래서 '공장 사장님이 안 사주면 뒤땅 주인이 사주겠지'라는 다소 대책 없는 전략으로 낙찰을 받았습니다. 못 팔아도 손해보는 금액은 400만 원이 안 되니 이 정도 모험은 해볼 만하다고 생각한 것입니다.

지목을 바꾸면 땅의 가치가 달라진다

광주시의 이 땅을 평당 약 18만 원에 낙찰받았으니 전용비용을 합쳐도 약 40만 원이면 공장을 지을 수 있는 땅이 됩니다. 농지를 다른 용도로 전용하기 위해서 내야 할 농지전용부담금은 전용될 농지의 개별공시지가의 30%이지만, 상한금액이 m^2당 5만 원이므로 한 평(3.3㎡)당 상한금액은 16만5,000원 정도입니다. 기타 경비를 포함하면 농지전용비용으로 아무리 많이 잡아도 대략 평당 20만 원 정도입니다.(구체적인 전용비용 계산 방법은 뒤에서 설명하겠습니다.)

이 땅이 공매에 나왔을 때의 감정가가 60만 원이었습니다. 감정가로 팔기만 해도 이익이 되죠. 그런데 주위의 공장용지 가격은 평당 200만 원 내지 250만 원 선이었습니다. 어떻습니까? 작은 토지에 관심을 가져야 할 이유를 알겠지요?

낙찰을 받았으니 이제 지목을 변경할 차례입니다. 이 땅의 공부상 지목이 '답'이었던 것을 기억하시지요? 저처럼 공매로 농지를 낙찰받았다면 잔금납부기일까지 농취증을 제출하면 됩니다. 반면 경매는 매각기일에서 일주일 안에 농취증을 발급받아 법원에 제출해야 하는데, 이 기간이 지나면 농취증을 미제출했다는 이유로 보증금이 몰수될 수 있습니다. 그만큼 시간과의 싸움에서 더욱 초조해질 수 있으니 유의하기 바랍니다.

농지의 용도를 변경하는 법

지목변경은 「공간정보의구축및관리등에관한법률」 제81조에 따라 이뤄집니다. 아래의 사유가 발생한 날로부터 60일 이내에 토지소유자가 지적소관청에 신청하면 됩니다.

1. 「국토의계획및이용에관한법률」과 같은 관계법령에 의해서 토지의 형질변경 등의 공사가 준공된 경우
2. 토지 또는 건축물의 용도가 변경된 경우
3. 도시개발사업 등의 원활한 사업 추진을 위하여 사업시행자가 준공 전에 토지합병을 신청하는 경우

또한 루리스(http://luris.molit.go.kr) 등을 이용해 먼저 토지이용계획확인원을 살피고, 지목에 따라 가능한 건축행위 여부와 건축물의 종류를 알아봐야 합니다. 농지를 집이나 창고, 공장용지로 바꾸어 해당 용도로 사용하려면 농지를 다른 용도로 사용하겠다는 농지전용허가 신청서를 시·군·구청에 제출하여 허가를 받아야 합니다. 또한 임야에 주택, 창고, 공장을 지으려면 산지전용허가

를 받아야 하는데 사업계획서, 산지내역서, 지형도, 임야도 등 농림부령이 정하는 서류를 제출해야 합니다.

토지의 형질을 변경한 다음 실제 용도에 맞는 건물을 지어서 사용승인을 받아야 대지나 창고용지, 공장용지로 지목이 바뀝니다. 지자체 별로 방식이 조금씩 다르므로 지목 변경을 위해서는 해당 토지의 관할 관청에 문의를 해보는 것이 좋습니다.

> 농지전용(산지전용) 허가 → 형질변경(토목공사나 부지 조성)
> → 건축물 건축 → 지목 변경

농지를 공장용지로 바꾸기 위한 농지보전부담금

우리나라 법은 농지에 대해 다소 엄격한 편입니다. 식량자급의 기반을 유지하려면 농지를 지켜야 한다는 논리에 따라 농지를 다른 용도로 전용하려는 사람에게는 비용을 부과합니다. 이것을 '농지보전부담금'이라고 합니다.

농지를 전용할 때는 「농지법」 시행령 제53조에 따라 다음과 같은 금액이 부과됩니다. 단, 「농지법시행규칙」 제47조의 2에 따라 개별공시지가 상한금액은 m^2당 5만 원(평당 약 16만 5,000원)까지만 부담됩니다.

> **농지보전부담금**
> = 개별공시지가 × 30% × 전용면적(m^2) × 감면율(해당되는 경우에만)

예를 들어 m^2당 개별공시지가 4만8,000원인 농지 $400m^2$를 전용하여 건폐율 40%에 해당하는 $160m^2$의 땅 위에 건물을 짓는다고 합시다. 이 경우 농지보전부담금은 약 576만 원으로 계산됩니다.

> **농지보전부담금**
> = 개별공시지가 4만8,000원 × 30% × 전용면적 160㎡ × 감면율
> = 약 576만 원 × 감면율

이때 감면율은 모두에게 적용되는 것이 아니라 다음과 같은 경우에만 적용되므로 유의하기 바랍니다.

❶ 도로·철도 등 공공시설, 산업단지 등 중요 산업시설, 농·어업용 시설을 설치하는 경우
❷ 농업인 주택, 농·축산업용 시설, 농·수산물 유통·가공 시설, 어린이놀이터, 마을회관 등 농업인의 공동생활편의시설, 농·수산 관련 연구시설과 양어장·양식장 등 어업용 시설을 설치하기 위하여 농지를 전용받은 경우

임야를 공장용지로 바꾸기 위한 대체산림자원조성비

임야를 전용할 때에도 다른 산림을 조성하기 위한 비용, 즉 '대체산림자원조성비'를 내야 합니다. 임야의 전용비용은 농지와 조금 다른 방식으로 계산되는데 공식은 다음과 같습니다.

> **대체산림자원조성비**
> = 산지전용 또는 일시사용 허가면적 × {㎡당 부과금액 + 개별공시지가의 1%}

이때 m^2당 부과금액은 임야의 종류에 따라 달라집니다. 2019년 기준으로 준보전산지는 4,800원, 보전산지는 6,240원, 산지전용제한지역은 9,600원입니다. 여기에 개별공시지가의 1%에 해당하는 금액을 더하는데 이때는 m^2당 4,800원이 상한금액입니다. 따라서 가장 까다로운 산지전용제한지역이라도 최고 금액은 m^2당 1만4,400원(9,600원 + 4,800원)입니다.

예를 들어, 개별공시지가 2만5,000원짜리 준보전산지 900m^2를 소유하고 있는데 그중 500m^2(약 150평)를 전용하려고 한다면 대체산림자원조성비는 252만5,000원이 나옵니다.

> **대체산림자원조성비**
> = 전용면적 500㎡ × {준보전산지 전용비 4,800원 + 개별공시지가의 1%인 250원}
> = 252만5,000원

일반적으로 농지보전부담금에 비해 대체산림자원조성비가 더 적습니다. 그러므로 전용비용만 생각한다면 농지와 임야 중에서 임야의 전용허가를 받는 것이 유리해 보입니다. 하지만 임야는 대부분 경사가 있죠. 그래서 실제로 건물을 지으려고 하면 땅을 고르고 다지는 토목공사가 필요합니다. 이 비용까지 생각한다면 농지와 임야 중에 어느 것에 투자하는 게 더 좋다고 섣불리 말하기는 어렵습니다. 참고로, 「산지관리법」 제38조에 의거해서 $660m^2$ 이상의 산지를 전용하려면 복구비를 미리 지자체에 예치해야 하므로 부담이 됩니다. 소규모 개발인 경우에는 이 범위를 넘지 않는 것이 유리할 것입니다.

지목을 변경하여 등기한 뒤 진행하는 경우는 등기소에 본인이나 대리인이 위임장을 들고 관청 내의 지목변경신청서를 작성해야 합니다. 그다음 관계법령의 허가를 득하여 공사가 준공되었음을 증명하는 서류와 국·공유지의 용도폐지 또는 사실상 공공용으로 사용하지 않음을 증명하는 서류, 토지의 사용목적 또는 용도가 변경되었음을 증명하는 서류가 필요합니다. 또 본래 지목이 무엇인지에 따라 개발행위 허가비용이 정해져 있으므로 해당 관청에 사전에 문의를 해보는 게 가장 정확합니다.

많은 분이 '건물은 지목이 대지인 땅에만 지을 수 있다'고 생각하는데, 실제로는 몇 가지 번거로움이 있을 뿐 28개 지목 어디에도 집을 지을 수 있습니다. 앞서 말한 대로, 지목은 반드시 그 목적으로만 사용하라고 강제하는 것은 아닙니다. 특히 이미 지목과 다르게 활용되고 있는 땅이라면 지목을 변경하는 것이 더 수월하고, 그만큼 충분한 수익을 올릴 수 있습니다.

▼ 1만㎡당 복구비 산정기준 금액 (2019년도 기준)

경사도	산지전용(일시사용) 허가·신고지	토석채취(매각)지 및 광물채굴지
10도 미만	60,428,000원	161,251,000원
10도 이상 20도 미만	177,679,000원	308,798,000원
20도 이상 30도 미만	233,661,000원	401,759,000원
30도 이상	304,794,000원	493,262,000원

※ 산림청고시 제2019-27호

지료를 받거나 좋은 가격에 팔거나

다시 낙찰받은 땅 이야기로 돌아가보겠습니다. 때마침 일이 있어 지나가는 길에 낙찰받은 이 땅을 처리하기로 했습니다. 협상을 위해 옆 공장 사장을 만나러 갔더니 공장을 운영하는 사람은 임차인이고, 소유자는 남양주에서 다른 공장을 운영하고 있답니다. 그럼 소유자 연락처를 알려달라고 하니 임차해서 사용하고 있는 사장과 공장장의 반응이 매몰찼습니다. 결국 연락처를 얻지 못한 채 되돌아올 수밖에 없었죠.

일단 등기부에 나와 있는 공장 소유자 주소로 내용증명을 보냈습니다. 현재 이 땅을 무단으로 진입로로 사용하고 있으니 그에 대한 사용료를 내든지 아니면 적당한 가격에 사가라는 내용입니다. 그러고는 기다렸습니다. 워낙 싸게 낙찰받았으니 조급할 필요가 없습니다. 거듭 말하지만 이런 것이 바로 작은 물건의 장점이죠.

부동산에서 수익을 보는 것은 물건을 매입할 때가 아니라 매도할 때인데, 상대방과 매도 협상을 하다 보면 급하게 해결하려다가 무리수를 두는 경우가 종종 생깁니다. 많은 투자금이 오래 묶이면 손해가 커지므로 어떻게든 빨리 해결하려다가 낭패를 보는 것입니다. 하지만 작은 땅은 투자금이 적게 들어가므로 시간이 좀 걸리더라도 별로 부담이 크지 않습니다. 어차피 땅은 매입한 지 2년이 지나야 세금 부담도 좀 줄어듭니다. 조급할수록 협상에서 우위를 빼앗기게 되므로 느긋하게 기다리는 것도 좋은 협상 방법입니다.

사실 상대방에게도 시간이 좀 필요할 겁니다. 이 땅에 이해관계가 얽혀 있는 분들은 말로는 아니라고 해도 누구보다 이 땅에 아픔이 있는 분들입니다. 그분들 입장에서 보면 이 땅을 제대로 합필하기 위해 몇 십 년을 기다리며 민원을 넣고 기회를 기다렸는데, 어떤 놈이 공매로 날름 낙찰받았다며 치고 들어오니 괘씸할 수밖에요. 그런 분들한테 당장 매입하라고 성화를 부리면 안 그래도 쓰린 상처에 소금을 뿌리는 격입니다.

부당이득반환청구소송을 진행하다

그렇게 2년 가까운 시간이 흘렀습니다. 급할 것 없다며 일부러 천천히 대응하긴 했지만 상황이 달라졌습니다. 다른 투자를 위해 돈이 필요한 상황이 되었지요. 다시 연락을 해보았으나 그쪽의 입장은 달라진 게 없었습니다. 오히려 저를 도둑놈 보듯 하며 그 땅은 공짜로 내놓는 게 당연하다는 식이었습니다.

어쩔 수 없이 정식으로 지료청구소송을 시작한다는 내용증명을 보냈습니다. 얼마 후 상대편에서 내용증명에 대한 답변이 왔는데 저더러 사기꾼에 투기 세력이라고 몰아붙이는 내용이었습니다. 화가 나더라도 당당하고 의연하게 대처해야 합니다. 감정적인 대응 대신 정식으로 법원에 소장을 제출했습니다.

지료청구소송은 말 그대로 내 땅을 사용하고 있는 사람에게 지료를 받을 수 있도록 해달라는 소송입니다. 지료청구 소송에서 효력이 유지되는 '제척기간'은 소장이 법원에 도달한 날로부터 3년입니다. 이것이 바로 제가 소송을 급히 진행하지 않는 이유입니다. 낙찰 후 여유롭게 진행해도 소송을 제기한 시점부터 3년까지는 지료를 청구할 수 있으니까요. 지료에 대한 판결만 받으면 언제든지 그 금액을 받을 수는 있는 것입니다.

저는 이 땅의 정당한 소유자이기 때문에 앞으로 사용할 것에 대한 지료는 물론 제게 소유권이 넘어온 날부터 현재까지 사용했던 것에 대한 지료도 전부 받을 권리가 있습니다. 지난 2년 동안의 지료까지 모두 합치면 총 348만 원입니다. 여기에 소송비용까지 포함됩니다.

일반적으로 지료를 산정할 때는 감정평가금액을 기준으로 하지만 저는 이 땅을 감정가보다 훨씬 낮은 약 360만 원에 낙찰받았습니다. 하지만 청구한 지료는 그보다 훨씬 비싼 바로 옆 공장의 공시지가(3,500만 원)를 기준으로 계산했습니다. 공장의 진입로로 사용되고 있으니 공장의 공시지가를 기준으로 땅 가격을 책정한 것입니다. 물론 제가 이렇게 책정해서 소장을 제출했더라도 법원에서 이에 대한 다툼의 여지가 있다고 판단하면 다시 감정평가를 실시해서 땅 가격을 산정하기도 합니다.

청 구 원 인

1. 원고는 2014. ○○. ○○. 경기도 광주시 ○○동 ○○○번지 답 68㎡를 공매 절차에서 낙찰받아 2014. ○○. ○○. 매각대금을 전부 납부하고, 2014. ○○. ○○. 수원지방법원 성남지원 광주등기소 등기접수 ○○○○○호로서 소유권이전등기를 마친 자이고 피고는 현재 위 토지에 연접한 공장을 소유하고 있는 자입니다.

2. 그런데 피고는 원고 소유인 위 토지를 사용할 어떠한 권한이 없음에도 불구하고 무단으로 위 토지를 통행로로 사용하고 있어 원고는 수 차에 걸쳐 이를 중단하여 주기를 요구하였으나 아직까지도 이를 이행치 않고 있습니다.

3. 그런데 위 토지는 현재 시가로 약 35,000,000원에 상당하므로 피고는 위 토지를 사용함에 따라 여러 정황들을 고려할 때 매년 시가의 약 5%에 해당하는 매월 금 154,800원(년 1,750,000원)의 부당이득을 하고 있는 것으로 사료됩니다.

4. 따라서 피고는 원고에게 원고가 위 토지에 대한 소유권을 취득한 날인 대금납부일인 2014. ○○. ○○. 그 다음날인 2014. ○○. ○○.부터 위 토지의 명도완료일까지 매월 금 145,800원의 비율에 대한 지료(부당이득금)를 지급할 의무가 있다 할 것이므로 원고는 청구하는 청구취지와 같은 본 소의 제기에 이르렀습니다.

(※ 이하 생략)

관할법원 선점의 중요성

소송에서 관할법원이 어디인지는 꽤 중요합니다. 소송의 절차나 변론횟수에 따라 차이는 있지만 사건당 적게는 서너 번에서 많게는 열 차례 넘게 법원을 오가는 경우가 있습니다. 관할법원이 멀면 소송을 위해서 수시로 왔다 갔다 하는 데에 육체적·정신적으로 피로를 느끼기 때문에 이것만으로도 상당한 압박이 될 수 있습니다. 그래서 물건지는 경기도 광주시지만 소송의 관할법원은 제가 살고 있는 대구로 신청했습니다. 이는 엄연히 「민사소송법」 제8조에 의거한 것입니다.

채권자가 자신의 정당한 권리를 지키기 위해 소송을 제기한 것이라면 채권자의 편의가 우선시되어야 합니다. 쉽게 말해서 채무자가 채권자에게 찾아와서 돈을 갚아야 하는 대여금, 보증금, 전세금, 손해배상금 등의 채무는 의무이행지가 채권자의 주소지이므로 이를 관할하는 법원에 소를 제기할 수 있다는 것입니다. 지료 또는 부당이득청구에 관한 소송 역시 원고의 정당한 권리를 지키기 위한 소송이므로 저는 관할법원을 저의 주소지 근처로 신청한 것입니다.

이 경우 상대편은 대부분 관할법원을 옮겨달라는 이송신청을 합니다. 이 사건도 마찬가지였습니다. 부동산 관련 소송은 원칙적으로 물건지가 관할법원

> **「민사소송법」 제8조(거소지 또는 의무이행지의 특별재판적)**
> 재산권에 관한 소를 제기하는 경우에는 거소지 또는 의무이행지의 법원에 제기할 수 있다.

이니 소송의 진행을 경기도 광주시에서 할 수 있게 바꿔달란 것입니다. 이 말인즉슨 자기들이 내려오기는 싫으니 저더러 올라오라는 것이지요. 공부가 부족하면 괜한 시간과 노력을 빼앗기는 법입니다. 이럴 때는 당당히 이렇게 주장하기 바랍니다.

"민사소송법 8조에 의거하여 채권자의 주소지에서 소송을 진행할 수 있습니다."

다만 이는 어디까지나 채권에 대한 권리에 해당되는 것이므로 채권이 아닌 물권에 관련된 사건, 가령 철거소송 등을 진행한다면 물건지 주소의 관할법원에서 소송을 진행해야 합니다.

그래서 이 사건은 어떻게 마무리되었을까요? 기대하신 분들에게는 죄송하지만 이 땅은 소송을 진행하는 도중에 1,400만 원에 매각했습니다. 매수한 분은 향후 가치를 생각해서 당장 매각하지는 않을 거라고 하더군요.

예상보다는 적은 가격에 매도했지만 소송이 진행 중인 물건이라 제값을 받기도 좀 애매했습니다. 제가 낙찰받은 가격이 약 360만 원이니 1,400만 원에 팔 때 후회는 없었지만, 얼마 지나지 않아 크게 후회가 되더군요. 매도 잔금을 받고 얼마 되지 않아 도로공사에서 연락이 온 겁니다. 드디어 이 땅을 도로에 합치게 되었다며 자기들이 2,500만 원에 사겠다는 겁니다. 아이고…. 안 그래도 배가 아픈데 공장 주인의 한 마디가 얼마나 얄밉던지요.

"처음에 우리한테 2,500만 원을 부르지 그랬어요. 그럼 암말 않고 샀을 텐데…."

투자 비하인드

최근에 다시 생각해보니 굳이 이 땅을 팔기 위해 공장 주인과 옥신각신할 필요가 없었다는 생각이 들었습니다. 그때는 아직 공부가 부족해서 이 땅이 공장의 진입로로 쓰이는 것만 생각했는데, 그냥 공장 주인에게는 지료만 계속 받다가 나중에 옆 땅 주인들에게 팔아도 충분했겠다 싶습니다.

그림을 보면 공장이 위치한 땅은 C필지이고, 그 뒤로 A필지와 B필지가 있습니다. 이 필지들은 모두 좁은 도로로 이어져 있는데 이 도로의 폭은 겨우 트럭 한 대가 지나다닐 정도로 좁습니다. A필지와 B필지는 합쳐서 1,000평이 넘고, 고속도로와 연결되는 곳에 있으므로 공장이나 물류창고를 짓기에 적합합니다.

문제는 「건축법」에 따라 건축허가를 받을 수 있는 도로의 폭입니다. 용도지역이 도시지역인 경우 주택을 지으려면 폭 4m 이상 도로에 2m 이상 접해야 하지만, 면 지역에서는 현황도로만 있어도 주택 건축허가가 나옵니다. 하지만 공장이나 물류창고를 지으려면 이야기가 달라집니다. 개발행위허가에 의해 연면적 2,500㎡가 넘는 공장을 지을 때는 폭 6m 이상의 도로를 확보해야 하는 것입니다.

눈치 빠른 분들은 제가 하려는 말을 이미 알겠죠. A필지와 B필지에 집을 짓겠다고 하면 지금도 충분히 지을 수 있습니다. 하지만 공장이나 물류창고를 짓겠다면 지금 도로만으로는 허가를 받을 수가 없기 때문에 제가 낙찰받은 땅이 꼭 필요합니다. A필지와 B필지의 공장부지 인허가는 제 땅에 달려 있다고 해도 과언이 아닌 셈이죠. 물론 A필지와 B필지에 공장이 들어선다는 보장은 없습니다. 하지만 입지를 봤을 때 가능성은 무척 높은 곳입니다. 그때까지는 C필지(공장)로부터 계속 지료를 받으며 기다리면 됩니다.

이와 비슷한 사례를 만난다면 한 필지에만 매달려서 팔려고 애쓰는 것보다 주변의 다른 필지까지 넓게 보는 안목이 필요합니다. 토지에 대한 다양한 공부가 필요한 이유입니다.

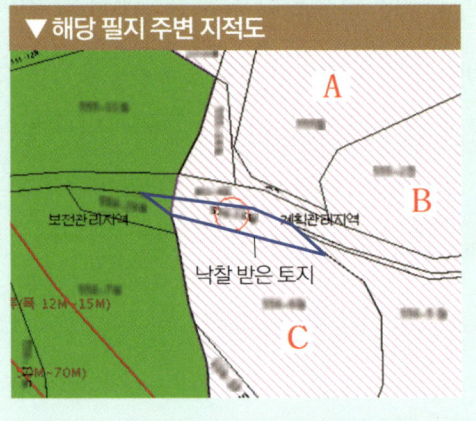

▼ 해당 필지 주변 지적도

도로인 듯 도로 아닌 '사도'의 반전매력

지목에 속기 좋은 물건이 바로 도로입니다. 많은 투자자가 도로에 대한 투자를 꺼리지만 지목이 도로라고 해서 포기부터 한다면 좋은 기회를 놓칠 수도 있습니다.

우리가 투자할 수 있는 도로는 사도(私道), 즉 정부나 지자체에 속한 정식 도로인 공도(公道)가 아니라 개인 소유의 토지에 만들어진 도로입니다. 사도 역시 '사도법상 사도'와 '사실상 사도'로 나뉠 수 있는데, 사도법상 사도는 개인 소유의 땅이지만 사도법에 도로로 등재돼 있는 것이고, 사실상 사도는 개인 소유의 땅이면서 사도법에 등재돼 있지 않지만 실제 도로로 이용 중인 개인의 땅입니다.

● 도로 사용료를 받을 수 있다

사도로 수익을 내는 대표적인 방법은 앞의 사례에서 잠시 설명했던 것과 같이 지료, 즉 땅을 이용하는 대가를 청구하는 것입니다. 도로의 소유자는 그 도로를 이용하여 편익을 얻은 사람에게 지료 또는 그에 상당하는 부당이득을 청구할 수 있습니다. 남의 도로를 공짜로 사용하면서 이익을 얻었으니 지료에 준하는 금액으로 보상하란 뜻이죠.

어떤 대지에 건축을 하려면 도로에 접해 있어야 하는데, 그 대지가 공도가 아닌 사도에 접해 있다고 합시다. 얼핏 생각하기엔 맹지이므로 건축허가를 받기 어려울 것 같지만, 그 도로가 사도법상 사도라면 가능합니다. 대신 사도의 주인에게 동의서를 받아야 하는데 이때 사도의 주인은 지료를 요구할 수 있는 것입니다. 만약 정당한 지료를 지불하지 않으면 앞의 사례처럼 부당이득반환청구소송을 할 수도 있고, 협상을 통해서 내 땅을 매입하게끔 할 수도 있습니다.

● **보상 시 감정평가의 허점을 찌를 수 있다**

사도는 정식 도로로 만들어지기 위해 수용될 가능성이 있습니다. 그러나 인근 토지에 비해 제값을 받기는 어렵습니다. 인근 토지에 비해 보상비가 사실상 사도는 3분의 1 정도, 사도법상 사도는 5분의 1 정도에 불과합니다.

「공익사업을 위한 토지 등의 취득 및 보상에 관한 법률 시행규칙」 제26조

❶ 도로부지에 대한 평가는 다음 각 호에서 정하는 바에 의한다.
　1. 「사도법」에 의한 사도의 부지는 인근토지에 대한 평가액의 5분의 1 이내
　2. 사실상의 사도의 부지는 인근토지에 대한 평가액의 3분의 1 이내

이런 땅이 경매에 나와서 감정가의 3분의 1 정도로 낙찰받았다면 기뻐해야 할까요? 개발의 전후 시점에서는 감정가를 판단하는 데 조심해야 합니다. 개발에 대한 기대감이 커져 있는 인근 지역 땅값의 영향을 받아서 실제 가치보다 높게 나올 수가 있기 때문입니다. 보상 건에서는 더더욱 조심해서 입찰해야 합니다. 나중에 이 토지를 보상받을 때에는 사업인허가 시의 감정가를 기준으로 해서 인접 대지의 5분의 1밖에 안 될 수도 있으니 주의해야 합니다.

도로가 인근 토지평가액보다 훨씬 낮게 감정평가되는 근거는 '화체이론'이라는 것에서 나왔습니다. 화체(化體)란 사용가치는 큰데 교환가치는 거의 없어 그 자체로는 별로 효용이 없지만, 다른 것의 효용을 증진하는 데 기여하는 현상을 말합니다. 도로는 그 자체로 큰 효용이 있는 게 아니라 다른 토지와 연결될 때에만 사용가치가 커지므로 화체라 할 수 있죠.

도로에 접한 땅과 접하지 않은 땅을 비교하면 당연히 접한 땅의 가격이 더 비싸고, 이는 감정평가를 할 때도 마찬가지입니다. 도로에 접한 땅이 그렇지 않은 땅보다 높게 감정평가되죠. 그렇다면 도로의 가치는 이미 감정평가에 반영되었다고 볼 수 있습니다. 즉, 도로의 가치는 도로 자체에 매겨진 게 아니라 도로와 접한 땅에 얹어서 매겨진 것으로 봅니다. 그렇기 때문에 감정평가를 할 때 도로와 도로에 접한 땅을 둘 다 높게 평가한다면 이익을 이중으로 주는 셈이라고 보고, 화체인 도로는 낮게 감정평가를 하는 것입니다.

그런데 재개발이 진행되는 구역에서는 이것을 역이용할 수도 있습니다. 옆 땅의 가치를 끌어올렸기 때문에 도로 자체의 감정평가액이 낮은 것이라면, 반대로 옆 땅의 가치를 끌어올렸다는 근거가 없다면 도로 자체의 감정평가액은 제값을 받아야 합니다.

이해를 돕기 위해 예를 들어보겠습니다. 사도법상 사도는 아니지만 사실상의 사도인 A필지가 있고, 거기에 붙어 있는 땅인 B필지가 있다고 합시다. 이 지역이 재개발되며 감정평가를 받게 되었는데 B필지가 맹지로 분류되어 감정평가 되는 경우가 있습니다. A필지가 도로처럼 사용되고 있긴 하지만 사실은 도로가 아니므로 B필지는 맹지에 해당한다며 낮게 감정평가되는 것이죠. 그렇다면 A필지는 B필지에 대한 화체가 아닌 셈입니다. 따라서 도로가 아니라 일반 토지로서 감정평가되어야 화체이론에 모순되지 않습니다.

하지만 재개발 감정평가와 경매 감정평가는 성격이 약간 다릅니다. A필지와 같은 땅이 경매에 나올 경우에 사실상의 도로라면서 감정평가도 그에 맞춰 인근 토지보다 훨씬 낮게 이뤄지곤 합니다. 게다가 사람들도 이런 땅은 낙찰받으려 하지 않으므로 더더욱 낮은 가격에 낙찰받을 수 있게 되죠. 재개발 구역 내 도로는 대부분 인접대지의 3분의 1 가격으로 현금청산되는 경우가 많지만, 이런 도로가 총 90㎡를 넘을 경우에는 입주권을 받을 수도 있습니다(지자체 조례에 따라 달라질 수 있음). 이 경우에는 낮은 가격에 낙찰받아서 상당한 수익을 올릴 수 있는 좋은 기회가 될 것입니다.

CASE 04

어떻게 나누느냐에 따라 가치가 달라진다

토지분할청구소송 & 지적측량

토지분할은
왜 돈이 될까

일반적으로 땅을 분필(필지를 분할)하려면 건축허가에 준하는 과정을 거쳐야 합니다. 많은 투자자들이 큰 땅을 매입해서 임야나 농지의 개발행위허가를 받은 뒤 작은 땅으로 분필하여 매매나 건축 행위를 합니다.

큰 땅은 농사나 임업에는 적합할지 모르지만 매매는 쉽지 않습니다. 금액도 문제지만 개발을 위한 인허가 받기가 쉽지 않아서 일반인들은 관심을 가지지 않기 때문입니다. 이러한 땅을 작게 나누어 용도 변경과 지목 변경을 해야 개발을 할 수 있고, 땅의 가치가 올라가며, 매매도 쉽게 이루어집니다.

빈 땅이라고 무조건 건축을 할 수는 없습니다. 도로허가나 건축허가, 상수도 시설 허가, 전기선 인입 등 많은 개발행위허가를 받아야만 합니다. 그래서 개발에 용이한 상태라면 땅의 가치가 올라가게 되는 것입니다.

개발행위를 위한 분필이 아니라면 대부분 상속이나 증여 등을 통해서 분필이 일어납니다. 땅의 분할은 정부에서 엄격하게 통제하므로 특별한 사유 없이는 어려운데, 일반적으로 개발행위를 득하거나 상속, 증여, 경·공매로 인한 지분 낙찰, 현물분할청구소로 인한 판사의 판결문 등으로 분할됩니다. 그런데 바로 이 부분에서 수익구조를 발견할 수 있습니다. 어떻게 수익을 낼 수 있을까요?

먼저 당사자끼리 분필을 동의하는 경우입니다. 어떤 땅의 주인이 여러 명일 경우 지분의 비율대로 땅을 나눠 가지려면 지분권자 전원이 동의해야 합니다. 전원이 동의하면 시·군·구청 산업계에 '개발행위허가신청서'를 제출한 뒤 심의에 통과해야 분필이 이뤄집니다. 국가는 땅의 분필 자체를 개발행위로 보고 있기 때문입니다. (개발행위허가신청서 양식은 책 뒤쪽 부록 참조)

하지만 전원이 동의한다는 게 생각보다 쉽지 않습니다. 바로 옆에 붙어 있는 땅이라도 그 가치는 모양과 위치, 이용 상태, 도로와의 거리 등 다양한 요소에 좌우되는데 지분권자 전원이 만족스러운 형태로 분할을 합의하는 경우는 극히 적습니다.

만약 다들 동의했는데 작은 지분을 가진 사람이 끝까지 반대한다면 어떻게 될까요? 처분에 준하는 행위를 할 때는 반드시 전원의 동의가 필요하므로 아무리 작은 지분권자라도 무시할 수 없습니다. 그래서 원활한 일처리를 위해 나머지 지분권자가 작은 지분권을 비싸게라도 사들이는 경우가 있습니다. 하지만 이 또한 이뤄지지 않는다면 어쩔 수 없이 토지분할청구소송을 하게 됩니다.

공유물 분할의 세 가지 방식

이해를 돕기 위해 먼저 공유물 분할의 방식에 대해 알아보겠습니다. 공유물분할청구에는 현물분할, 대금분할, 가액배상 세 가지가 있습니다.

첫째, 현물분할의 경우 공유물을 실제로 지분의 크기에 맞게 나눠 가지는 것을 말합니다. 건물은 현물분할이 불가능하지만 토지는 현물분할을 원칙으로 합니다. 토지를 현물분할할 경우 각 공유자가 나눠갖게 되는 토지의 면적은 각각의 공유지분 비율과 같아야 합니다. 물론 제반 사정을 고려하여 면적이 아닌 경제적 가치가 지분비율에 상응하도록 분할하는 것도 허용됩니다.

둘째, 대금분할은 공유물을 매각하고, 대금을 지분에 따라 분배하는 방식입니다. 현물로 분할이 불가능하거나 현물분할을 하면 부동산의 가액이 현저히 감손될 염려가 있는 경우에는 부동산 경매를 명하여 낙찰된 금액으로 대금분할을 할 수 있으며, 공유부동산을 제3자에게 매각하여 매각대금에서 세금 및 부동산중개수수료 등의 비용을 공제한 뒤 지분배율대로 분할할 수도 있습니다.

셋째, 가액배상은 공유물을 공유자 일부의 소유로 전환, 소유자가 다른 지분관계자들에게 지분 상당의 가액을 지급하는 것을 말합니다.

분할방식은 임의로 선택하는 게 아니라 재판에서 제시하는 분할방법을 따르는 경우가 많습니다. 물론 이해당사자 간에 여러 의견을 참조해 판사가 결정하지만, 특히 토지는 현물분할이 원칙인 점을 기억하기 바랍니다. 이것이 분할청구소송에서 유용하게 활용되기 때문입니다.

토지분할의 절차

토지분할은 대개 큰 땅을 매도할 때 수익을 높이기 위해 합니다. 전체 평수가 크면 매수하겠다는 사람이 적어 평당 단계가 낮게 측정되고, 평수가 작으면 매수하겠다는 사람이 많아서 평당 단가가 높게 측정되기 때문입니다.

공유물분할신청을 하려면 먼저 해당 토지가 속한 지자체의 지적과를 찾아가서 토지분할 신청하러 왔다고 말하면 '토지분할허가신청서'를 줍니다. 대리인이 방문한다면 소유주의 위임장을 첨부해야 합니다. (토지분할허가신청서 양식은 책 뒤쪽 부록 참조)

신청서를 작성하면 분할할 해당 토지의 지적도를 발급받아 오라고 합니다. 지자체 내에 서류를 발급해주는 곳이 있으니 발급받아서 분할하고 싶은 평수에 맞게 밑그림을 그려 제출하면 됩니다.

담당자가 확인하고 문제가 없으면 지적도에 날짜와 서명을 할 수 있는 칸이 있는 도장을 찍어줍니다. 해당 날짜를 적고 신청인 서명을 해서 제출하면 담당자가 분할 측량비용 명세서를 출력하여 민원인에게 줍니다. 명세서에는 측량비용 금액과 입금할 가상계좌가 표기되어 있는데, 해당 금액을 입금하면 휴대폰으로 측량 일자와 시간을 통보받게 됩니다. 측량일에 신청인이 참석하여 측량을 마치고 신청인의 사인을 받으면 측량은 마무리됩니다.

지적과 담당자는 측량 후 1~2일 후에 측량성과도를 지적소관청에 제출할 것입니다. 지적소관청에서 측량결과에 대한 검토(측량성과검사)를 마치고 이상이 없으면 지적을 분할하여 지적도에 그 내용을 바로 반영합니다. 그리고 법원 등기과에 바뀐 지적도대로 등기부에 반영해 달라고 촉탁등기를 신청합니

▼ 토지분할의 절차

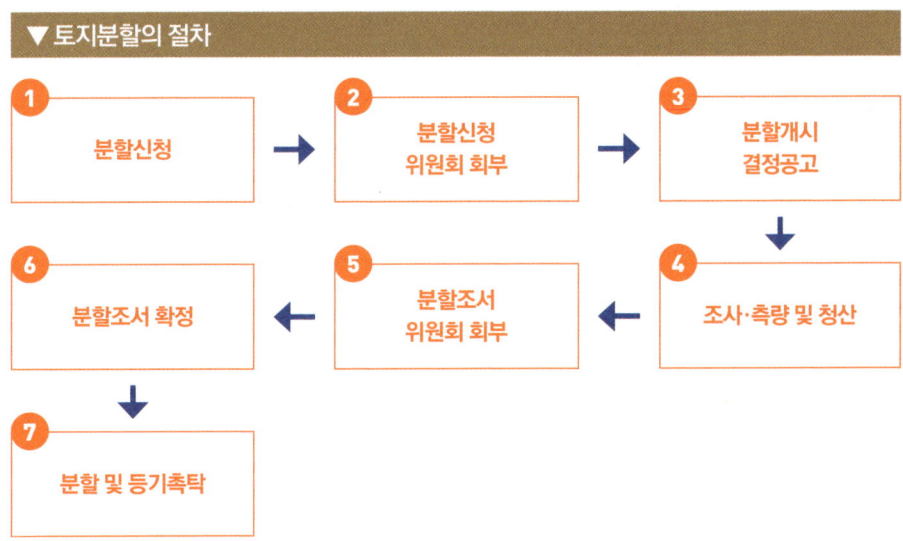

다. 지자체에 따라 다를 수 있지만 측량일로부터 5일 정도 지나면 측량성과도(측량결과물)가 나왔으니 찾아가라는 전화가 올 것입니다.

이때 지적도를 인터넷으로 출력해보면 지적도에 분할된 토지가 보일 겁니다. 그리고 2~3일 정도가 더 지나면 등기부등본에도 분할되었음을 확인할 수 있습니다.

일부러 안 좋은 땅을 현물분할 받는 전략

일반적으로 토지 분할을 할 때는 더 좋은 땅, 더 예쁜 땅을 받으려고 다툽니다. 이렇게 서로 이해관계가 부딪치다 보니 분할 협상이 쉽지 않은 것이지요. 하지만 땅이라는 것이 참 재미있습니다. 현물분할을 통해서 못생긴 땅을 받았다고 반드시 손해를 보는 것은 아니기 때문입니다. 일부러 안 좋은 땅을 현물분할 받아서 꽤 쏠쏠한 수익을 올렸던 경우를 소개합니다.

2011년, 김천혁신도시에 관심이 생겨서 인근 1km 이내의 땅을 주로 경매 정보사이트에서 검색했습니다. 혁신도시 자체는 이미 가격이 많이 올랐지만 인근 땅 중에는 왠지 보물이 있을 것 같았습니다. 그러다가 김천시 남면에 위치한 자두밭을 발견했습니다. 이 땅은 경계가 이상했습니다. 네이버지도를 확대해서 살펴보니 바로 옆 필지에 지어진 건물이 이 땅을 엄청나게 많이 침범하고 있었던 것이지요.

다음 사진을 한번 보십시오. 왼쪽은 네이버지도, 오른쪽은 지적도인데 그냥 봐도 폭이 확연하게 차이가 납니다. 오차가 1~2m 정도면 그래도 이해가 되지만 어림잡아도 10m 이상은 차이가 날 것으로 보였습니다.

우리나라 지적도는 일제강점기에 이루어진 측량감정을 바탕으로 하다 보니 지적불부합, 즉 실제 경계와 지적공부상 경계가 다른 경우가 많습니다. 지금은 위성으로 지적경계를 측량하므로 오차가 크지 않지만 과거에는 사람이 일일이 눈으로 보며 측량했으니 오차가 클 수밖에 없습니다. 흔히 지적도에 그어진 경계선 한 줄은 그 자체로 이미 현실에서 30cm 정도를 잡아먹는다고 봐야 합니다. 그래서 우스갯소리로 서울에서 부산까지 경계측량을 이어서 해보면 우리나라 끝은 아마 대마도여야 할 거라고도 합니다.

해당 땅은 이름이 유사한 걸로 보아 형제인 것으로 보이는 두 사람이 지분을 2분의 1씩 공동소유하고 있는 땅이었는데, 그중 한 명의 세금이 체납되면서 공매로 나온 것이었습니다.

옆 필지는 이 지역에서 유명한 문중 소유의 땅이었는데, 그 위에 지어진 제실이 이 땅으로 상당히 많이 넘어와 있는 상황입니다. 대체 이 땅의 주인은 어떤 사람이기에 제실이 이렇게 침범하고 들어오는 것을 내버려뒀을까 하는 궁금증이 일었습니다. 만약 제실이 침범한 땅을 낙찰받아서 문중과 협상을 한다

▼ 네이버지도 상 필지(좌)와 지적도(우)

CASE 04 어떻게 나누느냐에 따라 가치가 달라진다

면 많은 수익을 얻을 수 있다는 생각에 입찰을 감행했습니다.

낙찰을 받고 정확한 경계를 확인하기 위해 경계복원측량을 해보니 토지의 경계점이 마당 경계를 넘어 제실 대문 안쪽으로 2.5m나 들어가 있더군요. 낙찰받기 전 지도에서 봤던 허점이 실제 측량에서도 그대로 확인된 것입니다. 우선 앞으로의 협상을 위해 붉은 페인트로 콩알만 하게 경계점을 표시해 놓았죠.

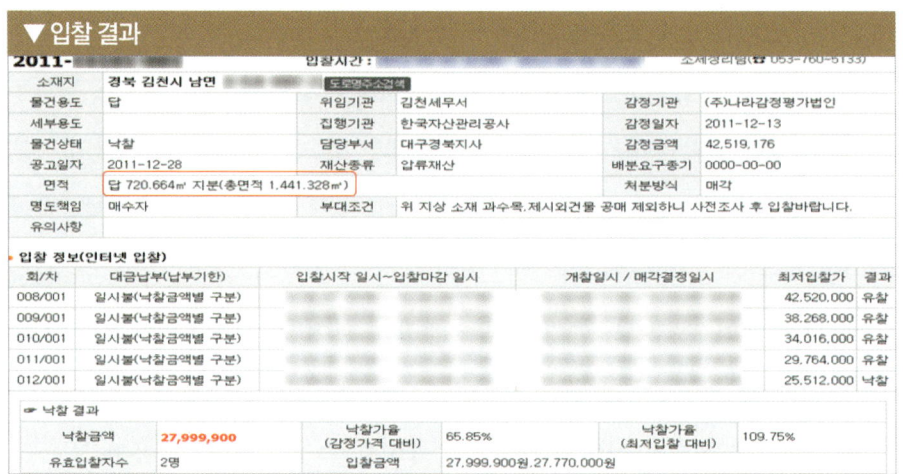

대대로 얽히고설킨 자두밭의 사연

측량 후 마을 사람들을 상대로 탐문조사에 들어갔습니다. 왜 이렇게 제실이 남의 땅을 침범하게 됐는지 알기 위해서지요. 한참 동네를 돌아다닌 끝에 제실이 필지를 침범했던 사정이 드러났습니다. 원래 이 마을의 상당 부분은 문중 소유였다고 합니다. 그만큼 유서 깊은 부자 가문이었던 것이죠. 그러던 것이 땅의 상당부분이 혁신도시로 수용되면서 꽤 많은 보상금을 받았고, 여기에 살던 문중 사람들은 대부분 이주를 했습니다.

수용된 땅에는 주거지만 있었던 게 아니라 선산과 문중 묘소도 여기저기 있었습니다. 묘소를 이장하면서 비석과 상석, 기타 여러 가지 기물들을 보관하기 위한 제실과 제각을 이곳에 지었던 것입니다. 그런데 어떻게 해당 자두밭이 공매로 나왔을까요? 이야기는 과거로 거슬러 올라갑니다.

자두밭의 이전 소유자는 이 문중의 선산과 묘소를 관리하는 관리인이었다고 합니다. 제실을 소유한 문중 어르신들은 선산과 묘소를 잘 관리해주기 바라는 마음에 현 소유자에게 일부 땅을 떼어주었는데 나중에 소유 관계를 정확히 하지 않은 상태에서 제실을 지었고 아무도 문제를 제기하지 않은 상태로 지금까지 이어져왔던 겁니다. 나중에 안 사실이지만 이 집의 종손이 건축공무원 출신이라고 하는데, 그렇다면 이 상황을 모를 리가 없습니다. 그러면서도 이렇게 남의 땅을 점령해서 쓸 수 있었던 것은, 아마도 원래 문중이 관리인에게 떼어준 땅이라는 생각이 굳어진 까닭이었나 봅니다.

이후 자두밭은 소유자가 바뀌어 강 모 씨와 동생의 공동소유가 되었습니다. 강 모 씨는 어차피 제실에서 약간 떨어진 이 땅의 남쪽 부분에서만 계속 농사를 지어왔기 때문에 경계 문제에 대해서도 별다른 생각이 없었습니다. 그러다가 동생이 세금을 체납하면서 그 지분이 공매에 부쳐졌고, 본의 아니게 저와 악연(?)을 맺게 된 겁니다.

보통의 지분 투자는 공동소유자에게 팔 목적 또는 반대로 공동소유자의 지분을 싸게 사올 목적으로 낙찰받지만 이 경우는 다릅니다. 바로 경계를 침범한 문중에 파는 것이 목적이죠. 문중이 땅을 사지 않는다면 경계를 침범한 만 큰 제실을 허물어야 하는데, 문중 입장에서 그걸 그대로 두진 않을 테니까 말입니다.

더 잘 팔기 위해 토지분할청구소송을 하다

이 땅의 지분 50%를 약 2,800만 원에 낙찰받은 뒤 땅을 분할하는 협상에 들어갔습니다. 면적이 1,400m^2를 넘는 큰 땅이었기 때문에 절반씩 나눈다 해도 상당한 넓이입니다. 하지만 강 모 씨는 농사만 짓던 분이라 그런지 저를 도둑처럼 생각하는 것 같았습니다. 일절 협조를 하려 하지 않더군요.

"공매고 뭐고 나는 그런 거 모른다, 어디서 낙찰 받았다고 와서 땅을 공짜로 먹으려고 하느냐"란 말도 들었습니다. 실제 공짜로 먹겠다는 것도 아니고, 필지를 분할해서 사이좋게 나눠 갖자고 말했는데도 일절 통하지 않았습니다. 원래 땅의 북쪽 부분은 농사도 짓지 않고 내버려둔 상태였지만, 막상 남이 나타나서 반으로 나누자니 아깝다는 생각이 들었나 봅니다. 더 이상 협의도 통하지 않고, 설득하려 해도 손사레만 치니 어쩔 수 없이 공유물분할청구소송을 제기했습니다.

공유물분할청구소송의 절차

곧바로 소송을 제기할 수 있는 것은 아니고, 먼저 분할에 관하여 공유자들 사

> **민법 제269조(분할의 방법)**
> 분할의 방법에 관하여 협의가 성립하지 아니한 때에는 공유자는 법원에 그 분할을 청구할 수 있다.
> 현물로 분할할 수 없거나 분할로 인하여 현저히 그 가액이 감손될 염려가 있는 때에는 법원은 그 물건의 경매를 명할 수 있다.

이에서 협의 단계를 반드시 거쳐야 합니다.

분할 협의가 이뤄지지 않은 경우 공유자 중 1인은 나머지 공유자들을 피고로 하여 물건이 위치한 해당 법원에 '공유물분할청구의 소'를 제기합니다. 하지만 소를 제기한 후에도 판사는 가능하면 당사자 간 조정을 유도하려 합니다. 그럼에도 조정이 이뤄지지 않으면 강제권고 또는 판결로 진행되는데, 강제권고는 법원의 판단대로 토지가 분할되는 경우가 많아 당사자들이 이의제기를 하는 경우가 많습니다. 이 경우에는 결국 판결을 통해 분할이 이뤄지게 됩니다.

참고로, 공유물을 분할하는 방법은 현물분할, 대금분할 그리고 가격배상으로 나눌 수 있다고 설명했지요. 그중에서 가액배상은 협의가 진행되는 도중에 다른 공유자가 지분을 처분해버리거나 이전등기, 가처분가등기 등을 설정할 수 있으므로 가능하면 상대방의 공유지분에 처분금지가처분을 걸어두고 진행하는 것이 좋습니다.

더불어 피고의 주소가 잘못되어 소장이 전달되지 않을 경우에는 소송이 진행되지 않습니다. 그로 인해 법원으로부터 주소보정명령을 받았을 경우에는

소　　장

원　　고　신 동 기
　　　　　대구 달서구 ○○동 ○○○

피　　고　강 ○ ○
　　　　　경북 김천시 ○○동 ○○○

공유물분할 청구의 소

청 구 취 지

1. 별지 도면 기재 토지 중 별지 도면 표시 2, 3, 4, 5, 6, 7, 8, 9, 2의 각 점을 순차로 연결한 선내 (가)부분 218평을 원고의 소유로, 같은 도면 표시 1, 2, 9, 10, 1의 각 점을 순차로 연결한 선내 (나)부분 218평을 피고의 소유로 각 분할한다.

2. 소송비용은 피고의 부담으로 한다.
라는 판결을 구합니다.

청 구 원 인

1. 원고는 김천시 남면 ○○동 ○○○-○ 의 1/2지분을 소유한 공유자 소외 강○○의 지분을 공매로 취득하여 2012. ○○. ○○.자로 소유권이전등기를 필한 적법한 소유자이고 피고 역시 위 부동산의 1/2지분을 소유한 소유자입니다.

(※ 이하 생략)

주소보정명령서를 지참해 주민센터에 방문하면 상대방의 주소지를 확인할 수 있습니다.

작은 것을 내주고 큰 것을 얻는 양보 전략

다시 자두밭 이야기로 돌아와서, 사실 제가 이 땅을 팔려는 사람은 강 모 씨가 아니라 제실을 소유하고 있는 문중입니다. 이 땅은 남쪽이 자두밭, 북쪽이 제실입니다. 일단 강 모 씨와 땅을 분할해서 북쪽을 제가 가진 뒤에 이를 문중에 고이 넘겨드리려는 계획이었죠.

아니나 다를까, 소송을 진행하는데 문중에서 먼저 이 땅을 사고 싶다는 뜻을 내비쳤습니다. 옳다구나 싶어 강씨를 설득해서 소송까지 갈 필요 없이 이 땅을 문중에 팔자고 했지만 이 사람은 완고했습니다. 결국 협상은 잘되지 않았고 소송은 계속 진행됐습니다.

강씨는 재판에도 출석하지 않아서 피고가 참석하지 않은 궐석재판이 진행되었습니다. 이런 경우 동의가 이뤄지지 않아서 현물분할이 어렵기 때문에 대부분 경매를 통한 현금분할로 가게 됩니다. 하지만 그건 제가 원했던 것이 아니었습니다. 그래서 감히 판사에게 이런 제안을 했습니다. 원래는 피고와 협상을 해야 하는데 본의 아니게 판사와 협상을 한 것이죠.

"판사님, 피고는 현재 이 땅의 남쪽 부분에 농사를 짓고 계시는데 이 땅을 잃게 될까봐 염려하고 있습니다. 피고가 지금 농사짓고 있는 땅을 포함해서 2분의 1을 반듯하게 잘라 피고에게 주고, 저는 못생긴 북쪽 부분에 창고를 지어서 쓸 테니 이 부분을 저에게 주십시오."

원고가 먼저 못생긴 땅을 가지겠다고 하니, 판사도 괜찮은 방법이라고 생각한 모양입니다. 일반적으로는 현물분할이 어려운 상황이었지만 제 요청대로 분할을 해주었습니다. 분쟁 시에는 먼저 양보하는 방향의 대안을 제시하면 받아들여지는 경우가 많습니다. 결국 저의 제안대로 판결이 났고, 승소 후 소송비용 확정신청서까지 받아냈습니다.

판결문의 주문에서는 '피고는 원고에게 얼마를 지급하라'거나 '원고의 청구를 기각한다'는 식으로 판결의 결론이 기재되고 소송비용을 누가 얼마만큼 부담해야 하는지도 표시됩니다. 하지만 소송비용에 대해서는 부담할 비율을 정할 뿐이며 구체적인 액수까지는 정해주지 않습니다. 따라서 소송에 이겨서 상대측이 소송비용을 부담한다는 판결이 선고되었다 하더라도 실제로 받으려면 별도로 소송비용 확정 신청을 해야 합니다. 소송 중에 들어갔던 경비(인지액, 송달료, 등기부등본 발급비용, 변론기일 출석 시 출석여비 등), 변호사 선임 비용 등을 영수증을 첨부해 법원에 신청서를 제출하면 상대방이 부담할 비용이 얼마인지를 결정해주는 것이죠.

여담이지만, 이 사건을 해결하면서 필지 분할도 개발행위에 해당한다는 것을 알았습니다. 국가는 원칙적으로 토지의 합필을 장려하지 분필은 장려하지 않습니다. 땅이 굳이 작게 쪼개지는 걸 원하지 않는 거지요. 이 말은 설사 합의가 됐다 하더라도 지자체의 요건에 맞지 않으면 분할이 되지 않을 수 있다는 것을 의미합니다. 이는 기획부동산이 바둑판식 토지분할 및 매각을 하지 못하도록 규제하기 위해서이기도 합니다.

그래서 토지 분할을 하려면 당사자 간의 협의가 먼저 이뤄지고, 그다음 개발행위허가를 받아야 가능합니다. 만약 당사자 간의 원만한 합의가 없으면 분할청구소송으로 복잡하게 갈 수밖에 없습니다. 그래도 명색이 투자자이니, 소송의 수고로움이야 감수할 수 있죠. 수익이 꽤 높으니 말입니다.

예의를 지키니 더 큰 수익이 돌아왔다

자, 이제 분할받은 땅을 문중에 팔 순서입니다. 문중에서는 이미 사고 싶다는 마음을 내비쳤으니 망설일 필요가 없었습니다. 바로 두 번째 경계복원측량에 들어갔습니다. 필지의 경계를 측량해야 정확한 위치를 확정할 수 있기 때문입니다.

"와우!"

하마터면 만세를 부를 뻔했습니다. 실제 측량 결과, 경계가 무려 $15m$ 차이가 났기 때문입니다. 이 정도면 문중을 상징하는 거대한 표지석은 물론 화장실과 대문까지 포함되는 범위입니다. 마음 같아선 당장 여기까지 내 땅이라며 말뚝을 박고 싶었지만, 한 집안의 조상들이 머물고 계신 곳이니 예의가 아니겠지요. 그래서 자세히 봐야 찾을 수 있는 동전만 한 점으로 살짝 경계만 표시하고 물러났습니다.

토지를 거래하기 위해서는 측량이 필요합니다. 경계복원측량이란 땅의 경계선을 확인하거나 재확립하기 위해서 하는 측량이고, 분할측량이란 1필지의 토지를 분할하여 등록하기 위한 측량을 말합니다.

제가 참 바보 같았던 게, 사실은 두 번만 측량해도 될 걸 세 번에 걸쳐 했습니다. 강씨와 토지분할청구소송을 진행할 때 판사에게 요청했다면 경계측량과 분할측량을 한 번에 할 수 있었고, 나중에 토지를 팔 때 지적현황측량을 했으면 될 일이었습니다.

그런데 저는 처음에 낙찰을 받은 후 경계복원측량을 했고, 소송할 때 분할측량을 했고, 이후 문중에 토지를 팔 때 다시 경계복원측량과 현황측량을 했으니 쓸데없이 총 세 번이 된 것이지요. 물론 처음 측량 후 3개월 이내에 다시 측량을 하면 비용을 90%, 6개월 이내에는 70%까지 감면해 주지만 그래도 아까운 돈을 허비한 셈입니다.

저녁까지 얻어먹으며 매도에 성공

결과적으로 이 땅은 2,300만 원에 낙찰받았고, 문중에 5,000만 원에 매도했습니다. 물론 이 과정에서 약간의 밀고 당김은 있었지만 문중에서는 더 깎지 않고 5,000만 원에 계약을 했습니다. 문중과의 계약에서 무엇보다 예의가 참 중요하다는 걸 느꼈습니다. 협상을 할 때는 요구를 당당하게 전하되 예의를 지켜야 한다는 것을 말이죠.

물론 모든 계약에서 예의를 지키는 건 기본이지만 특히 문중은 체면을 중요시하므로 예의가 더욱 중요합니다. 나중에 전해 들은 얘기로, 제가 예의를 지키고자 아주 작게 경계표시를 했다는 사실이 문중의 자존심을 지켜줘 제게 호의를 갖게 되었다고 하더군요. 덕분에 이후의 협상은 부드러운 분위기에서 맛있는 저녁식사까지 대접받으며 높은 가격에 매도할 수 있었습니다. 높은 수익과 더불어 마음까지 뿌듯했던 기억으로 지금까지 남아 있습니다.

1년이 채 되지 않은 시간에 2,700만 원을 벌고 나니 '토지가 돈이 되겠구나'라는 생각이 들었습니다. 특히 개발지 인근의 땅이라면 '무피투자'도 가능하겠다는 확신이 들었습니다. 무피투자란 '비용(fee)이 없는 투자, 내 돈이 들어가지 않는 투자'를 말합니다. 개발지 인근의 땅은 개발지의 영향을 받아 가격이 급하게 오를 수 있습니다. 대출받아 일단 잔금을 납부한 6개월 후 재감정을 받으면 땅값이 더 높게 책정될 것이고 그만큼 대출을 더 받을 수 있습니다. 그러면 실투자금 없이 대출금으로만 땅을 사는 셈이 되니 무피투자가 되지요. 물론 땅값이 오른다는 전제에서 말입니다. 실제 개발지 인근의 땅값은 몇 달 차이로도 많이 오르는 경우가 많기 때문입니다.

한 걸음 더

측량의
네 가지 종류

지적측량에는 경계복원측량, 지적현황측량, 분할측량, 등록전환측량이 있습니다. 각각의 측량수수료는 '지적측량바로처리센터(https://baro.lx.or.kr)'에서 확인할 수 있습니다.

▼ 지적측량바로처리센터 홈페이지

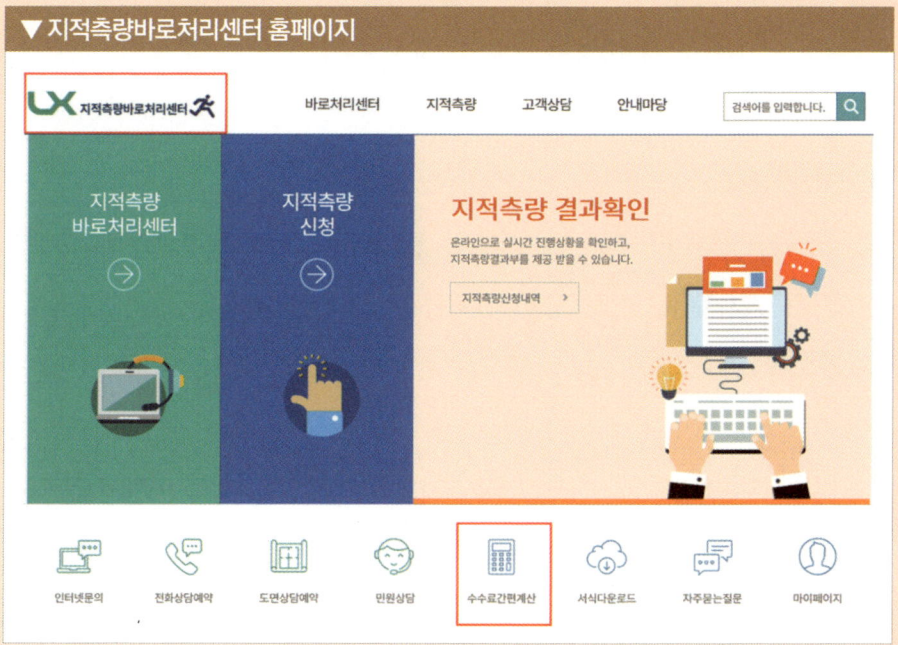

● 경계복원측량

지적공부상에 등록된 경계를 실제 대지에 복원하는 것으로, 건물을 신축·증축·개축하거나 인접한 대지와의 경계를 확인하고자 할 때 주로 하는 측량입니다.

건물 간의 거리가 좁은 도심지역이나 토지의 이해관계가 복잡한 시골에서는 애써 지은 건물이 타인 소유의 땅을 침범해 문제가 발생하는 일이 잦습니다. 그래서 집을 짓기 전 경계복원측량을 통해 대지의 경계를 명확히 하면 이러한 일을 방지할 수 있습니다. 더불어 측량 결과로 인한 다툼이 발생하지 않도록 측량 날짜를 미리 통보하여 인접 대지 소유주의 입회 아래 진행하는 것이 좋습니다.

● 지적현황측량

건물, 지형 등이 점유하는 위치 현황을 지적도 또는 임야도에 등록된 경계와 비교하여 그 관계 위치를 표시하거나 면적을 확인하기 위한 측량입니다. 건축물을 신축하고 준공검사를 신청하거나 건축물대장 작성, 구조물의 위치 및 점유 현황 등을 확인받기 위해 주로 이용됩니다.

특히 지적현황측량은 다 지어진 건축물의 사용승인 신청을 할 때 지자체에서 요구하는 경우가 있으므로 미리 문의하여 준비하는 것이 좋습니다. 해당 대지의 경계 안에 집이 잘 앉혀졌는지 측량을 통해 확인하는 과정이라고 생각하면 됩니다.

● 분할측량

지적공부에 등록된 하나의 필지를 둘 이상으로 나누기 위하여 실시하는 측량입니다. 건물 신축 인허가·준공에 따른 분할이 필요하거나 매매 혹은 소유권 이전으로 인한 분할이 필요할 때 시행합니다.

● 등록전환측량

지적 공부의 정확도를 높이기 위한 목적으로 소축척인 임야대장 등록지를 대축척인 토지대장에 옮겨 등록하는 경우에 시행하는 측량을 말합니다. 지목이 임야인 토지의 지번은 '산'으로 표기되며 임야대장과 임야도에 등록됩니다. 그러나 지목은 임야이지만 지번에 '산'이 붙지 않은 땅은 토지대장과 지적도를 사용합니다. 임야대장은 축척이 6,000분의 1이고 토지대장은 축척이 1,200분의 1이므로 차이가 발생할 수 있기 때문입니다. 임야도는 그저 구분을 위한 선이라 보면 되는데 정확도가 상당히 떨어집니다.

등록전환을 신청할 수 있는 토지는 산지관리법, 건축법 등 관계법령에 따른 토지의 형질 변경이나 건축물의 사용승인 등으로 지목을 변경해야 할 토지입니다. 그러나 다음 중 하나에 해당하는 경우 지목변경 없이 등록전환을 신청할 수 있습니다.

❶ 대부분의 토지가 등록전환되어 나머지 토지를 임야도에 계속 존치하는 게 불합리

한 경우
❷ 임야도에 등록된 토지가 사실상 형질변경되었으나 지목변경을 할 수 없는 경우
❸ 도시관리계획선에 따라 토지를 분할하는 경우

등록전환 전의 임야에 개발행위 허가를 받기 위해 등록전환측량을 하다 보면 면적의 가감이 생길 수 있어 매도자와 매수자 사이에 다툼이 있을 수 있습니다.

이런 경우 등록전환 전 매매계약서를 작성할 때 평당 금액이 아닌 ㎡당 금액을 적고, 특약사항으로 '등록전환 측량으로 면적의 가감이 생길 때에는 매매금액도 그에 맞게 조정한다'라는 내용을 넣어야 다툼을 방지할 수 있습니다.

CASE 05

수익률은 결국 협상으로 결정된다

협상과 대화의 기술

굽혀야
이기는 싸움도 있다

토지 투자, 특수물건 투자라고 하면 사람들은 일단 한숨부터 쉽니다. 어려운 공법과 소송법을 배워야 한다는 생각에 답답한 겁니다. 공부를 깊이 할수록 투자하기 유리해지는 건 사실입니다. 그런데 그 못지않게 중요한 것이 또 있는데, 바로 협상력입니다.

소송을 하고 공법을 공부하는 이유는 결국 수익을 올리기 위해서입니다. 공부 자체가 목적이 아니라 누군가에게 내 물건을 팔기 위한 과정이란 뜻입니다. 축구에서 골을 넣기 위한 어시스트 역할을 하는 게 공부와 지식이라면 실제 골을 넣는 것은 대부분 협상력입니다.

제 경험을 돌아보면, 어떤 식으로 상대방과 대화하느냐에 따라 수익률이 크게 달라졌습니다. 흔히 부동산을 매입하는 것은 기술, 매도하는 것은 예술이라고 하지요. 수익이 날 수밖에 없는 물건을 매입하는 것도 중요하지만 그 수익률을 최대로 끌어올리는 것도 중요합니다.

제가 늘 강조하는 게 있습니다. 땅은 내가 파는 게 아니라 상대방이 사도록 하는 것이라고요. 그러기 위해서는 첫째로 상대방이 살 수밖에 없는 땅을 매입해야 합니다. 그다음에는 상대방이 살 수밖에 없도록 압박하거나 설득해야 합니다. 소송을 하든, 공법을 활용하든, 아니면 상대방에게 매달려서 통사정을 하든 방법은 각자 역량에 달렸습니다.

사실 이렇게 말은 하지만 저도 협상력을 키우기까지 많이 좌충우돌했습니다. 투자를 처음 시작할 무렵에는 저도 협상에 무척 서툴렀기 때문입니다. 괜한 자존심 때문에 남에게 굽히고 들어가는 것이 싫었고, 불필요한 배짱을 부리다 긁어 부스럼을 만들기도 했습니다. 지금 돌이켜보면 낯 뜨겁지만 초보자의 열정이었다고 애써 위로하고 있습니다. 여러분은 저와 같은 실수를 하지 않도록 틈틈이 협상력을 키우기 바랍니다.

남의 공장 앞마당에 '알박기'를 하다

협상력이 부족했던 시절의 웃지 못할 사례를 하나 소개합니다. 2012년 겨울 부산 사하구의 약 19평짜리 땅을 낙찰받았습니다. 지목은 답(논)으로 되어 있지만 실제로는 구시가지 한가운데에 있는 땅입니다. 낙찰가가 약 2,200만 원이었으니 평당 약 118만 원 정도에 낙찰받은 셈입니다.

19평이면 작아서 건물을 짓기도 쉽지 않습니다. 그런데도 이 땅을 낙찰받은 이유는 땅의 계급장(용도지역)이 높기 때문입니다. 지목에 속으면 안 됩니다. 이 땅의 지목은 답이지만 용도지역은 준공업지역입니다. 용적률이 무려 400%인 곳이니 19평이면 그 가치가 얼마나 되겠습니까?

이 땅의 소유자는 김 모 씨로 개인이었는데, 세금체납으로 공매에 나온 것이었습니다. 부산에서 알 만한 사람은 다 아는 중견기업인 어느 식품회사 마당에 붙은 땅으로 입지는 좋았습니다.

하지만 이런 땅이 평당 120만 원도 안 되는 금액까지 떨어진 데에는 다른 이유가 있었습니다. 바로 고가도로가 시작하는 지점의 아래에 붙은 땅이었기

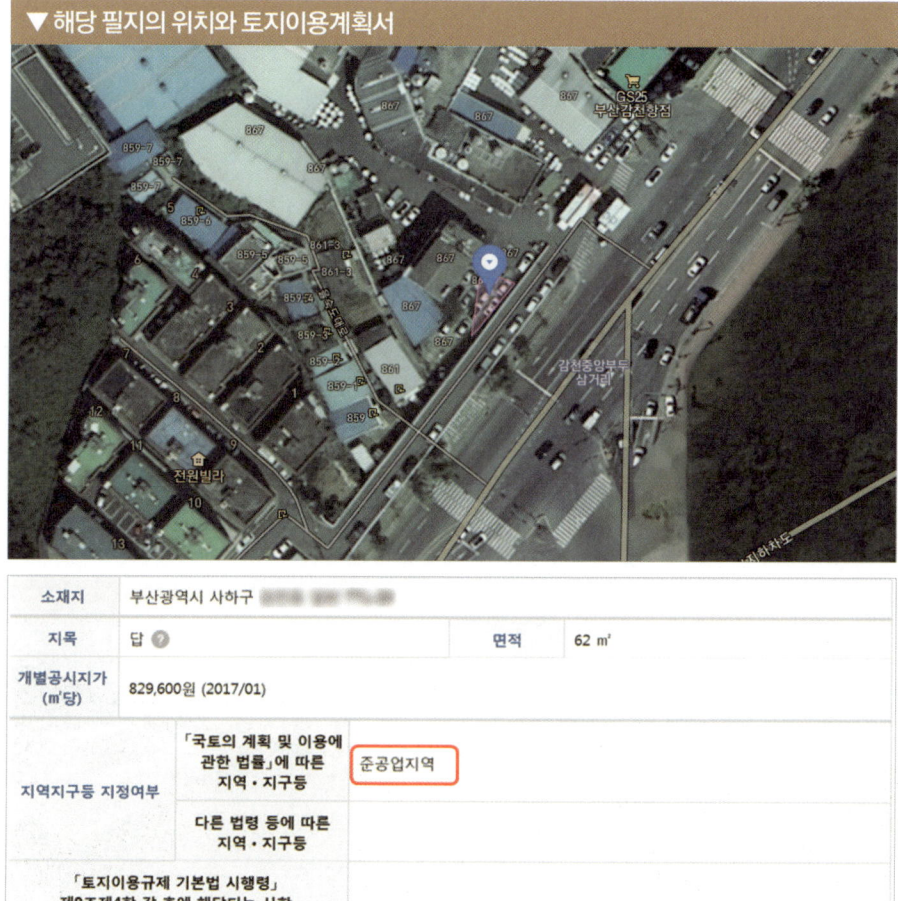

때문이지요. 큰 길로 이어지는 진입로가 고가도로 기둥에 완전히 막혀 있어서 이용할 방법이 마땅치 않은 겁니다.

▼ 해당 필지의 모습

실제로 이 땅은 식품회사 주차장과 별다른 구분이 지어져 있지 않아서 그냥 주차장의 일부처럼 사용되고 있었습니다. 지금 같으면 어떻게든 진입로를 확보해서 쓸모 있는 땅으로 만든 뒤 더 비싸게 팔았을 텐데, 그때는 아직 공부가 얕았습니다. 그저 식품회사에서 당연히 사주겠거니 하는 생각으로 냉큼 낙찰을 받았죠.

식품회사 입장에서는 이 땅이 당연히 필요했을 겁니다. 이 땅을 막아버려도 차량이 드나드는 통로가 완전히 없어지는 것은 아니지만 심하게 좁아져서 불편하기 때문이죠. 하지만 회사가 이 땅을 사들이지 못했던 이유가 있었습니다. 전 소유자 김 모 씨는 이 땅에 2006년 첫 번째 압류를 시작으로 무려 175억 원의 세금 체납으로 인한 압류가 걸렸습니다. 이 작은 땅에 175억 원이라니 공장 입장에서는 매입하고 싶어도 선뜻 매입이 어려웠겠죠. 일반적인 방법으로는 175억 원의 세금 문제를 처리하기 곤란할 테니까요.

그 와중에 한두 대씩 주차를 하다가 어느새 자기네 땅처럼 사용하게 되었을 겁니다. 아무도 문제 제기를 하지 않으니 소유권 문제를 정리하는 데에 크게 신경 쓰지 못했을 거고요. 사실 이건 담당직원의 직무유기라고 봅니다. 주기적으로 이 땅이 어떻게 되고 있는지를 체크하다가 공매에 나왔을 때 냉큼 낙찰받았어야 했습니다. 그러면 세금 체납 문제도 걱정할 필요 없이 싸게 매입했을 겁니다. 직원들이 신경 쓰지 않은 덕분에 저 같은 뜨내기가 낙찰을 받을 수 있었죠.

이제 그 뜨내기가 땅을 사라며 회사에 협상을 걸어왔으니, 그 사실이 오너의 귀에 들어갔을 때 어떤 일이 벌어졌을지는 보지 않아도 상상이 갈 겁니다. 공장장의 입장이 얼마나 난처했을까요.

저는 몇 번의 협상을 시도했습니다. 만약 상대방의 감정이 누그러들기를 기다리며 협상했다면 아마 시세보다 높은 가격을 불렀어도 서둘러 매입해 줬을 겁니다. 하지만 그때는 그런 생각을 못하고 상처에 소금 뿌리듯 뜬금없는 짓을 했습니다.

주변의 몇몇 경매전문가와 법률전문가들에게 자문을 구해보니 '협상할 땐 세게 나가라'고 하기에 쓸데없이 초강수를 두었습니다. 내 땅이니까 펜스를 치고 컨테이너 박스를 하나 가져다놓으면 제발 땅을 팔아 달라고 저쪽에서 굽히고 들어올 거라는, 참 순진한 생각을 한 겁니다. 그래서 씩씩하게 공장장 앞으로 내용증명을 보내서 경계측량을 하겠노라고 통보했습니다.

토박이 중견기업의 뚝심을 우습게 본 대가

공장부지 한가운데를 파고 들어간 땅에 펜스를 쳐버리면 차량 출입이 매우 불편해질 것은 뻔합니다. 직원들이 출퇴근할 때마다, 공장에 물류차량이 드나들 때마다 원성이 하늘을 찌르겠지요. 게다가 그 모습을 지켜보는 공장장은 무슨 기분이 들었겠습니까. 그때는 그렇게 하는 게 옳다고 생각했는데 지나고 보니 참 어리석은 짓이었습니다.

저는 용감하게 펜스를 두르고 당당하게 공장장을 만나러 갔습니다. 관리하는 사람이 본부장에게 안내해 주더군요. 방문을 열고 들어가자 책상에 앉아 있던 본부장이 나를 힐끗 쳐다보더니 무슨 일로 왔냐고 묻습니다. 이미 직원을 통해 내가 누군지 이야기를 들었을 텐데, 다시 되묻는 저의는 뭔지 의아했

내 용 증 명

발 신 인 : 신 동 기
 　　　　　대구 달서구 ○○동 ○○○

수 신 인 : 주식회사 ○○식품
 　　　　　부산 사하구 ○○동 ○○○-○ 대표이사 채○○

참　　　조: 공장장 님

귀하의 무궁한 발전을 기원하오며 아래와 같이 통보하오니 업무에 참고하시어 협조 부탁드립니다.

다　　　음

1. 발신인은 현재 귀사가 주차장으로 점유사용하고 있는 부산시 사하구 ○○동 ○○○-○ 답62 평방미터에 대하여 소유권을 취득하고 토지의 경계를 명확히 하기 위하여 앞서 경계측량을 실시하였고 이에 대하여는 귀사의 공장장님께서도 잘 알고 있는 사실입니다.

먼저 경계측량 당시에 협조해주신 귀사에 감사드립니다.

2. 발신인은 오늘 2013. 1. 7~8일 양일간에 위 측량된 토지경계선을 근거로 패널을 설치하고 창고용 콘테이너를 설치하고자 하오니 위 양일간 설치 작업에 지장이 없도록 토지경계선 내에 주차를 금지하여 주시기 바라오며 출입이 가능하도록 도로를 점유하여 설치된 쪽문을 개방 내지는 철거하여주시길 부탁드립니다.

발신인은 귀사의 협조에 감사드리며 이 건 통보를 하오니 업무에 참조하시기 바랍니다.

2012. ○○. ○○
발신인 신 동 기

수신인 주식회사 ○○식품 귀중

▼측량 후 펜스 설치 모습

지만 당당하게 얘기했습니다.

"공장 앞의 ○○○-○○번지를 낙찰받은 소유자입니다. 제가 보기에 ○식품에서 이 땅을 사시면 요긴하게 쓰실 것 같아 찾아왔습니다."

"그래요? 그럼 얼마에 파실 생각이세요?"

본부장은 여전히 서류에서 눈을 떼지 않은 채 묻더군요.

"저는 5,000만 원을 생각하고 있습니다."

"그래요? 알겠으니 그만 가보시죠."

목소리가 너무 싸늘해서 더 이상 말도 못 붙이고 물러났습니다. 방문을 열고 나오는데 아무래도 이상했습니다. 땅 팔러 왔다고 하면 버선발로 뛰어나올 줄 알았는데 전혀 아니었습니다. 차가운 태도를 유지한 채, 가격을 듣고도 알았으니 가보라고만 하고 일절 대꾸를 하지 않다니…. 나중에 들으니 제가 낙찰을 받은 뒤 회장은 관계자들을 죄다 소환해서 심하게 질책을 했다고 합니다. 그런 상황에서 제가 점령군마냥 일방적으로 측량을 하겠다고 통보하고 펜스까지 쳐버리니 말이 곱게 나올 리가 없었겠죠.

식품회사 입장에서는 분명히 이 땅이 필요할 텐데 이후 아무런 연락이 없습니다. 무려 3년 동안 말입니다. 그 좁은 공간으로 차량을 통행시키는 한편 다른 부지에 주차공간을 마련하는 불편을 감수하면서까지 저와 말도 섞지 않았습니다.

저의 완패였습니다. 자수성가한 토박이 회사의 근성을 과소평가했던 겁니다. 이 회사가 아니면 딱히 이 땅을 사줄 사람도 없으니 3년 동안 이 물건은 애물단지가 되어 속을 끓게 만들었습니다.

3년 만에 두 번째 협상을 시도하다

그러다 3년 후 급하게 돈이 필요한 상황이 생겼습니다. 절대 놓치면 안 될 물건이 있는데 돈이 부족했던 것입니다. 며칠을 고민하다가 묻어두었던 이 물건이 생각났습니다. 식품회사에 다시 한 번 요청을 해보기로 했습니다. 하지만 대체 어디서부터 어떻게 풀어야 하나 도무지 모르겠더군요.

결국 정공법으로 돌파하기로 했습니다. 과거의 무례를 사과하고 협상을 요청해보기로 한 것입니다. 찬물을 뒤집어쓸지도 모른다는 불안감을 품은 채 일단 사무실로 찾아갔습니다. 3년 전의 그 본부장이 똑같이 냉랭한 표정으로 저를 바라보더군요.

"먼저 3년 전 저의 일방적 점거에 대해 죄송하단 말씀을 드립니다. 그때는 경험이 부족한 때라서 당연히 그렇게 해야 하는 줄 알았습니다. 잘 모르고 무례를 범해서 죄송합니다."

별다른 대꾸가 없기에 저는 말을 이었습니다.

"지난 일을 사과드리면서, 혹시 이 땅을 매입할 의사가 있으신지 다시 여쭙고자 방문했습니다."

이 말을 들은 본부장이 나를 힐끔 쳐다봤습니다.

"얼마에 팔 생각이세요?"

이 말을 듣자마자 '아, 사주려나 보다'라는 생각에 가슴이 쿵쾅거렸습니다. 본부장의 심기를 거스르고 싶지 않아 서둘러서 5,000만 원이라고 답했습니다. 당장 필요한 돈이 4,000만 원이었는데, 마음 변하기 전에 빨리 팔아야겠다 싶으면서도 그 와중에 천만 원은 더 불러야 되지 않겠냐는 생각이 들었던 겁니다.

결과는 어떻게 됐을까요? 본부장은 두 말 없이 그 자리에서 전화를 걸더니 5,000만 원을 송금 처리했습니다. '아차' 싶어 입술을 깨물었습니다. 더 부를 걸 그랬다 싶었지요. 역시 그분들에게는 돈이 아니라 괘씸함이 문제였던 겁니다. 그래도 한 번 머리를 숙인 덕에 문제가 바로 해결되었습니다.

이 물건의 낙찰가가 2,200만 원이었으니 컨테이너박스와 펜스 비용까지 포함해도 약 두 배의 가격을 받은 셈입니다. 나쁜 수익률은 아니지만 아쉬운 마음은 어쩔 수가 없습니다.

이렇듯 협상에서 지는 쪽은 항상 급한 쪽입니다. 마음에 여유가 없으면 냉정하게 판단하지 못하고 상대방에게 휘둘립니다. 물론 절박한 상황에서 마음의 여유를 갖는 게 쉽지는 않습니다. 하지만 투자를 공부하듯이 마음의 안정을 찾기 위한 훈련도 필요하다는 점, 이 일을 보면 아시겠지요.

투자 비하인드

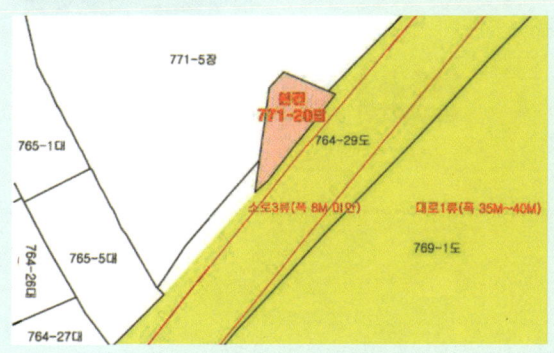

지적도를 보면 참 예쁜 땅입니다. 당시 펜스를 치고 옆 식품회사에 팔 생각만 했지 왜 건축할 생각은 못 했을까요? 지금 같았으면 어떻게든 진입로를 확보해 공장과의 매각협상에서 우위에 서서 최고의 수익을 얻을 수 있지 않았을까 싶습니다. 이 땅이 지금은 평당 600~700만 원을 호가할지도 모른다는 생각에 미련이 남는 물건입니다.

사실 사하구청 건축과를 방문해서 이 땅에 건축이 가능하냐고 질의도 했습니다. 애매한 답을 들었는데 지금 생각하면 그것은 긍정의 표시였습니다. 공무원의 답을 해석할 능력과 마음의 여유, 가진 자본금이 적었다는 게 문제였습니다. 이 땅은 건축이 가능한 땅이었습니다. 그러니 경계측량을 하고 컨테이너를 갖다놓는 것이 아니라 건축허가를 득하고 협상에 임했다면 하는 아쉬움이 남는 대목입니다.

지는 쪽은 항상 더 조급한 쪽

조급한 마음 때문에 협상에 실패했던 경험을 하나 더 이야기해드리겠습니다. 몇 년 전 설날을 앞두고 충남 천안시에 있는 맹지를 낙찰받았습니다. 천안 제5산업단지가 조성되고 있는 부근의 100평 정도 되는 땅으로, 감정가는 평당 30만 원 정도였지만 제가 낙찰받은 가격은 평당 16만 원 정도였습니다.

바로 옆 공장에서 공장(산업)부산물과 폐기물을 쌓아두는 공터로 이용하고 있어 실제로는 공장용지였지만 지목이 '답'이었기에 농취증(농지취득자격증명)이 필요한 땅이었습니다. 계획관리지역이었고 전 소유자의 체납액이 몇 십억 원에 다다르다 보니, 실제로 사용하고 있는 인접 공장에도 매입을 할 수 없어 세월만 흘러가고 있었습니다. 인근 공장에서 점유해 사용하는 것 외에는 별다른 문제가 없는 곳으로 권리분석에도 큰 문제가 없는 땅이었습니다.

공장의 부속 토지나 공장용지로 감정이 될 수도 있었는데, 지목이 '전'이고 맹지였기 때문에 감정가가 저평가되었다는 생각이 들었습니다. 게다가 땅 위에 폐기물이 있으니 농사를 짓기 어려운 땅이라는 이유로 담당관청에서 "농취증 발급 불가"를 외치는 바람에 아무도 관심을 갖지 않았지요. 덕분에 제가 쉽게 낙찰받았습니다.

이 땅의 바로 옆에는 공장이 하나 있었습니다. 바로 이 공장에 팔려고 이 땅을 낙찰받은 것입니다. 공장 입장에서는 폐기물 처리를 위해서라도 당연히 매입해야 할 땅이었지만 전 소유자가 압류를 당한 탓에 세금 문제를 해결하기가 골치 아프니까 그냥 방치하고 있었습니다.

공장 본사는 김해에 있었고, 이 공장은 현재의 공장장이 임차해서 운영하고 있는 상황이었습니다. 이 임차인이 바로 폐기물을 잔뜩 쌓아놓은 장본인이죠. 본사에 연락해보니 천안 제5산업단지가 정상궤도에 오를 때까지는 계속 임대를 놓을 계획이라고 하더군요. 본사가 멀리 떨어져 있으니 자산관리공사에서 이 땅에 그렇게 들락거렸는데도 공매가 진행되고 있다는 사실을 까마득히 몰랐던 겁니다. 아마도 공매물건이 진행될 때 비슷한 상황이 벌어지는 공장이 많을 겁니다.

▼ 해당 필지의 위치와 토지이용계획서

가까스로 농지취득자격증명을 받다

상황 파악이 되었으니 평당 16만 원에 냉큼 낙찰을 받고, 잔금을 치르기도 전에 공장 본사 책임자에게 전화를 걸었습니다. 떨리는 마음으로 담당에게 시세

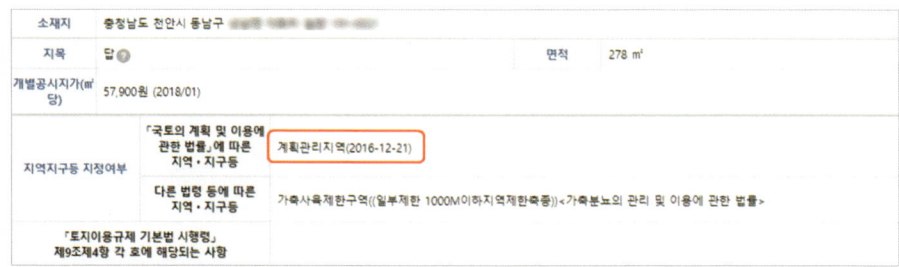

가 평당 150만 원인데 60만 원에 팔겠다고 했습니다. 담당자는 윗사람과 통화 후 곧장 매입하겠다고 답하더군요. 이렇게 쉽게 매매가 되나 싶어 얼떨떨한 마음을 품고 대구에서 천안으로 달려갔습니다. 산다는 사람이 있을 때 빨리빨리 처리해서 넘겨야죠.

우선 농취증을 받기 위해 해당 면사무소 산업계를 방문했습니다. 이 땅의 지목이 '답'이기 때문에 농취증을 발급받아야만 등기를 할 수 있고, 이 거래를 진행할 수 있으니까요. 농취증이 없으면 등기를 넘겨받을 수 없고, 등기가 되지 않으면 매각도 안 됩니다.

"계장님 안녕하세요. ○○리 ○○○-○번지 농취증을 발급받으러 왔는데요."

"아, 그러신가요. 잠시만요."

담당자는 한참 동안 키보드를 두드리더니 이내 고개를 들었습니다.

"이 땅은 농취증 발급을 해줄 수 없습니다."

"네? 그게 무슨 말씀입니까? 왜 해줄 수 없나요?"

"보시다시피 이곳은 실제 공장마당으로 사용되고 있어요. 건설자재와 공장 폐기물이 쌓여 있어서 농사를 지을 수 없으니 원상복구 이전에는 원칙적으로 농취증 발급을 해줄 수 없습니다."

깐깐한 담당자의 얘길 듣는 순간 혼란에 빠졌습니다. 지금이라면 적당히 응대하면서 설득했을 것입니다. 농사가 가능할 정도의 기본적인 요건을 갖추고, 농사를 짓겠다는 의지를 보이면 농취증을 발급해주는 경우가 많기 때문입니다. 하지만 아직 경험이 많지 않던 시절이라 담당자의 말에 충격을 받고 어떻게 해야 할지 몰라서 일단 집으로 돌아왔습니다. 산다는 사람은 있는데 등기가 안 된다니…. 등기를 해야만 매매를 할 수 있는데….

밤새 뒤척이면서 별별 생각을 다 하다가 다음날 다시 천안으로 달려가서 담당자를 만났습니다. 운영자금 압박 때문에 설날 전에 빨리 팔아야 한다는 마음으로 간곡히 설득했지만 담당자는 원칙을 내세우며 불가하다는 말만 반복했습니다.

조급한 마음에 급기야 언성을 높이고 말았습니다. 주변 공무원들이 중재하려고 달려들었지요. 그제야 저는 마음을 추스르고 제 사정을 한참 설명했고, 다행히 폐기물만 치우면 농취증을 발급해주겠다는 약속을 받았습니다.

마음이 급했습니다. 일단 폐기물 처리업체부터 알아봐야 하고, 현재 사용자인 공장 임차인과 폐기물 치우는 것에 대해 협상도 해야 하니까요. 곧장 현장으로 달려가서 임차인과 옥신각신한 끝에 결국 폐기물을 다 치웠습니다. 다시 산업계로 달려와서 차후에 농지로 원상복구하겠다는 각서까지 쓴 뒤에야 가까스로 농취증을 발급받을 수 있었습니다.

말을 바꾼 상대방

낙찰받은 지 십여 일이 지나 등기가 완료됐다는 것을 확인하고 드디어 공장 본사 담당자를 만나러 갔습니다. 몸은 녹아내릴 것처럼 피곤하지만 스스로 고수가 된 것 같은 대견함 때문에 기분이 좋았습니다. 1,700만 원 정도에 낙찰받아 십여 일 밖에 안됐는데 6,000만 원에 매각하다니 암만 생각해도 기특했지요. 하지만 현실은 녹록지가 않습니다. 기껏 힘들게 다 정리해놓고 찾아갔더니 공장 담당자가 말을 바꾸더군요.

"이를 어쩌나요, 설날이 코앞이라 회사에 돈이 없네요."

"아니 그러는 게 어디 있습니까? 평당 60만 원에 산다고 해서 폐기물 다 치우고, 농취증 받으러 대구에서 천안을 몇 번이나 왔다 갔다 했는데 이제 와 말을 바꾸다니요."

"뭐, 그렇게 됐습니다. 참, 이 땅 평당 16만 원에 낙찰받으셨던데요?"

황당하고 난감했습니다. 제가 이리 뛰고 저리 뛰며 문제를 해결하는 사이에 이 땅이 평당 16만 원에 낙찰되었다는 사실을 알고 배가 아팠던 겁니다. 넌지시 "25만 원에 팔고 가실 거면 그러시든지…"라고 흘리더니 한마디 덧붙이더군요.

"왜 이런 물건을 받으셨어요. 어차피 맹지라서 우리 땅 안 밟으면 못 지나다니실 텐데요."

순간 욱하는 마음도 들었지만 이 물건 때문에 지난 며칠 동안 대구에서 천안을 왕복한 거리를 생각하며 꾹 참았습니다. 30분을 더 협상했지만 결국 자존심만 상한 채 나오고 말았습니다.

대구로 돌아오는 내내 마음이 좋지 않았습니다. 막막하고 억울했습니다. 설날은 코앞이고, 이 돈이 들어오면 어디어디에 쓸지도 다 정해놨는데…. 도저히 이대로는 못 가겠다 싶은 마음에 다시 차를 돌렸습니다. 무슨 일이 있어도 오늘 이 땅을 꼭 팔고 내려가야겠다 싶었습니다.

다시 공장으로 돌아가서 재협상을 시도했습니다. 하지만 역시나 자기들은 땅이 필요 없다는 대답만 반복하며 '평당 25만 원'을 주장했습니다.

오기만으로는 협상에서 이길 수 없다

오기가 생겼습니다. 주위를 둘러보니 그 아래에 붙어 있는 K케미칼 공장이 눈에 들어오더군요. 농업에 사용되는 플라스틱 제품을 생산하는 공장이라 생산된 제품들은 하나같이 부피가 클 테니, 당연히 적재할 공간이 필요할 겁니다. 무작정 공장으로 들어가 봤습니다. 공장은 명절을 앞두고 바쁘게 돌아가고 있었습니다.

"무슨 일로 오셨어요?"

"사장님을 뵙고 싶습니다."

"사장님을요? 누구신데요?"

"옆 땅 주인인데 사장님께 드릴 말씀이 있어서요."

"지금 사장님은 안 계신데요. 대신 담당자를 연결해드릴게요."

얼마 후 담당자가 모습을 드러냈습니다.

"사장님을 찾으신다고 들었습니다. 제가 담당자인데, 무슨 일이신지요?"

"제 땅을 사시면 좋을 것 같아 의논드리러 왔습니다."

"땅이요? 어떤 땅인데요?"

"제 땅이 바로 옆 필지인데요, 공장 적재공간이 부족할 수 있으니 제 땅을 사서 적재하면 좋을 것 같아서요. 여기 물품이 하나같이 부피가 크잖아요."

"음… 일리 있는 말씀입니다. 우리 공장에서 필요할 것 같아요. 사장님이 지금 안 계신 관계로 당장 결정을 할 수는 없지만, 얼마에 파실 겁니까?"

상대가 너무 쉽게 받아들이는 바람에 미처 금액에 대해서는 생각을 하지 못했습니다. 옆 공장에서 60만 원으로 협의를 하다 실패했으니 꼭 팔아야겠다는 생각에 50만 원을 불렀습니다.

"평당 50만 원요? 가능할 것 같네요. 계약서는 내일 쓰면 어떻겠습니까?"

갑자기 들이닥쳐 땅을 사라는 말에 당황할 법도 한데, 이 사람은 제 말을 가만히 듣고 있더니 다음 날 계약서를 쓰자는 말까지 했습니다. 속으로 쾌재를 부르며 기쁜 마음으로 대구로 내려가던 길에 다시 연락이 왔습니다. 사장님이 평당 50만 원에 사겠다는 걸 허락했답니다. 역시 뭐라도 두드려보길 잘했다고 생각했습니다.

그런데 제가 몰랐던 사실이 있었습니다. 자고로 기업의 오너들은 밀당의 고수들이라는 사실입니다. 다음 날 계약을 하러 서둘러 천안으로 향하는데, 상주 부근을 지날 무렵 담당자에게서 전화가 왔습니다.

"K케미칼 담당잡니다. 사장님께서 말씀하시길 굳이 안 오셔도 된다고 하셔서 전화 드렸습니다."

"네? 무슨 말씀이세요? 지금 상주 지나고 있는데요."

"명절 코앞이라 돈이 잘 돌지 않네요."

"아…. 이런 얘기라면 미리 말씀해주셨어야죠. 한 시간이면 도착하는데 이제 와 무슨 말씀입니까?"

"그럼 우선 오세요. 오셔서 천안 명물 병천순댓국이나 한그릇 하시죠."

일단 와보라고 하니 전화를 끊고 한 시간을 더 달려 공장에 도착해서 사장을 만났습니다. 먼 길 오셨는데 식사나 하러 가자고 하더군요. 순댓국에 수육 한 접시를 앞에 두고 사장이 말을 이어갔습니다. 느긋한 말투로 조곤조곤 원하는 것을 다 말하더군요. 이 물건 때문에 고생 많다고 들었다, 우리도 이 땅을 사고 싶지만 돈이 별로 없다, 어차피 싸게 받으셨지 않느냐, 손해 볼 것 없으니 적당한 가격에 넘겨주면 없는 돈이나마 마련해보겠다는 것이었습니다.

그렇게 얼떨결에 1,000만 원을 깎아주는 조건으로 합의가 됐습니다. 아마 그날 먹은 순댓국이 세상에서 제일 비싼 순댓국일 것입니다. 저한테 밥 한 번 사고 1,000만 원을 깎은 사장님, 참 수완이 좋으셨습니다. 그날 매매계약서를 쓰고, 일주일 뒤에 잔금을 받은 뒤 등기를 넘겼습니다. 여기저기 끌려다니면서 고생한 걸 생각하면 지긋지긋하지만 그래도 1,700만 원에 낙찰받아서 보름도 안 돼 순수익 2,500만 원을 벌었으니 나쁘지 않은 성과였습니다.

참고로, 공장부지 중에는 세금을 적게 내기 위해서 쪼개진 땅들을 굳이 합필하지 않고 유지하는 땅들이 종종 있습니다. 종종 이런 땅들이 세금체납으로 인해 공매라는 이름으로 등장합니다. 앞으로는 이런 땅에 투자의 기회가 많이 올 겁니다. 정부가 정책적으로 작은 토지를 합치도록 유도하고 있기 때문입니다. 공단지역에 위치한 작은 땅이 경매나 공매에 나온다면 한번 관심을 가지길 바랍니다.

이때 지목이나 맹지 여부만 보지 말고, 이 땅이 어떻게 쓰일 것이며 누구에게 필요할지를 고민해보면 좋습니다. 땅은 더 이상 늘어나지 않습니다. 지금은 비록 맹지이지만 그 땅이 필요한 사람을 찾아내면 높은 수익이 보장됩니다.

투자 비하인드

제가 좀 더 통찰력이 있었다면 다르게 접근할 수도 있었을 겁니다. 제가 낙찰받은 땅은 A와 B 두 필지인데, 그중 한 필지가 도로와 애매하게 붙어 있는 A필지였습니다. 도로와 접한 부분의 폭은 약 1.2m인데, 건축법상 도로와 대지가 2m 이상 접하면 차량출입이 가능하므로 건축허가를 받을 수 있습니다. 약 80㎝의 땅만 더 있으면 4층짜리 상가건물을 지을 수 있는 겁니다. 배포가 좀 있었다면 1,000만 원을 주고라도 도로에 붙은 땅 한 평을 더 사서 건축이 가능하도록 만들었겠지요. 그러면 맹지에서 벗어나 어엿한 대지가 되므로 6,000만 원이 아니라 2억 원짜리 땅이 되었을 겁니다. 그 후에 Y공장과 K케미칼 사이에 경쟁을 붙였을 겁니다.

땅은 늘어나지 않으니 이 산업단지 안에 이만한 크기의 땅은 앞으로 몇 십 년 동안 안 나올 겁니다. 그 가치를 안다면 충분히 협상이 가능했겠지요. 뒤늦게 해보는 부질없는 상상이지만 말입니다.

협상에 임하는 투자자의 자세

앞서 K케미칼과의 협상 과정을 생각하면 참 아쉬움이 남습니다. 물론 수익은 났지만 좀 더 프로답게 협상에 임했다면 더 수익을 얻지 않았을까요. 아직도 그때를 곱씹어보며 협상 테이블에서는 절대 조급해 하지 말자고 스스로를 다독이곤 합니다.

땅은 파는 것이 아니라 사게 만드는 것이라고 했습니다. 다양한 방법을 동원해 상대를 압박하고, 협상으로 결정타를 날려야 합니다.

이렇게 하려면 마음에 여유가 있어야 합니다. 과거의 저는 돈이 별로 없었고, 부족한 경험 때문에 스스로 위축되어서 여유 있게 협상에 임하지 못했습니다. 그저 빨리 이 땅을 팔아서 다른 곳에 투자해야 한다는 마음뿐이었던 겁니다. 오히려 그 때문에 더 큰 수익을 낼 기회를 잃어버릴 때가 많았습니다.

하지만 정말 억울한 사람은 아마도 제가 처음 접촉했던 Y공장 사장일 겁니다. 이 땅이 K케미칼로 넘어가는 바람에 예전처럼 폐기물을 쌓아두지도 못하게 됐고, 공장의 땅 모양도 영 이상해졌거든요. 이 땅은 맹지였지만 K케미칼의 다른 땅과 합쳐진 후 현재 시세는 150만 원 정도입니다. 만약 그때 적당한 선에서 합의를 봤더라면 지금 1억 원을 더 벌었을 겁니다. 그렇게 생각하니 약간은 통쾌합니다.

협상력을 높이는 일곱 가지 기술

몇 건의 협상을 거치면서 제 나름의 요령이 생겼습니다. 여러분도 다음 일곱 가지 협상 기술을 적용해보면 좋은 성과가 있을 거라 생각합니다.

첫째, 긴장을 기대감이라고 생각을 전환하면 좋습니다. 누구나 긴장되는 협상 전, 이때의 떨림을 '기대감'이라고 생각하는 것입니다. 긍정적 감정이 협상을 성공시킬 수 있습니다.

둘째, 어떠한 경우라도 공격하려 들지 마세요. 조롱하는 언사나 비아냥거리는 말투는 삼가고, 상대방이 그렇게 나오더라도 평정심을 유지해야 합니다. 감정에 휘둘리면 협상을 망칠 뿐이니까요.

셋째, 주어진 시간이 단 5초밖에 없다고 하더라도 반드시 준비를 하고 말하는 자세가 필요합니다. 협상 전 어떤 말을 할지 자신의 생각을 정리하는 것은 상당히 중요한 일입니다.

넷째, 침묵의 효과를 활용하십시오. 상대가 과감한 말로 협상을 주도할 땐 항의하기 보다 침묵을 유지하세요. 내가 침묵하면 상대도 경청하려는 마음이 생기기 때문입니다.

다섯째, 시간을 제대로 이용하고 때를 기다릴 줄 알아야 합니다. 협상 테이블에서는 자신의 협상 시한을 절대로 노출해서는 안 됩니다. 그건 칼자루를 상대에게 넘겨주는 꼴입니다. 다급한 행동은 이익이 확실히 보장되어 있을 때만 해야 합니다.

여섯째, 무조건 양보하는 협상은 만들지 말아야 합니다. 상대방에 대한 배려를 지나치게 하다가 먼저 낮추는 우를 범하지 않아야 합니다. 특히 협상 마감이 다가오면서 급한 마음에 하게 되는 양보들을 주의해야 합니다.

일곱째, 협상이 결렬될 경우에 선택할 수 있는 차선책을 미리 준비하면 좋습니다. 또한 협상이 자신에게 유리하더라도 너무 빨리 답을 하지 않는 게 좋습니다. 적당한 뜸을 들인 후 상대방의 제안을 어렵게 받아들인다는 제스처를 보여야 상대방도 성취했다는 기분이 듭니다.

한 걸음 더

농지취득자격증명의 개념과 발급 방법

농취증이란 농지취득자격증명의 줄임말로, 농지를 취득하고자 하는 자가 반드시 발급받아야 하는 서류입니다. '농지는 농업 생산성을 높이는 방향으로 소유·이용되어야 하며, 투기의 대상이 되어서는 안 된다(농지법 제3조)', '농지는 자기의 농업경영에 이용하거나 이용할 자가 아니면 소유하지 못한다(농지법 제6조)'는 농지법 취지에 맞게 농지를 취득하려는 자의 자격을 심사하겠다는 것이 바로 농취증 제도입니다. 농취증은 농지의 소유권이전등기 시 반드시 필요한 서류로, 잔금을 지급했더라도 농취증이 없으면 소유권이전등기가 되지 않습니다.

농취증이 바로 발급되면 문제가 없겠지만 앞서 본 예처럼 발급에 시간이 소요된다면 매우 당황스럽겠지요. 그나마 저는 공매였기에 등기신청시에 등기소에 농취증을 제출하면 됐지만, 경매인 경우 낙찰자는 매각기일로부터 일주일 내에 농취증을 발급받아 법원에 제출해야 보증금을 몰수당하지 않으니 주의해야 합니다.

농취증은 해당 토지의 지자체에 가서 발급받습니다. 예를 들어, 해당 토지가 '강원도 양양군 손양면 수산리 ○○번지'라면 손양면사무소로 가면 됩니다. 아직 보유 농지가 없거나, 보유 농지가 있더라도 이번에 구입하는 농지와 면적의 합이 1,000㎡(약 302평) 미만이라면 주말체험영농 목적으로 농취증을 쉽게 발급받을 수 있습니다. 주말체험영농이란 전 국민에게 농사를 체험할 수 있게 만든 제도로, 거리와 직업 등과 관계없이 농취증 발급이 수월합니다.

이때 1,000㎡라는 기준은 세대 합산임을 유의하십시오. 만약 과거에 남편 명의로 600㎡의 땅을 사면서 주말체험영농으로 농취증을 받았다면, 이번에 아내 명의로 450㎡의 땅을 살 때는 주말체험영농 목적으로 농취증을 발급받을 수 없습니다. 부부의 소유 농지 면적 합이 1,000㎡ 이상이니까요. 이럴 때 아내는 주말체험영농이 아닌 농업경영목적으로 농지를 구입할 수 있습니다. 다만 농취증 발급요건이 한층 까다롭습니다.

● **농취증 발급 시 담당자가 살펴보는 주요 요건**
농취증 발급을 신청하면 담당자는 이 사람이 진짜로 농사를 지을 만한 사람인지를 살펴봅니다. 기준이 되는 요건은 크게 다음과 같습니다.

첫째, 실제 농사를 지을 수 있는 땅인지를 봅니다. 지목은 농지이나 실제로는 다른 용도로 사용 중이라면 농취증 발급을 거부하는 경우가 있습니다. 이런 경우 농지로 원상복구할 것을 약속하고 발급받는 방법이 있는데, 일부 담당자들은 먼저 원상복구를 해야 발급해준다고 말하는 경우도 있으니 미리 확인하시기 바랍니다.

둘째, 농사를 지을 수 있는 사람인지를 봅니다. 한 예로, 학생은 농취증 발급이 안 됩니다. 다만 야간대학생은 가능합니다. 직장인이나 전업주부 등의 농취증 발급은 가능합니다.

셋째, 일반 법인은 농취증 발급이 안 되니 주의하세요. '농업경영이란, 농업인이나 농업법인이 자기의 계산과 책임으로 농업을 영위하는 것을 말한다(농지법 제2조)'라는 조항에 따라 일반 법인은 농업경영자격자에 속하지 않기 때문입니다.

넷째, 실제 농사를 지을 수 있는 농기계 등이 있는가를 봅니다. 1,000㎡ 이상의 농지를 구입하거나 과거 보유하고 있는 농지와 합산하여 1,000㎡가 넘는 경우 농업경영계획서를 작성해야 하는데, 이때 농기계 여부 등을 기록하게 됩니다. 면적이 큰 농지를 사는데 농기계가 삽 하나, 호미 한 자루라면 담당자가 의심하겠지요? 그렇다고 비싼 농기계부터 사라고 말하는 건 아닙니다. 마을 이장님이나 사람들에게 인사를 드린 뒤 농기계를 빌려 쓸 수 있는지 알아보고, 빌릴 수 있다면 이런 사항을 농업경영계획서에 작성하면 됩니다. 그러니 사전에 농기계 사용에 관한 준비를 한 뒤 담당자를 만나러 가는 게 좋습니다.

다섯째, 소유 농지의 전부를 타인에게 임대 또는 사용대하거나 농작업의 전부를 위탁해 경영하는 경우 농취증 발급이 되지 않으니 주의해야 합니다. 즉, 직접 농사짓는 게 없이 전부 남에게 맡겨 농사를 짓는다면 '농지는 자기의 농업경영에 이용하거나 이용할 자가 아니면 소유하지 못한다(농지법 제6조)'는 조항에 따라 농취증 발급이 되지 않습니다. 그런데 담당자는 이 농지의 전부를 임대했는지 여부를 어떻게 알까요? 임차인이 해당 농지에 대해 임대차신고하는 경우 상대방까지도 전산에 기록되기 때문에 담당자가 알 수 있는 것입니다. 반면 소유 농지 일부만 위탁하거나 사용한다면 어떻게 될까요? 그럴 때는 농취증 발급이 가능합니다.

여섯째, 매수자의 주소지와 취득 농지의 소재지가 너무 먼 거리인 경우도 농취증 발급에 문제가 될 수 있습니다. 예를 들어, 집은 서울인데 전라남도 해남의 농지를 구입하는 경우 담당자가 실제 농사를 지을 수 있을지 의심할 것입니다. 물론 거리가 멀다고 무조건 발급이 안 되는 건 아닙니다. 거리가 멀어도 얼마든지 지을 수 있다는 것을 설명해서 담당자를 설득한다면 가능합니다. 예를 들어, 손이 거의 안 가는 호두나무를 심을 예정이라 거리와 상관없이 얼마든지 자경이 가능하다든지, 해남에 친인척이 살고 있어 자주 내려온다든지 등등을 잘 설명해서 담당자의 마음을 움직여야 합니다.

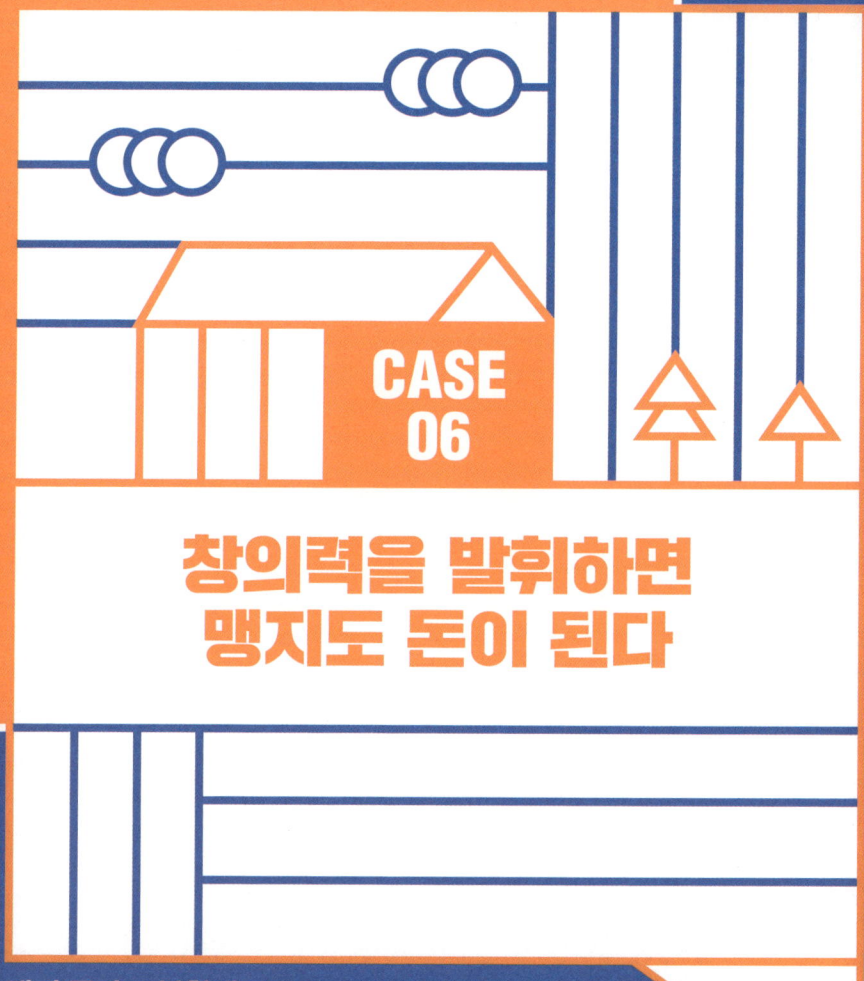

CASE 06
창의력을 발휘하면 맹지도 돈이 된다

맹지 투자 & 분할매도

건축허가의 기본은 도로

건축법에서 도로를 중요시하는 이유는 건축물의 화재 안전을 위해 소방차 진입로를 확보하기 위함입니다. 길이 포장되어 있거나 단순히 차가 다닌다고 건축법상 도로로 인정되지는 않습니다. 건축법상 도로는 차와 사람의 통행이 가능한 너비인 $4m$ 이상이 되어야 하고, 땅과 $2m$ 이상 접해야 합니다. 맹지는 도로와 맞닿는 부분이 전혀 없는 토지를 말합니다. 이곳은 건축허가가 나지 않기 때문에 인기가 없지요.

물론 도로에 접했다고 안심할 일은 아닙니다. 연면적에 따라 요구되는 도로 너비가 달라지는 경우도 있고, 도로연결허가 금지구간이거나 가감속차로(변속차로)를 설치해야 하는 도로일 경우 눈앞에 도로를 두고도 맹지로 전락하는 경우도 있습니다.

도시계획시설 도로와 도로법상 도로

다음 사진을 봅시다. 두 도로에는 과연 어떤 차이가 있을까요? 눈치 빠른 분은 금방 알아챌 것입니다. 좌측 사진은 인도와 도로가 만나는 부분의 턱을 낮춰 놓아서 도로에서 건물로 바로 차량이 드나들 수 있고, 우측 사진은 도로에서 바로 들어가지 못하고 일정한 거리의 도로(하늘색 화살표 부분)를 통해 진출입이 가능하죠. 오른쪽 사진과 같은 도로를 '가감속차로'라고 합니다.

왜 이런 차이가 날까요? 바로 도로의 차이 때문입니다. '도시계획시설 도로'는 인도점용허가만으로 건축허가를 받을 수 있지만, '도로법상 도로'는 별도로 가감속차로를 설치해야 건축허가가 가능합니다. 따라서 해당 토지가 접한 도로가 어느 법의 영향을 받는 도로인지 먼저 따져야 합니다. 이는 토지이용계획서에 표기돼 있는 경우가 많고, 간혹 표기되지 않은 경우에는 지자체 도로과 담당자에게 직접 물어보면 됩니다.

도시계획시설 도로는 도시를 만드는 데 기본적인 역할을 하는 도로이므로

▼ 도시계획시설 도로(좌)와 도로법상 도로(우)의 진출입로

이런 도로에 접한 땅은 요건만 맞으면 가급적 개발을 위해 건축허가를 해주려고 합니다. 하지만 변수가 있습니다. 도로에 접했다 하더라도 차도와 인도가 분리된 경우에는 인도점용허가를 받아 인도의 턱을 낮춰 차량이 건물 안으로 들어올 수 있도록 해야 하는데, 인도점용허가를 받을 수 없을 때는 문제가 심각해집니다. 도시계획시설 설치규칙에 위배되는 구간, 즉 버스정류장, 교차로, 승강장, 횡단보도, 육교 등에 인접한 필지는 인도점용허가를 받지 못하니 주의해야 합니다. 이런 경우 조례가 정하는 인접 부지를 확보하여 부설주차장을 확보한다면 개발이 가능하지만, 부설주차장 부지의 확보 없이 덜컥 땅부터 산다면 매우 곤란한 상황에 처하겠죠.

도로법상 도로는 장거리 고속주행을 위해 만든 도로입니다. 이런 도로가 건축법상 4m 이상의 폭이라는 요건을 갖췄다고 바로 붙여 건물을 지으면 어떨까요? 속도 조절을 못한 차량에 의하여 사고가 발생하는 등 심각한 문제를 불러일으킬 수 있습니다. 그렇기 때문에 이런 도로변에 건축물을 지을 때에는 일정 구간의 감속차로뿐만 아니라 나올 때 서서히 본 도로에 진입할 수 있도록 가속차로의 설치 규정을 둡니다. 만약 가감속차로를 설치할 수 없는 구간이라면 멀쩡한 땅이라도 개발할 수가 없는 거죠.

가감속차로의 설치 거리는 해당 건물의 종류에 따라 다르니 자세한 사항은 「도로와다른시설의연결에관한규칙」 별표 5의 '변속차로의 최소길이'를 참조하기 바랍니다.

▼ 변속차로의 최소길이(지구단위계획구역, 제2단계 집행계획 수립지역)

(단위 : m, 괄호 안 숫자는 왕복 2차로 기준)

시설	주차 대수 또는 가구수 등	감속부의길이 감속차로	감속부의길이 테이퍼	가속부의길이 가속차로	가속부의길이 테이퍼
1) 공단 진입로 등	-	40(25)	15(10)	65(45)	20(15)
2) 휴게소 및 주유소 등	-	40(25)	15(10)	65(45)	20(15)
3) 자동차 정비업소 등	-	25(15)	10(10)	직접식 가속차로 30(20)	
4) 사도·농로·마을 진입로 또는 그밖에 이와 유사한 교통용 통로 등	통로 등의 폭이 6m 미만	도로 모서리의 곡선화(곡선 반지름 : 7m)			
	통로 등의 폭이 6m 이상	15(10)	10(10)	직접식 가속차로 25(20)	
5) 판매시설 및 일반 음식점 등	20대 이하	15(10)	10(10)	직접식 가속차로 25(20)	
	21대 이상 50대 이하	25(15)	10(10)	직접식 가속차로 30(20)	
	51대 이상	40(25)	15(10)	65(45)	20(15)
6) 주차장·건설기계주기장·운수시설·의료시설·운동시설·관람시설 집회시설 및 위락시설 등	20대 이하	도로 모서리의 곡선화(곡선 반지름 : 7m)			
	21대 이상 50대 이하	25(15)	10(10)	직접식 가속차로 30(20)	
	51대 이상	40(25)	15(10)	65(45)	20(15)
7) 공장·숙박시설·업무시설·근린생활시설 및 기타 시설	20대 이하	도로 모서리의 곡선화(곡선 반지름 : 7m)			
	21대 이상 50대 이하	25(15)	10(10)	직접식 가속차로 30(20)	
	51대 이상	40(25)	15(10)	65(45)	20(15)
8) 주택진입로 등	5가구 이하	도로 모서리의 곡선화(곡선 반지름 : 3m)			
	6가구 이상 20가구 이하	도로 모서리의 곡선화(곡선 반지름 : 5m)			
	21가구 이상 100가구 이하	25(15)	10(10)	직접식 가속차로 30(20)	
	101가구 이상	40(25)	15(10)	65(45)	20(15)
9) 농어촌 소규모 시설 (소규모 축사 또는 창고 등) 및 태양광 발전시설 등	-	도로 모서리의 곡선화 (곡선 반지름 : 3m)			

▼ 변속차로의 최소길이(그밖의 지역)

(단위 : m, 괄호 안 숫자는 왕복 2차로 기준)

시설	주차 대수 또는 가구수 등	감속부의길이 감속차로	감속부의길이 테이퍼	가속부의길이 가속차로	가속부의길이 테이퍼
1) 공단 진입로 등	-	45(30)	15(10)	90(65)	30(20)
2) 휴게소 및 주유소 등	-	45(30)	15(10)	90(65)	30(20)
3) 자동차 정비업소 등	-	30(20)	10(10)	60(40)	20(20)
4) 사도·농로·마을 진입로 또는 그밖에 이와 유사한 교통용 통로 등	-	20(15)	10(10)	40(30)	20(20)
5) 판매시설 및 일반 음식점 등	10대 이하	20(15)	10(10)	40(30)	20(20)
5) 판매시설 및 일반 음식점 등	11대 이상 30대 이하	30(20)	10(10)	60(40)	20(20)
5) 판매시설 및 일반 음식점 등	31대 이상	40(30)	15(10)	90(65)	30(20)
6) 주차장·건설기계주기장·운수시설·의료시설·운동시설·관람시설 집회시설 및 위락시설 등	30대 이하	30(20)	10(10)	60(40)	20(20)
6) 주차장·건설기계주기장·운수시설·의료시설·운동시설·관람시설 집회시설 및 위락시설 등	31대 이상	45(30)	15(10)	90(65)	30(20)
7) 공장·숙박시설·업무시설·근린생활시설 및 기타 시설	20대 이하	20(15)	10(10)	40(30)	20(20)
7) 공장·숙박시설·업무시설·근린생활시설 및 기타 시설	21대 이상 50대 이하	30(20)	10(10)	60(40)	20(20)
7) 공장·숙박시설·업무시설·근린생활시설 및 기타 시설	51대 이상	45(30)	15(10)	90(65)	30(20)
8) 주택진입로 등	5가구 이하	도로 모서리의 곡선화(곡선 반지름 : 3m)			
8) 주택진입로 등	100가구 이하	30(20)	10(10)	60(40)	20(20)
8) 주택진입로 등	101가구 이상	45(30)	15(10)	90(65)	30(20)
9) 농어촌 소규모 시설 (소규모 축사 또는 창고 등) 및 태양광 발전시설 등	-	도로 모서리의 곡선화 (곡선 반지름 : 3m)			

누가 봐도 이상한 맹지를 낙찰받은 이유

도로에 접하지 못한 맹지는 인기가 없어 가격이 낮게 평가되는 경우가 대부분입니다. 그런데 맹지를 낙찰받아 길을 내면 어떻게 될까요? 혹은 맹지가 필요한 인근의 땅이 있다면 충분히 돈이 될 수도 있지 않을까요? 이런 생각이 든 저는 도전해 보기로 결심했습니다. 자본금이 적으니까 싼 가격에 낙찰받아서 길을 낸 뒤 비싸게 팔 수 있다면, 혹은 맹지를 필요한 곳에 팔 수만 있다면 좋은 투자라고 생각했습니다.

집중적으로 물건을 검색하다가 눈에 띈 것이 경기도 남양주시에 있는 맹지였습니다. 지목은 '임야'인데 생긴 형태가 바른 땅은 아니었습니다. 한 물류창고 뒤에 있는 땅인데 맹지다 보니 쓰임이 없고, 체납자는 현장에 나타나질 않으니 창고 주인이 배추밭과 두릅나무밭으로 사용하고 있었죠. 그때는 주위에 신도시가 들어선다는 소문 때문에 남양주에 대한 관심이 높아지던 시기였습니다.

이 땅은 마석나들목과 화도나들목 사이에 위치해 있고, 근처에 GTX 역사가 들어설 예정입니다. 중부고속도로와 연결되면 수도권 동북부 지역의 물류창고로서 가치가 높은 입지입니다. 실제로 옆 땅에는 롯데그룹의 물류창고가 있었습니다. 게다가 이곳은 토지이용계획상 계획관리지역이었습니다. 계획관리지역은 생산관리지역이나 보전관리지역보다 건축물의 용도가 상대적으로 다양하고 건폐율도 40%라 좋은 지역이죠. 입지만 봐서는 나쁘지 않은 곳입니다.

대략 94평 정도로 크기도 적당한데 감정가는 평당 약 61만 원이었습니다. 근처의 땅들이 대략 평당 250만 원 정도인데, 저렴해도 너무 저렴했습니다. 가

▼ 해당 토지 인근의 모습

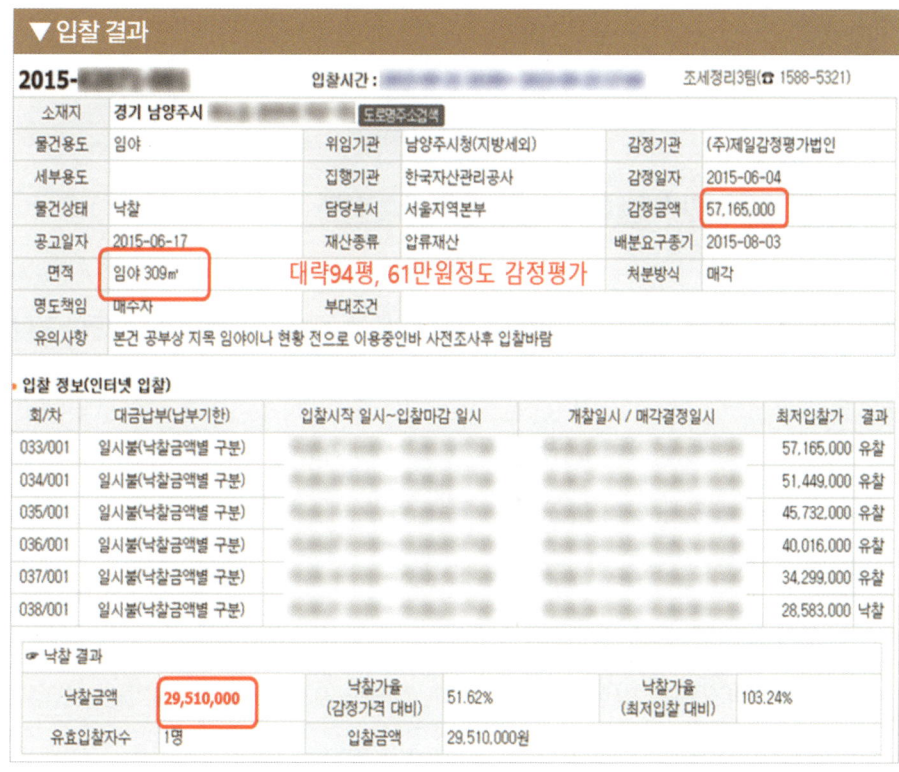

CASE 06 창의력을 발휘하면 맹지도 돈이 된다

격이 주변 시세의 3분의 1 내지 4분의 1까지 떨어진 이유는 맹지인데다가 임야이기 때문입니다. 임야를 개발하려면 산지전용허가를 받아야 하는데 요건에 부합하지 못하면 개발이 불가능하기 때문에 대지에 비해 가격이 낮죠. 그뿐만 아니라 모양도 참 못생겼고, 옆 부지와의 높이 차이도 엄청났습니다. 안 좋은 조건은 다 갖췄으니 어디 가서 큰소리 칠 수 없는 땅입니다.

만약 투자금이 넉넉했다면 저 역시 이런 물건은 흘깃 보고 넘겨버렸을 겁니다. 하지만 워낙 저렴한 가격 때문에 욕심이 나서 계속 들여다보니 이 땅이 숨은 보물이라는 생각이 들더군요. 공매로 낙찰받게 되면 복잡하게 걸려 있는 권리는 소멸되어 등기상 권리분석의 문제는 없었습니다. 조금 머리를 쓰면 분명히 돈이 좀 될 것 같은 재미있는 상황이라 입찰을 감행했습니다.

자르고 붙이면 전혀 다른 땅이 된다

사실 이 땅은 함께 공법을 공부하는 동료에게 소개해 공동으로 낙찰받았습니다. 제가 돈이 좀 부족하다 보니 공동투자를 하고 싶었거든요. 하지만 그 사람을 설득하는 데 두 시간이 걸렸습니다. 그 사람 입장에서는 아무리 봐도 이런 땅이 돈이 될 이유가 없다고 생각한 거죠. 속으로 '사람 그렇게 안 봤는데, 혹시 사기꾼인가'라는 생각을 했을지도 모릅니다.

자, 제가 동료에게 제안한 전략이 무엇인지 말씀드리겠습니다. 다음 그림에서 제가 낙찰받으려는 땅은 A필지입니다. 평수는 93평으로 꽤 넓지만, 보시다시피 길쭉한 모양이고 맹지입니다. 좀 떨어진 옆으로 좁은 길(노란색 부분)이 하나 지나갑니다. 그런데 이 길은 4차선으로 확장되는 계획이 세워져 있습니다.

 A필지의 상당부분은 B필지와 맞닿아 있고, 좁은 쪽은 C필지와 붙어 있습니다. A필지와 B필지는 둘 다 맹지이지만, 아마 대부분의 사람들은 그나마 B필지가 더 좋다고 할 겁니다. 땅 모양이 좀 더 예쁘고 도로와 좀 더 가까우니까요. 하지만 저는 이런 생각을 했습니다. A필지를 가지고 다른 두 땅을 대상으로 '뒤에서 알박기'를 할 수 있지 않을까 하고 말입니다. '뒤에서 알박기'라니 무슨 소리냐고요?

 저는 투자를 결정할 때 인근 땅의 토지등기부까지 모두 떼어보고 검토합니다. 이번에도 그런 식으로 살펴보니 B필지뿐 아니라 인근의 D필지, E필지, F필지, G필지, H필지는 모두 한 사람의 소유였습니다. 소유자는 창고와 공장 세 동을 운영하는 사람이었습니다. A필지는 이 사람 아니면 C필지 주인 중 한

▼ 해당 필지의 지적도

사람에게 팔아야 합니다. 둘 중에 누구에게 팔아야 짧은 시간 안에 내가 원하는 금액을 얻을 수 있을지 생각한 결과, B필지 주인에게 이 땅을 매도하는 게 낫겠다고 판단했습니다.

A필지는 그 자체로는 모양이 예쁘지 않지만 만약 B필지와 합친다면 땅 모양이 그럭저럭 괜찮아집니다. 다만 아랫부분 일부는 C필지 쪽으로 쑥 들어가 있죠. 저는 A필지를 잘라서 위쪽은 B필지 주인에게 팔고, 아래쪽은 C필지 주인에게 팔면 어떨까 싶었습니다. 혹은 이야기만 잘 된다면 C필지의 끝부분 땅과 교환할 수도 있겠죠. 그러면 B필지에는 도로가 생기는 것이므로 땅의 가치가 크게 올라갈 겁니다.

물론 B필지 주인이 이렇게 해줄지는 의문이었습니다. 듣자 하니 이 사람은 자수성가해서 인근에 공장을 세 동이나 운영하고 있고, 이 주변 땅을 포함해서 총 9필지를 보유하고 있다고 하더군요. 굳이 이 작은 땅이 필요한 상황은 아닌 것입니다.

하지만 아래쪽 C필지는 다릅니다. 이 땅과 접한 도로는 중부고속도로 연결시점에 맞춰 4차선으로 확장될 계획이 세워져 있었습니다. 그래서 땅의 상당 부분이 도로에 수용되는데, 수용된 후에는 땅의 면적이 많이 줄어들 것입니다. 그중에서 A필지 때문에 안으로 쑥 들어간 부분의 폭은 $4m$밖에 되지 않기 때문에 무언가를 짓기엔 애매한 모양입니다. 그렇지만 A필지의 아랫부분을 매입하게 되면 폭이 $9m$로 늘어나면서 그럭저럭 창고건물이라도 지어서 쓸 수 있게 됩니다. 용적률과 바닥면적을 제대로 활용할 수 있죠. 이것을 두고 '뒤에서 알박기'라고 표현한 것입니다.

입찰 당시에는 몰랐지만, 실제로 해당 도로 수용에 대한 보상이 이미 진행되고 있는 상황이었습니다. 제 생각대로 거래가 성사된다면 A필지는 더 이상 맹지가 아니게 되므로 가격이 올라갑니다. 인근지역 시세가 평당 250만 원 정도이므로 그 정도만큼은 올라갈 것입니다. 처음에는 고개를 갸웃하던 동료 역시 두 시간에 걸친 설명을 듣고 나니 고개를 끄덕였습니다.

이렇게 저렇게 계산을 끝낸 뒤 우리는 이 땅을 낙찰받았습니다. 감정가 대비 50% 가격, 그러니까 평당 30만 원대 초반에 단독으로 낙찰을 받았습니다. 이 물건에 아무도 관심이 없었다는 이야기입니다. 몇 번이고 검토한 물건이라도 단독낙찰이면 괜스레 불안하고 초조해집니다. 초보 시절에는 더욱 그렇습니다. 한편으론 단독낙찰이니 차라리 좀 더 기다렸으면 30~40% 대에도 낙찰받을 수 있었겠다는 아쉬움도 들었죠. 욕심은 끝이 없습니다.

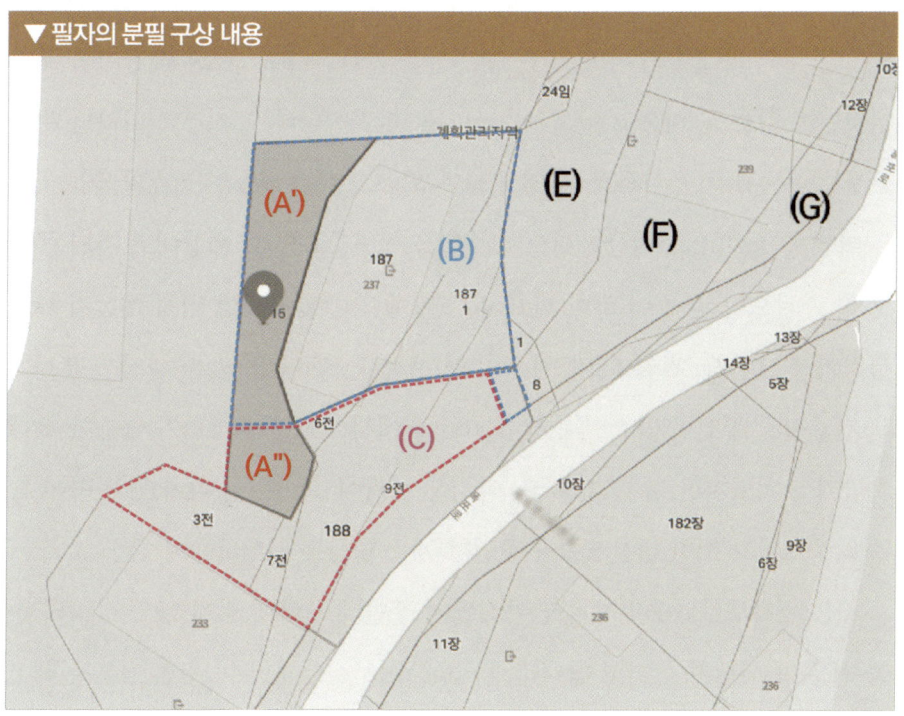

▼ 필자의 분필 구상 내용

생각을 조금만 바꾸면 가치는 두 배 오른다

이제 협상을 위해서 B필지와 C필지의 주인을 찾으러 나섰습니다. 1차 목표대상은 C필지의 주인입니다. 그러나 백방으로 노력했지만 이 사람의 연락처는 도무지 알 수가 없었습니다. 인근 주민들을 찾아다니며 수소문해봤지만 무슨 까닭인지 입을 꾹 다물고 알려주려 하지를 않았습니다. 등기부에 나타난 주소로도 찾아가봤지만, 이사를 한 지가 오래 되어 흔적을 찾을 수가 없더군요.

어쩔 수 없이 2차 대상인 B필지 주인을 찾아갔습니다. 예상대로 자기는 다른 땅도 많으니 굳이 이 땅이 필요 없다고 했습니다. 하지만 역시 계산이 빠른 사람이라 그런지 "평당 65만 원 정도면 생각해보겠다"는 말을 넌지시 흘리더군요. C필지 주인만 찾으면 평당 100만 원에서 150만 원까지는 충분할 텐데 아깝기 그지없지만 별 수 없지요, 아쉬운 사람이 숙이는 수밖에요. 연락이 닿지 않는 C필지 주인 대신 B필지 주인과 계속 협상을 진행했습니다.

지금 생각해보면 B필지 주인이 C필지 주인과 연락이 닿지 않도록 미리 손을 써둔 게 아닌가 싶기도 합니다. 나중에 안 사실이지만 이 주변 땅은 원래 C

필지 주인의 소유였는데, 현재 B필지 주인의 대부분의 땅도 C에게서 매입했더군요. 두 사람 사이에 뭔가 관계가 있는 것 같았습니다.

그가 운영 중인 창고나 공장은 겉으론 허름해 보이지만 주변의 그 수많은 필지들을, 그것도 빚 한 푼 없이 소유한 걸 보면 B필지 주인은 분명 대단한 사람입니다. 물론 협상 당사자 입장에서는 이 사람에게 주도권을 빼앗긴 채 평당 100만 원이 넘는 땅을 65만 원에 내놓으려니 속이 편하지만은 않았습니다. 싸움에서 지는 건 항상 여유가 없는 쪽입니다. 원래는 C필지 주인에게 빨리 이 땅을 팔고 그 돈으로 다른 투자를 해야 하는데, 계산이 틀어져버렸으니 마음이 급했습니다. B필지 주인과 여러 번 밀고 당기기를 하다가, 미운 정도 정이니 그냥 좋게 해결하자는 마음으로 결국 65만 원에 넘겨주기로 했습니다.

30만 원대에 낙찰받아서 1년 안 되는 시기에 65만 원에 팔았으니 기간 대비 적당한 수익이라 생각하며 위안을 삼았습니다. 도로가 확장된 현재 도로에 접한 인근 대지의 시세는 평당 400만 원을 육박하고 있으니, 결국 최후의 승자는 이 사람이죠.

위치가 나쁘다면 창의성을 발휘하라

'알박기'라는 말은 내 땅을 매입하지 않으면 정상적인 건축이 어렵다는 점을 이용해서 매매가격을 높이는 전략입니다. 흔히 말하는 알박기는 길에 접해 있는 등 좋은 위치를 선점한 자투리땅을 활용해서 하죠. 그런데 앞선 경우는 아주 좋은 위치가 아닌데도 알박기처럼 상대방을 압박할 수 있었습니다.

사실 상대방 입장에서는 이 땅을 매입하지 않아도 큰 손해가 없으므로 엄밀한 의미에서 알박기라고 하기는 어렵습니다. 하지만 상대방의 땅은 이 땅이 있느냐, 없느냐에 따라 가격에 극명한 차이가 생깁니다. 돈에 대한 감각이 있는 사람이라면 이런 기회를 포기하기가 쉽지 않습니다.

이미 저렴한 가격에 매입했다면 협상에서는 더욱 유리합니다. 값을 조금 깎아주더라도 이미 충분한 수익을 올리게 되니까요. 이런 점에서 경매나 공매에 주목하고, 특히 맹지나 못생긴 땅을 노리라고 말하는 겁니다. 어느 정도의 공법 지식만 익혀도 투자에 응용하여 더 큰 수익을 올릴 수 있습니다.

한 가지 어려운 일에 도전하고 나면 비슷한 방법을 다른 땅에도 적용할 수 있겠다는 요령이 생깁니다. 저도 앞 사례의 땅을 산 이후부터는 이런 방식을 활용할 만한 땅이 또 있는지 주의 깊게 살펴보게 됐습니다. 결국 기회는 경험을 통해 충분한 시간과 노력을 투자한 사람에게 찾아오는 법이니까요.

돈 되는 맹지 vs 돈 안 되는 맹지

맹지는 주변 토지에 둘러싸여 진입로가 없이 차량 진입이 불가능하기에 건축허가를 받을 수 없습니다. 그렇기에 땅을 매입할 때 부지 구입과 동시에 진입로를 확보해야 합니다. 맹지를 구입한 후 인접 토지소유주에게 진입로를 사려고 하면 상대방은 진입로가 없으면 건축허가를 받을 수 없다는 점을 이용하여 비싼 값에 팔려고 할 것입니다. 배보다 배꼽이 커질 수 있단 얘기지요. 따라서 입지 좋은 지역의 맹지를 꼭 구입해야 한다면 인접 토지까지 적정가격에 매입할 수 있는지를 먼저 알아봐야 합니다.

예를 들어 맹지의 현 소유자가 진입로를 해결해준다는 조건으로 매매계약을 체결할 수 있습니다. 이때는 구두상으로 약속해서는 안 되고, 반드시 계약서에 단서조항을 명기해야 합니다. 만약 잔금지급일까지 진입로 문제가 해결되지 않으면 이 계약을 해제하고 계약금을 ○일 내에 반환한다는 단서를 기재해 둬야 합니다.

철저한 계획과 분석, 토지를 보는 안목이 있다면 맹지투자도 성공할 수 있습니다. 예를 들어, 해당 토지는 맹지지만 도로에 접한 국유지와 닿아 있다면 국유지를 통해 도로를 내는 방안도 고려할 수 있습니다. 국유지의 불하(국가의 재산을 개인에게 파는 것) 및 점용의 우선협상대상자는 인접 토지 소유자 및 사용자이기 때문입니다.

역세권 맹지도 돈이 될 수 있습니다. 새로 신설되거나 이설되는 복선전철 역사는 기존 도심보다 외곽인 농지에 착공하는 사례가 많습니다. 이때 새로 신설된 역사 주변의 땅은 시가화예정지, 즉 도시지역으로 편입이 되어 맹지라도 지가가 상승하는 경우가 많습니다.

맹지에 도로 내는 법

건축허가를 받으려면 토지는 너비 $4m$ 이상인 도로에 $2m$ 이상의 진입너비를 확보해야 합니다. 따라서 너비가 $4m$가 안 되거나, $4m$를 넘는다 하더라도 건축할 토지가 도로에 $2m$ 이상 접하지 않는다면 건축허가는 불가능합니다. 이

두 가지 조항에 부합되지 못하는 토지가 바로 맹지인데, 특히 임야나 농지 중에 많습니다.

맹지인지 아닌지를 알려면 일단 가장 중요한 게 지적도입니다. 지적도를 간과하고 답사를 하다가 현황도로(현황상 도로가 있으나 지적도에는 지목이 도로가 아닌 도로)만 확인하고 계약을 하는 경우가 많은데 이는 상당히 위험한 결정입니다. 도시지역은 현황도로만으로 건축허가를 받을 수 없기 때문이지요. 해당 토지가 비도시지역이면서 면 이하 지역이라면 현황도로도 가능합니다. 맹지에는 건축이 허용되지 않으므로 건축을 하려면 당연히 도로를 개설해야 하는데, 여기에는 세 가지 방법이 있습니다.

① 도로에 접한 인접 토지를 매입해 도로를 개설하는 방법
② 맹지의 일부와 인접한 토지의 일부(진입로 개설 면적)를 교환해 진입로를 만드는 방법
③ 인접 토지를 영구히 사용할 수 있도록 빌려서 도로를 개설하는 방법

이 중 세 번째 방법이 일반적으로 토지사용승낙(도로사용승낙)을 받는 방법입니다. 하지만 여기서 유의점은 토지사용승낙의 효력이 영구적이지 않다는 점입니다. 예를 들어 토지사용승낙은 받았는데 건축허가를 신청하지 않고 있는 사이에 소유자가 토지를 타인에게 양도하거나 소유자가 사망할 경우에는 문제가 됩니다. 다행히 매수인 또는 상속인이 계속 사용을 승낙한다면 상관없겠지만, 그런 경우는 흔치 않습니다. 대가를 다시 요구하고 이에 응했을 때 토지사용승낙을 해주는 경우가 많겠지요.

사전에 이를 예방하려면 건축허가를 신청하기 전에 토지 소유자로부터 그 토지를 진입로로 사용해도 좋다는 토지사용승낙서를 받아 건축허가신청서와 함께 제출해야 합니다. 그러면 담당관청은 사용승낙된 토지를 도로로 지정·공고하게 됩니다. 즉 건축에 동의된 도로로 도로대장에 등재하는 것입니다. 토지사용승낙서를 받을 때는 승낙대상이 되는 토지의 도면을 첨부해야 하고, 그 진정성을 담보하기 위해 토지 소유자의 인감증명서를 같이 제출합니다.

도로로 지정·공고되면 도로가 폐지될 때까지는 그 도로의 소유자라 하더라도 그에 대한 재산권 행사가 제한됩니다. 지정·공고된 해당 도로를 폐지하기 위해서는 건축주 등 이해관계인의 동의를 받아 구청장에게 도로폐지결정신청을 별도로 해야 하는데, 건축주가 자신의 진입로 폐지에 동의할 까닭이 없죠.

사망해 상속이 개시된 경우에도 새로운 소유자는 계속해서 자신의 토지를 도로로 제공해야 합니다. 도로는 원래 공공, 공유, 공익의 개념으로 정의되기 때문에 도로대장에 등재가 되면 개인의 사권이 제한을 받는 특수한 토지입니다. 즉 개인의 재산권을 주장하는 데 어려움이 따른다는 이야기입니다. 이런 이유로 도로사용승낙서를 써주는 토지주 입장에서는 신중할 수밖에 없죠.

한 걸음 더

도로의
다양한 종류

겉으로는 비슷해 보이는 도로지만, 도로마다 탄생 배경부터 성격이 매우 다양하여 적용받는 법이 다릅니다. 개인의 재산권을 활용해 건축을 하기 위해서는 땅이 도로에 접해야 하기 때문에 우선 도로에 대해 정확히 이해하고 있어야 합니다. 많은 도로가 경·공매(특히 공매)로 올라오는데, 이 도로가 어느 종류에 해당되는지 파악해야 합니다. 도로의 종류는 크게 다음과 같이 나뉩니다.

● 도시계획시설 도로

쉽게 풀이하자면 '도시의 계획에 필요한 시설이 되는 도로'란 뜻으로, 도시계획시설사업으로 설치됩니다.「국토의계획및이용에관한법률」에 따라 도시관리계획으로 결정·고시된 도로입니다.

● 도로법상 도로

「도로법」에 따라 지정된 도로를 말합니다. 앞서 도시계획시설 도로는 도시에 필요한 시설들이 제 기능을 할 수 있도록 돕는 것이 목적이라면, 도로법상 도로는 도로가 주인공입니다. 그래서 주인공인 도로를 보호하기 위해 도시계획시설 도로에 비해 건축 행위 등의 제한이 좀 더 있습니다. 도로법상 도로는 다시 다음과 같이 나뉩니다.

❶ **고속국도** : 보통 고속도로라 칭하는 도로로, 주요 도시를 잇는 자동차 전용의 고속 교통용 도로이며, 관할청은 국토교통부입니다.

❷ **일반국도** : 중요도시, 지정항만, 비행장, 관광지 등을 연결하며, 고속국도와 함께 국가기간도로망을 이루는 도로로, 관할청은 국토교통부입니다.

❸ **특별시도·광역시도** : 서울특별시와 각 광역시 안에 있는 도로로, 서울특별시장 또는 각 광역시장이 인정한 도로입니다.

❹ **지방도** : 지방의 간선도로망을 이루는 도로로, 관할 도지사가 인정한 도로입니다.

❺ **시도** : 시 또는 행정시에 있는 도로로, 관할 시장이 인정한 도로입니다.

❻ **군도** : 군에 있는 도로로, 관할 군수가 인정한 도로입니다.

❼ **구도** : 구 안에서 동 사이를 연결하는 도로로, 관할 구청장이 인정한 도로입니다.

● **농어촌도로정비법상 도로**
「도로법」에 규정되지 않은 도로로, 농어촌지역 주민의 교통 편익을 위해 「농어촌도로정비법」에 따라 고시된 도로를 말합니다. 읍 또는 면 지역의 도로만 해당하며, 역시 다음과 같이 세 가지로 나뉩니다.

❶ **면도** : 「도로법」의 군도 및 그 상위 등급의 도로와 연결되는 읍·면 지역의 기간도로입니다.
❷ **이도** : 군도 이상의 도로 및 면도와 갈라져 마을 간 또는 주요 산업단지 등과 연결되는 도로입니다.
❸ **농도** : 경작지 등과 연결되어 농어민의 생산 활동에 직접 사용되는 도로입니다.

● **사도법상 도로**
해당 필지가 도로법상 도로 또는 농어촌도로로부터 인접하지 않았을 때 별도의 사도 개설 허가를 받아 건축허가를 받을 수 있습니다. 크게 다음과 같은 경우입니다.

❶ 맹지나 폭이 좁은 도로에 접한 토지를 개발하거나 건축하고자 할 때
❷ 농로나 임도를 전용하여 건축·개발하고자 할 때
❸ 6호 이상 가옥이 사용되는 현황도로가 규모 미달하여 도로로 인정받지 못할 때

● **개발행위허가를 받은 도로**

필지를 분할하여 분양하는 경우 도시지역, 동·읍인 경우에는 개발행위허가와 사도법상 사도개설이 의무입니다. 하지만 비도시지역이면서 면 이하 지역은 법정도로에 접하지 않아도 되므로 개발행위허가로 도로를 개설하는 경우도 있습니다.

이때 도로 너비는 개발대상 부지에 대한 사업 규모에 따라 5,000㎡ 미만은 4m 이상, 5,000~3만㎡ 미만은 6m 이상, 3만㎡ 이상은 8m 이상의 도로 폭을 확보해야 합니다. 다만, 도로 개설 요건에 대한 자세한 사항은 지자체마다 다를 수 있으니 반드시 담당자를 통해 확인해야 합니다.

도로 종류가 많아 헷갈리죠? 이 페이지에서는 이렇게 도로 종류가 많다는 점만 기억하고, 도로를 일일이 암기하려고 하지는 마십시오. 관할 지자체 담당자에게 물어보는 것이 가장 정확합니다. 해당 도로의 성격에 따라 도로 관리청이 다르니 도로과(지자체마다 부서 이름이 다를 수 있음)에 전화해서 해당 필지의 지번을 불러주며 이에 접해 있는 도로 관리청이 어딘지 물어보면 됩니다. 그 후 관리청에 전화해서 해당 담당자에게 도로에 대한 문의를 하는 것이 가장 확실합니다.

CASE 07

개발계획을 살펴야 하는 이유

개발촉진지구 & 토지보상

학원비 내는 값으로 소액투자를 해보자

살랑살랑 봄 내음이 풍겨오는 3월의 어느 날, 물건을 검색하다 특이한 문구에 손이 멈췄습니다. 묘지가 있는 탓에 그냥 지나칠 뻔했지만 제 눈을 사로잡은 건 토지이용계획서의 '개발촉진지구'라는 여섯 글자였습니다. 지목이 묘지이고, 실제로 분묘 한 기가 있는 땅이었습니다. 임야였지만 계획관리구역 땅이었고, 개발촉진지구로 결정고시가 나와 있는 물건이었습니다. 약 60평의 땅이 약 215만 원의 감정가로 진행되는 신건이었죠.

'개발촉진지구라…, 개발을 촉진하는 지구로 지정된 곳이라는 뜻인가? 뭔가 느낌이 좋은 글자 같은데….'

막연한 기대로 사전을 검색해보니 개발촉진지구는 '전국의 다른 지역보다 낙후된 지역의 개발을 촉진하기 위해 지정한 지구'라고 쓰여 있었습니다.

'음, 아무래도 좋은 것 같은데… 경험 삼아 한번 입찰해볼까?'

이런 생각으로 입찰을 감행해 낙찰을 받았습니다. 1차로 약 215만 원에 진행되는 물건을 과감하게 115%인 약 250만 원, 즉 평당 4만 원 조금 넘는 가격에 받은 것입니다. 단독낙찰이라서 머릿속이 조금 복잡하긴 했습니다.

　다소 무모하다고요? 보는 시각에 따라 그렇게 보일 수 있습니다. 하지만 제 생각은 다릅니다. 이 땅의 낙찰가인 250만 원이면 웬만한 경매학원의 6개월 치 수강료 정도입니다. 수업을 들으며 이론을 탄탄하게 하는 것도 좋지만, 실전을 통해 경험을 쌓는 것이 가장 좋다고 생각했습니다. 흔히 사람들은 모르는 분야에 도전하는 것을 꺼립니다. 막연한 두려움, 불안감에 사로잡히니까요.

하지만 그걸 깨고 도전해야 수익도 있다고 봅니다. 그래서 저는 실전경험이 풍부한 강사에게 수강료를 낸다고 생각하고 이 물건을 낙찰받은 후 토지이용계획의 용도지구에 대한 공부를 시작했습니다.

이 땅의 지목은 '묘지'이며 계획관리지역입니다. 지목이 묘지인 땅에 입찰할 때 활용할 수 있는 '꿀팁' 한 가지를 알려드리겠습니다. 일반적으로 지목이 '묘지'인 곳은 대부분 분묘가 있지만 그중에는 묘가 없는 묘지도 있습니다. 묘가 이장됐거나 나중에 묘로 쓰기 위해서 미리 지목을 묘지로 변경해놓은 경우죠. 이런 땅은 싼값에 살 수 있지만 실제 가치는 높아 금싸라기 땅이 될 수 있습니다. 토지 전문가들 사이에서도 '묘가 없는 지목상 묘지'는 좋은 땅으로 손

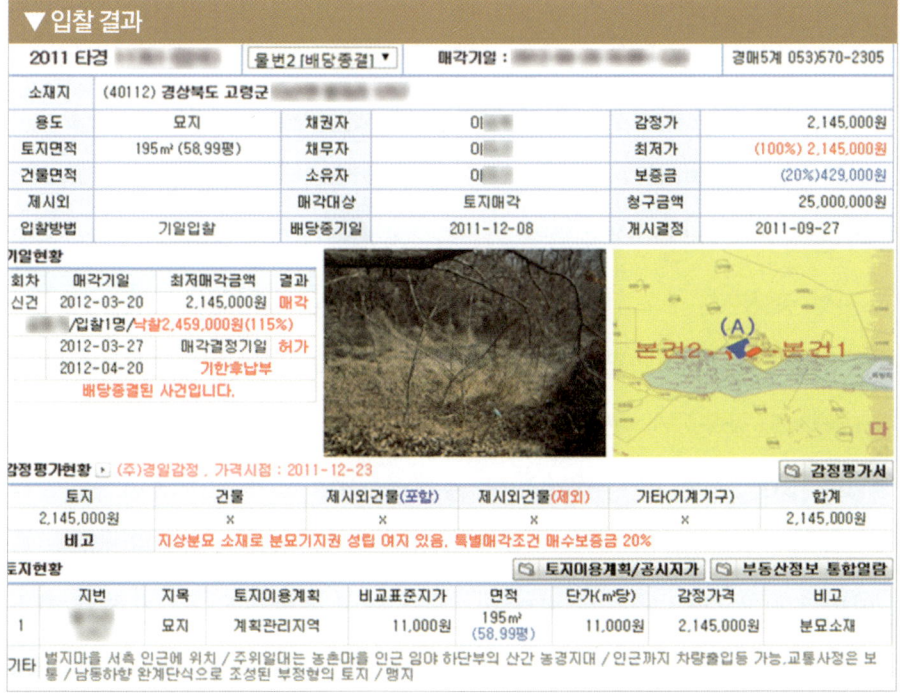

CASE 07 개발계획을 살펴야 하는 이유

꼽힙니다. 묘지는 잡종지에 준하여 처리하므로 건축에 대한 제약이 상대적으로 적기 때문이죠.

보통 귀농·귀촌의 용도로 '전' 또는 '답'을 매입할 경우에는 주택을 지을 때 농지에서 대지로 전환하기 위해 농지전용부담금을 내야 합니다. 하지만 묘지는 농지가 아니므로 농지전용부담금을 낼 필요가 없습니다. 또한 현재 전 또는 답으로 사용하고 있더라도 지목이 묘지이기 때문에 취득 시 농취증을 낼 필요도 없습니다. 그러니 지목이 묘지라고 무조건 겁낼 필요는 없습니다.

개발촉진지구란 무엇인가
—

본론으로 들어가서 개발촉진지구 이야기를 해볼까요? 당시에는 지금처럼 부동산 투자에 대해 알려주는 곳이 많지 않다 보니 개발촉진지구가 뭔지 아는 사람도 거의 없었습니다. 대체 어디에 문의해야 하는지, 어떤 질문을 해야 하는지 몰라서 일단 무턱대고 고령군청 담당자에게 문의를 했습니다. 담당자에게 직접 찾아가서 묻고, 전화로도 묻고 하다 보니 해당 법률인 「지역균형개발 및지방중소기업육성에관한법률」도 공부하게 되고 토지이용계획상 용도지구에 대해서도 공부하게 되었습니다. 이런 질문 하나하나를 통해 자연스레 토지공법에 대한 공부가 시작되었습니다. 직접 부딪혀서 알게 된 내용이 토지공법 수업을 들으며 정리가 되었고, 그러면서 투자의 포인트를 깨닫게 되었죠.

개발촉진지구란 다른 지역보다 낙후된 지역의 개발을 촉진하기 위해 지정된 지구입니다. 이는 「지역균형개발법」에 따라 국토건설종합계획심의회 심의를 거쳐 지정합니다. 쉽게 말해, 개발촉진지구로 지정되면 뭔가 개발 바람이 몰려온다는 느낌이 오죠? 개발촉진지구로 지정되면 다음과 같은 다섯 가지 효과가 있습니다.

① 지역개발사업을 하고자 하는 시행자에게 토지수용권을 부여합니다. 이는 개발에 속도를 낼 수 있음을 의미하죠.
② 실시계획을 승인받은 뒤에는 도로점용과 보전임지전용허가 등 수많은 인·허가를 의제합니다(현 시점 「지역개발및지원에관한법률」에 의하면 48개 인허가 의제). 의제란 주된 인·허가를 받으면 다른 관련 인·허가도 함께 받은 것으로 간주해 준다는 뜻입니다.
③ 사업시행으로 취득하는 토지에 대해서는 취득세·등록세를 면제합니다.
④ 재산세·종합토지세의 50% 감면 등 세제 지원을 합니다.
⑤ 낙후 지역에는 500억 원의 국고를 별도로 지원해 지역에 필요한 기반 시설을 설치합니다.

알고 보면 어마어마한 혜택

개발촉진지구를 공부하다 보니 이 단어 하나로 어마어마한 혜택이 주어진다는 걸 알게 되었습니다. 개발촉진지구에 지정되었다는 사실 하나만으로 토지를 수용할 수 있게 되고, 실시계획이 승인되면 수많은 인·허가가 의제처리되며, 세제 감면 혜택도 엄청납니다. 의제처리가 된다는 뜻은 토지를 개발함에 있어서 개별 법률에 의해 각각 이행해야 하는 인허가가 일괄 처리된다는 것으로, 행정적인 면에서는 효율성을 높이고 개발업자는 개발 속도를 높일 수 있습니다.

이 정도면 발 빠른 개발회사들이 너도나도 달려들 것이고 그에 따라 땅값도 오를 가능성이 큽니다. 개발회사 입장에서는 인·허가 절차가 간소화되어 개발 혜택이 크기 때문에 적극 개발할 의지를 보이겠죠. 그렇다면 저는 이 땅을 개발회사에 매도해서 차익을 실현할 수 있습니다. 만약 개발촉진지구라는 이름이 어렵다고 그냥 흘려듣고 말았다면 이 엄청난 기회를 놓쳤을 겁니다.

따라서 투자를 할 때 법률적 단어가 어렵다고 해서 대충 넘기지 말고 정확한 의미를 파악하기 바랍니다. 단어 하나의 의미가 투자의 향방을 크게 바꿔놓을 수 있습니다.

참고로, 개발촉진지구 지정으로 인해 의제되는 인·허가 사항은 다음과 같습니다.

[별표] 실시계획 승인 관련 인·허가 등의 의제(「지역개발및지원에관한법률」 제24조 제1항 관련)

1. 「가축분뇨의관리및이용에관한법률」 제11조에 따른 배출시설에 대한 설치허가 및 변경허가·신고
2. 「건축법」 제11조에 따른 건축허가, 같은 법 제14조에 따른 건축신고, 같은 법 제16조에 따른 허가·신고사항의 변경, 같은 법 제20조에 따른 가설건축물의 허가·신고, 같은 법 제29조에 따른 건축 협의
3. 「골재채취법」 제22조에 따른 골재채취의 허가

4. 「공유수면관리및매립에관한법률」 제8조에 따른 공유수면의 점용·사용허가, 같은 법 제10조에 따른 점용·사용의 협의 또는 승인, 같은 법 제17조에 따른 공유수면의 점용·사용 실시계획의 승인, 같은 법 제28조에 따른 공유수면의 매립면허, 같은 법 제35조에 따른 협의 또는 승인 및 같은 법 제38조에 따른 공유수면매립실시계획의 승인

5. 「공유재산및물품관리법」 제11조에 따른 행정재산의 용도변경 또는 폐지, 같은 법 제20조에 따른 사용·수익허가

6. 「관광진흥법」 제15조에 따른 사업계획의 승인, 같은 법 제54조에 따른 관광지·관광단지 조성계획의 승인 및 같은 법 제55조에 따른 조성사업 시행의 허가

7. 「광업법」 제24조에 따른 광업권설정의 불허가처분, 같은 법 제34조에 따른 광업권 취소처분 또는 광구 감소처분

8. 「국유재산법」 제30조에 따른 국유재산의 사용허가

9. 「국토의계획및이용에관한법률」 제30조에 따른 도시·군관리계획의 결정, 같은 법 제50조에 따른 지구단위계획의 결정, 같은 법 제56조에 따른 개발행위의 허가, 같은 법 제86조에 따른 도시·군계획시설사업의 시행자 지정, 같은 법 제88조에 따른 실시계획의 인가, 같은 법 제118조에 따른 토지거래계약에 관한 허가

10. 「낙농진흥법」 제4조 제1항에 따라 지정된 낙농지구의 해제

11. 「농어촌정비법」 제23조에 따른 농업생산기반시설의 목적 외 사용의 승인, 같은 법 제82조에 따른 농어촌 관광휴양단지의 개발 사업계획의 승인, 같은 법 제83조에 따른 관광농원의 개발 사업계획의 승인

12. 「농지법」 제34조에 따른 농지전용(農地轉用)의 허가 또는 협의, 같은 법 제35조에 따른 농지의 전용신고, 같은 법 제36조에 따른 농지의 타용도 일시 사용허가·협의 및 같은 법 제40조에 따른 용도변경의 승인

13. 「대기환경보전법」 제23조, 「수질 및 수생태계 보전에 관한 법률」 제33조,

「소음·진동관리법」 제8조에 따른 배출시설 설치의 허가 및 신고
14. 「대중교통의육성및이용촉진에관한법률」 제9조에 따른 개발사업계획에 대중교통시설에 관한 사항 반영
15. 「도로법」 제36조에 따른 도로관리청이 아닌 자에 대한 도로공사 시행의 허가, 같은 법 제61조에 따른 도로의 점용 허가 및 같은 법 제107조에 따른 도로관리청과의 협의 또는 승인
16. 「도시개발법」 제11조에 따른 시행자의 지정, 같은 법 제17조에 따른 실시계획의 작성 및 인가, 같은 법 제26조에 따른 조성토지 등의 공급 계획 제출, 같은 법 제53조에 따른 조성토지 등의 준공 전 사용의 허가, 같은 법 제64조 제2항에 따른 타인의 토지에의 출입허가
17. 「도시교통정비촉진법」 제15조, 제16조 및 제17조에 따른 교통영향평가서의 검토·심의
18. 「도시및주거환경정비법」 제28조에 따른 사업시행인가
19. 「문화재보호법」 제35조 제1항 제1호·제2호·제4호에 따른 허가, 같은 법 제66조 단서에 따른 국유지의 사용허가
20. 「물류시설의개발및운영에관한법률」 제9조에 따른 공사 시행의 인가, 같은 법 제28조에 따른 물류단지개발실시계획의 승인
21. 「백두대간보호에관한법률」 제8조에 따른 개발행위를 위한 사전협의
22. 「사도법」 제4조에 따른 사도(私道)의 개설허가
23. 「사방사업법」 제14조에 따른 벌채 등의 허가, 같은 법 제20조에 따른 사방지(砂防地) 지정의 해제
24. 「산림자원의조성및관리에관한법률」 제36조 제1항·제4항에 따른 입목벌채 등의 허가·신고, 「산림보호법」 제9조 제2항 제1호·제2호에 따른 산림보호구역에서의 행위의 허가·신고와 같은 법 제11조 제1항 제1호에 따른 산림보호구역의 지정해제. 다만, 「산림자원의조성및관리에관한법률」에 따른 채종림·

시험림과 「산림보호법」에 따른 산림유전자원보호구역의 경우는 제외한다.
25. 「산업입지및개발에관한법률」 제16조에 따른 산업단지개발사업시행자의 지정, 같은 법 제17조에 따른 국가산업단지개발실시계획의 승인, 같은 법 제18조에 따른 일반산업단지개발실시계획의 승인, 같은 법 제18조의 2에 따른 도시첨단산업단지개발실시계획의 승인 및 같은 법 제19조에 따른 농공단지개발실시계획의 승인
26. 「산업집적활성화및공장설립에관한법률」 제13조에 따른 공장설립 등의 승인, 같은 법 제20조에 따른 공장 신설 등의 승인
27. 「산지관리법」 제14조에 따른 산지전용허가, 같은 법 제15조에 따른 산지전용신고, 같은 법 제15조의 2에 따른 산지일시사용허가·신고 및 같은 법 제25조에 따른 토석채취허가
28. 「소하천정비법」 제8조에 따른 소하천정비시행계획의 수립, 같은 법 제10조에 따른 소하천 등 정비 허가 및 같은 법 제14조에 따른 소하천 등의 점용 등의 허가 또는 신고
29. 「수도법」 제17조 또는 제49조에 따른 수도사업의 인가, 같은 법 제52조 또는 제54조에 따른 전용상수도 또는 전용공업용 수도의 설치 인가
30. 「어촌·어항법」 제23조에 따른 어항개발사업시행허가
31. 「에너지이용합리화법」 제10조에 따른 에너지사용계획의 협의
32. 「온천법」 제10조에 따른 온천개발계획의 승인
33. 「유통산업발전법」 제8조에 따른 대규모 점포 등의 개설등록 및 변경등록
34. 「임업및산촌진흥촉진에관한법률」 제20조에 따른 임업진흥권역의 지정변경 및 해제
35. 「자연공원법」 제20조에 따른 공원사업 시행허가(대통령령으로 정하는 자연공원과 대통령령으로 정하는 유선장, 탐방로 등 공원시설의 종류 및 그 규모에 해당하는 시설로서 해당 공원관리청의 공원위원회의 심의를 거쳐 공원계획의 결정이나 변

경의 고시가 이루어진 경우에만 해당한다)

36. 「장사등에관한법률」 제27조에 따른 무연분묘(無緣墳墓)의 개장 허가
37. 「전기사업법」 제7조에 따른 사업의 허가, 같은 법 제62조에 따른 자가용전기설비의 공사계획의 인가 또는 신고
38. 「주택법」 제4조에 따른 주택건설사업자 등의 등록(환지방식에 따른 입체환지를 하는 시행자만 해당한다), 같은 법 제15조에 따른 사업계획의 승인
39. 「집단에너지사업법」 제4조에 따른 집단에너지의 공급 타당성에 관한 협의
40. 「체육시설의설치·이용에관한법률」 제12조에 따른 사업계획의 승인
41. 「초지법」 제21조의 2에 따른 토지의 형질변경 등의 허가, 같은 법 제23조에 따른 초지전용의 허가
42. 「공간정보의구축및관리등에관한법률」 제15조 제3항에 따른 지도 등의 간행 심사, 같은 법 제86조 제1항에 따른 사업의 착수·변경 또는 완료의 신고
43. 「택지개발촉진법」 제7조에 따른 택지개발사업의 시행자 지정 등, 같은 법 제9조에 따른 택지개발사업 실시계획의 승인
44. 「폐기물관리법」 제29조에 따른 폐기물처리시설의 설치승인 또는 신고
45. 「하수도법」 제11조에 따른 공공하수도(공공하수도 분뇨처리시설만 해당한다)의 설치인가, 같은 법 제16조에 따른 공공하수도공사의 시행허가 및 같은 법 제24조에 따른 공공하수도의 점용허가
46. 「하천법」 제6조에 따른 하천관리청과의 협의 또는 승인, 같은 법 제27조에 따른 하천공사시행계획의 수립, 같은 법 제30조에 따른 하천공사 시행의 허가 및 하천공사실시계획의 인가, 같은 법 제33조에 따른 하천의 점용허가, 같은 법 제50조에 따른 하천수의 사용허가
47. 「항만법」 제9조 제2항에 따른 항만공사시행의 허가, 같은 법 제10조 제2항에 따른 항만공사실시계획의 승인
48. 「해양심층수의개발및관리에 관한 법률」 제16조에 따른 실시계획의 인가, 같은 법 제27조에 따른 먹는 해양심층수의 제조업 허가 또는 신고

개발사업자에게 높은 가격에 매도하다

개발촉진지구는 개발사업자에게 수용권이 부여되므로 제가 낙찰받은 땅도 수용될 겁니다. 하지만 낙찰받은 땅은 지목이 '묘지'고 실제 분묘가 존재하므로 '분묘기지권'이 성립합니다. 분묘기지권이란 남의 토지 위에 분묘가 있더라도 관습법상 그 권리가 인정되는 일종의 물권입니다. 자칫 남의 조상을 모셔야 할 지경이었죠. 물론 봉제사의 의무 조항인 '묘지 관리 소홀'을 이유로 들어 분묘굴이 소송(분묘를 판 후 옮겨달라는 소송)을 하면 됩니다만, 아무래도 좀 번거롭지요.

하지만 개발촉진지구의 묘에 대해서는 개발행위 주체가 알아서 보상해주고 이장도 해준다고 합니다. 참으로 좋습니다. 묘지의 주인에게는 미안한 마음이지만 제 입장에서는 아무 걱정이 없으니 마음이 가벼웠습니다.

이 물건을 낙찰받고 1년이 좀 지났을 때 담당 공무원이 고시문을 보내줬습니다. 보상 시점이 몇 개월 남았지만 원한다면 먼저 보상해줄 것이고, '임야'에 대한 보상 감정평가액은 548만 원이라는 겁니다. 시행사도 해당 가격에 토지를 매입하겠다고 의사를 밝혀 왔습니다. 245만 원에 낙찰받아 이 정도만 받아도 두 배 이상 수익이지만, 저도 나름 공법 수업을 들은 사람이라 한마디 보탰습니다.

"이곳은 임야가 아니라 어른이 누워계시는 곳이니 '대지'로 보상해줘야 하지 않겠습니까?"

분묘는 보상 시에 '임야'가 아니라 '잡종지'로 보상된다는 근거를 토지수용업무편람에서 확인했기 때문에 이렇게 말한 겁니다. 시행사 직원은 검토해 보겠다는 답변을 남겼습니다. 그리고 최종적으로 잡종지로 평가되어 다시 885만 원을 제시받았으니 말 한마디로 돈을 번 겁니다. 이럴 때 진짜 수업료에 대한 보상을 받는 거지요.

여기서 잠깐, 감정평가 기준을 살펴봅시다. 감정평가 방법에는 매매사례비교법, 임대사례비교법, 적산법 등이 있습니다. 먼저 매매사례비교법은 해당 물건과 비슷하거나 같은 물건의 매매 사례와 비교해서 가격을 추정하는 방법입니다. 그리고 임대사례비교법은 해당 물건과 비슷하거나 같은 물건의 임대 사례와 비교해서 임대수익을 추정하고 이를 역산해서 부동산 가치를 평가하는 방법입니다. 마지막으로 적산법은 대상 물건의 시가에 기대이율을 곱해서 산정한 금액에 계속해서 임대차하는 데 들어가는 경비를 가산하여 산정하는 방법입니다. 공인 감정평가사나 감정평가법인이 감정평가를 실시하며, 공정성을 준수해야 하는 의무를 지고 있죠.

시장 가격의 원리가 수요 공급의 원리에 의해 결정되듯 땅도 마찬가지입니다. 수요자가 많은 대지나 잡종지는 가격이 높게 평가되죠. 쉽게 생각해서, 지을 수 있는 건축물의 용도가 다양하고 별도의 전용허가를 받지 않아도 된다면 시장에서도 높은 값에 땅이 팔릴 것입니다. 반면 전용허가를 별도로 받아야 하는 임야나 농지, 또는 지을 수 있는 건축물의 종류가 많지 않은 토지는 낮은 가격에 거래가 되겠죠. 제 땅이 처음에는 임야로 평가되어 548만 원의 보상금을 제시받았다가 나중에 잡종지로 평가되어 885만 원으로 가치가 올라간 것도 이런 이치입니다.

간혹 묘지를 낙찰받고 전·답·과수원으로 바꾼다고 지목을 변경하는 사람이 있습니다. 이런 경우 농지전용부담금을 별도로 납부해야 하죠. 물론 보상은 농지 수준으로 나오겠지만 과연 더 이득인지는 따져봐야 합니다.

보상이 진행될 때 지목이 묘지인 땅에 대한 보상 근거는 주장하기에 달렸습니다. 묘지는 잡종지로 평가·보상받을 수 있습니다. 이것을 아느냐 모르느냐에 따라 엄청난 차이가 있겠지요. 저도 처음에는 임야로 보상을 하겠다는 시행사에게 묘지는 잡종지로 보상이 된다는 근거를 들며 당당하게 주장하여 더 높은 가격으로 보상받았습니다. 자신의 권리는 반드시 주장해야 합니다.

토지를 수용당하지 않도록 타협점을 찾자

885만 원이라는 보상가를 제시받고, 아직 보상은 받지 않은 상태에서 얼마 지나지 않아 사업시행자가 새로 선정됐다는 고시가 나왔습니다. 사업자로 선정된 건설사는 토지주들에게 매수의향서를 보내왔고, 저도 매수의향서를 받았습니다. 담당자와 통화를 하니 땅을 무조건 매입하겠답니다.

약간의 협상이 끝나고 건설사와 885만 원에 매매계약서를 작성했습니다.

245만 원에 낙찰받아 885만 원에 팔았으니 기분 좋은 일입니다.

참고로, 무조건 높은 값을 받겠다고 버티다가는 공탁을 통해 수용당하는 경우가 있으니 서로 무리하지 않는 선에서 좋은 타협점을 찾는 게 좋습니다. 토지수용이란 공익사업에 필요한 토지 등에 대한 협의취득이 불가능한 경우 보상을 전제로 강제 취득하는 것을 말합니다. 이는 「공익사업을위한토지등의취득및보상에관한법률」에 따르고 있으며 토지수용의 일반적인 절차는 다음과 같습니다.

> 사업인정의 고시 → 토지조서와 물건조서의 작성 → 협의와 재결 → 토지수용

좋게 이야기가 될 경우에는 협의 단계에서 끝나지만 토지소유주의 입장에서 보상금이 마음에 들지 않거나 별도의 사유가 있어 협의가 이뤄지지 않을 경우 '재결'이라는 절차가 진행됩니다.

재결이란 강제매입 성역을 갖는 '수용(收用)' 절차를 거치면서 토지수용위원회가 제3자의 입장에서 행정처분을 내리는 것을 말합니다. 재결은 형성판결과 같은 성격을 가지는데, 재결을 통해 나온 결과를 받아들일 수 없다면 이의신청 혹은 행정소송을 재기할 수 있습니다. 패소하게 된다면 공탁금이나 토지보상금을 받아들여야만 하는 것이죠.

토지수용에 대한 협의나 재결의 절차를 거치고 나면 사업의 시행자는 수용 혹은 사용의 시기까지 보상금을 소유주에게 지급하거나 공탁해야 합니다. 사업시행자는 수용개시일에 토지나 물건의 소유권을 취득하게 되며, 토지나 물

건에 관한 다른 권리는 이와 동시에 소멸합니다. 이런 경우 사업시행자가 토지 등의 소유권을 취득하는 것은 최초의 취득, 즉 원시취득으로 봅니다(대법원 1995. 12. 22 선고 94다 40765 판결).

만약 사업시행자가 수용 혹은 사용의 개시일까지 공탁을 하지 않은 경우에는 토지수용위원회의 '재결'은 효력을 상실합니다. 이 경우 사업시행자는 토지소유주나 관계인이 입은 손실을 보상해야만 합니다.

투자금 대비 3배 이상의 수익을 올리다

토지 보상금은 시가로 산정하는 게 아니라, 비교표준지 공시지가를 기준으로 하여 감정평가사가 여러 조건을 산정해서 매깁니다. 어떤 땅을 비교표준지로 삼을 것인지는 용도지역, 현실적인 이용 상황, 지목 등을 고려해서 선정합니다. 보상금 산정 방법은 다음과 같습니다. 지목이 변경됨에 따라 보상금 또한 상승하는 것에 주목할 필요가 있겠지요.

> 보상금 = 면적 × 비교표준지공시지가 × 시점수정 × 지역요인
> × 개별요인 × 기타요인

이 땅에는 호텔과 연수원 부지, 골프장 등의 건축이 예정되어 있습니다. 땅 매입 작업이 속도가 나지 않아 아직 계획만큼은 진행되지 않았습니다. 현재는

골프장만 완공되어 오픈은 앞두고 있고, 연수원 및 전원주택 152세대, 골프텔 등이 아직 진행 중입니다. 그래도 산골짜기 임야가 엄청나게 변화한 것이죠.

처음에는 개발촉진지구에 대해 몰랐지만 시간과 노력을 기울여 공부한 끝에 과감히 저지를 수 있습니다. 노력하는 자에게 수익이 돌아온다는 이치를 다시 한 번 깨달았지요. 885만 원이라는 돈이 남들이 생각할 때는 적은 금액일 수 있지만, 투자금 대비 3배가 넘는 수익이 났기 때문에 들인 시간이 전혀 아깝지 않습니다.

▼ 시범라운딩이 진행 중인 골프장 전경

투자 비하인드

이 땅에는 나무가 엄청 많습니다. 지금 생각해보면 나무를 이용해서 지장물보상을 신청해도 괜찮았을 겁니다. 이번 건과 같은 경우 보상 토지 위에 수실류(열매가 여는 나무)가 있으면 전부 보상받을 수 있고, 나무 중에는 소나무가 일반적으로 가장 보상이 많이 나오는 품목들입니다. 보상에는 지장물보상, 영업보상, 영농보상 등이 있으니 상황에 따라 잘 활용하시면 좋을 것입니다.

지장물보상

지장물보상이란 공익사업시행지구 내의 토지에 정착한 건축물, 공작물, 시설, 입목, 죽목 및 농작물 등에 대한 보상으로, 지장물을 이전하기 위한 비용을 보상해 줍니다. 만약 건축물 등의 이전이 어렵거나 이전으로 인해 건축물 등이 종래 목적대로 사용할 수 없는 경우는 가격보상을 해줍니다.

영업보상

사업 시행에 따른 수용이 실시되면 하고 있던 영업은 이전을 하거나 폐업을 해야 합니다. 이전을 하여 얻을 이익이 크다면 당연히 사업장 주소를 변경하겠지만 오랜 기간 터잡은 곳에서 이전하여 얻을 이익은 적은 경우가 많겠지요. 이에 대한 보상이 이뤄지는 게 영업보상입니다. 사업인정고시 이전부터 영리를 목적으로 영업을 영위하고 있는 영업자가 이에 해당됩니다.

영농보상

자경 농지가 수용됨으로써 영농을 계속할 수 없게 되는 경우 실제 경작자에게 손실을 보상하는 제도입니다. 경작자가 새로운 농지를 마련하는 동안 생계지원을 해 주기 위한 취지입니다.

한 걸음 더

보상가 산정 시점을 알아두자

앞서 토지감정가보다 더 높은 금액으로 보상받은 이야기를 했는데요, 혹시 '내가 낙찰받은 금액보다 무조건 높은 금액으로 보상 나올 것이다'라고 오해하지 않을까 해서 부연설명을 하겠습니다.

사업시행 방식은 전면수용 방식과 단계별 집행계획 방식으로 나눌 수 있습니다. 시행자 입장에서는 아무래도 예산이 확보되었다면 전면수용 방식을 택할 가능성이 크고, 예산이 부족하면 사업 시행의 선후를 정해 단계별로 집행하는 방식을 택할 가능성이 크겠죠.

해당 사업이 수용·사용 방식이라면 얼마의 보상금을 받을 수 있을지 사전에 정확히 파악해야 합니다. 왜냐하면 보상금은 현 시세나 낙찰가를 기준으로 하는 게 아닌, 사업인정고시일 또는 실시계획인가일을 기준으로 하기 때문입니다.

● **사업인정고시일**

사업인정고시일이란 '(공익)사업을 인정해 고시한 날'이란 의미로 지자체 홈페이지에 사전에 고시됩니다. 개발사업을 진행하면 인근 땅값을 상승시키는 원인이 되고, 이는 공시지가가 상승을 가져오며, 높아진 보상금으로 인한 비용의 낭비를 초래합니다. 결과적으로 해당 사업으로 인해 보상금이 남용되는 꼴을 가져오므로 보상이 이루어질 때의 현 시세가 아닌 '사업인정고시일'을 기준으로 보상금을 책정하게 됩니다.

● 실시계획인가일

단계별 집행계획 방식에서는 사업시행자가 어떻게 시행할지 실시계획을 수립하게 됩니다. 실시계획은 어떻게 사업을 하겠다는 모든 계획이 확정되었을 때 수용권을 발동하는 것으로, 이 실시계획일을 사업인정고시일로 보아 보상가격이 책정됩니다.

 먼저 해당 필지의 토지이용계획서를 발급했을 때 「공익사업을위한토지등의취득및보상에관한법률」을 준용한다는 표현이 있으면 이는 '사업인정고시일'을 보상금 기준으로 볼 가능성이 높습니다. 다만 사업인정고시일에 바로 효력이 발생하는지, 아니면 후에 설계가 나왔을 때 수립되는 실시계획이 확정된 시점을 사업인정고시일로 보는지는 해당 부서에 확인해야 합니다. 왜냐하면 많은 예산과 장시간이 소요되는 사업일수록 초기에 한번에 진행하지 못하고 단계별로 계획을 세워 진행하는데, 이런 경우 단계별 실시계획일을 보상 기준으로 삼는 경우가 많기 때문입니다. 즉 사업인정고시일의 기준을 어느 시점에 두느냐는 해당 사업마다 다를 수 있으므로 이를 담당자에게 정확히 확인해야 합니다.

● 결론

보상 대상 물건이 경매로 나왔을 때는 보상가격 산정에 매우 주의해야 합니다. 경매 감정 가격은 경매가 진행되는 해의 표준지 공시지가와 인근 거래사례 비교내역 등을 감안하여 감정이 되는데, 이 가격을 곧이곧대로 믿고 경매감정가만큼 보상될 것이라 생각하고 낙찰받으면 큰 손해로 이어질 수 있습니다.

예를 들어, 사업인정고시일이 2010년이고 경매감정은 2018년에 되었다고 합시다. 이 물건을 2019년에 낙찰받아 내 소유가 되었어도 수용보상금은 2018년의 경매 감정가가 아니라 사업인정고시일이 있었던 2010년 표준지공시지가로 감정을 합니다. 물론 그 사이의 물가상승률을 반영하지만 사업이 진행되지 않은 유사지역의 물가상승률을 반영합니다. 당연히 보상가격이 낮을 수밖에 없지요.

부당하다는 이유로 팔지 않겠다고 할 수도 없습니다. 수용이란 내 의사로 파는 게 아니라 강제로 팔리는 것이기 때문입니다. 따라서 경매감정가만 생각하고 낙찰을 받기보다는 해당 사업의 사업인정고시일이 언제인지 조사하여 보상금이 얼마 나올지를 판단하여 입찰에 임해야 합니다. 사업이 최근에 고시되고 바로 수용이 발생한다면 현 시세와 비슷한 금액으로 보상되겠지만 이런 경우가 흔하지는 않습니다.

「공익사업을위한토지등의취득및보상에관한법률」 중 보상 기준

제67조(보상액의 가격시점 등)

❶ 보상액의 산정은 협의에 의한 경우에는 협의 성립 당시의 가격을, 재결에 의한 경우에는 수용 또는 사용의 재결 당시의 가격을 기준으로 한다.

❷ 보상액을 산정할 경우에 해당 공익사업으로 인하여 토지 등의 가격이 변동되었을 때에는 이를 고려하지 아니한다.

제70조(취득하는 토지의 보상)

❶ 협의나 재결에 의하여 취득하는 토지에 대하여는 「부동산가격공시에관한법률」에 따른 공시지가를 기준으로 하여 보상하되, 그 공시기준일부터 가격시점까지의 관계 법령에 따른 그 토지의 이용계획, 해당 공익사업으로 인한 지가의 영향을 받지 아니하는 지역의 대통령령으로 정하는 지가변동률, 생산자물가상승률과 그 밖에 그 토지의 위치·형상·환경·이용 상황 등을 고려하여 평가한 적정가격으로 보상하여야 한다.

❷ 토지에 대한 보상액은 가격시점에서의 현실적인 이용상황과 일반적인 이용방법에 의한 객관적 상황을 고려하여 산정하되, 일시적인 이용상황과 토지 소유자나 관계인이 갖는 주관적 가치 및 특별한 용도에 사용할 것을 전제로 한 경우 등은 고려하지 아니한다.

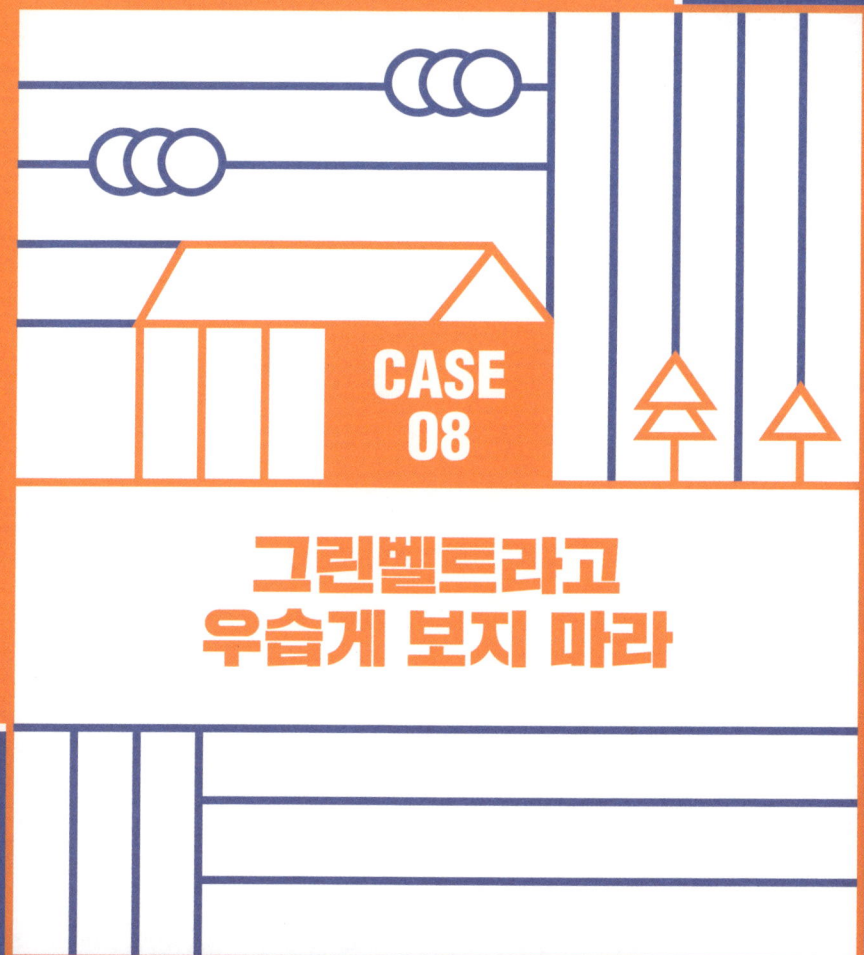

CASE 08

그린벨트라고 우습게 보지 마라

개발제한구역 & 토지거래허가구역

토지거래허가구역은
경·공매로 접근하라

2012년 7월, 세종특별자치시가 출범한 후 하루가 다르게 세종 땅 값이 뛰고 있다는 뉴스가 들려왔습니다.

'이럴 줄 알았으면 진즉 세종에 땅 하나 사놓는 건데…'

뒤늦은 아쉬움은 소용없다는 걸 알면서도 돌아보면 아쉬운 때가 참 많습니다. 공부를 하면 할수록 이런 아쉬움은 더해만 갑니다. 부동산을 공부하기 시작한 10년 동안 정보와 지식, 결단력 부족으로 놓친 수많은 물건을 생각하면 아쉽습니다. 하지만 후회와 미련은 부질없는 일, 과거를 반면교사 삼아 아직 늦지 않았다는 생각으로 도전해야 합니다.

이때도 마찬가지였어요. 대부분 세종시에 투자하기엔 늦었다고 생각할 때였습니다. 세종시 인근 토지에 광풍이 몇 차례나 불고 지나간 시점이었거든요. 그렇지만 저는 '지금이라도 세종시 땅 하나 가져보자'는 심정으로 눈에 불을 켜고 찾기 시작했습니다. 중심지의 땅은 워낙 비싸서 살 수가 없었기 때문에 외곽을 주로 살피던 중 물건 하나가 눈에 띄었습니다.

해당 필지는 자연녹지지역이면서 개발제한구역이었지요. 우리가 흔히 그린벨트라고 부르는 땅이 바로 개발제한구역입니다. 게다가 토지거래허가구역이기도 해서 이 땅을 거래할 때는 지자체의 허가를 받아야 합니다. 다만 경·공매로 낙찰받는 경우 허가 없이 취득이 가능하지요.

'개발제한구역이라… 생소한데….'

'그래도 한번 해볼까? 설마 국가가 진짜 쓸모없는 땅을 팔기야 하겠어?'

'아님 내가 세종시로 이사 가서 농사를 짓지 뭐.'

▼ 해당 필지의 모습과 토지이용계획서

'어? 자세히 보니 무덤이 있잖아.'

그린벨트에 묘지까지…. 좌우지간 이 땅은 토지 공부에 관한 종합선물세트와 같았습니다. 대부분의 사람들은 이 중 한두 개만 섞여 있어도 거들떠보지도 않을 테지만, 저는 이 물건을 포기하고 싶진 않았습니다. 또다른 공부 기회라고 생각했거든요.

개발제한구역 땅을 낙찰받은 경험은 없었지만 한번 부딪쳐보자는 심정으로 입찰을 했습니다. 이런 저돌성이 제가 가진 장점이기도 하니까요. 사실 지금까지 낙찰받은 땅들은 제가 알고 낙찰받았기 보다는 일단 낙찰받고 처리하는 과정에서 진짜 공부가 된 경우가 많았습니다. 투자금이 소액이니 설사 손해보더라도 수업료라 생각하는 겁니다. 땅이 개발제한구역 안에 있어서 주변 땅값보다 매우 저렴하다는 점도 매력적이었고요.

개발지역 인근을 눈여겨봐야 하는 이유

이 땅이 왜 좋은 걸까요? 이 땅은 세종시청에서 직선거리로 $2km$가 채 안 됩니다. 거리는 매우 가깝지만 도시지역의 역할을 충실히 해내는 세종시청 주변 입지에 비해 이곳은 매우 한적합니다. 게다가 개발제한구역이고요.

그러나 이런 땅이 오히려 쓸모있는 분야도 있습니다. 계획도시에는 유흥시설이나 숙박시설이 잘 들어가지 못합니다. 행정규칙인 「기업도시 계획기준」을 보면 기업도시의 경관 및 도시 이미지에 영향을 미치는 유흥시설이나 난개발이 우려되는 숙박시설은 일정 지역에 집단화하도록 계획하여 산업·주거지역에 지장을 주지 않도록 해야 한다는 조항이 있기 때문입니다. 그래서 이런 시설은 도시 내 미관을 해치지 않는 지역, 즉 일정 거리 떨어진 곳에 배치되는 경우가 많습니다. 계획지역의 개발제한이 해제된다면 유흥시설은 바로 이런 땅에 들어가는 것입니다.

입찰하려는 땅 주변에는 이미 식당이 한두 개 들어와 있었습니다. 게다가 이 구역에는 약 15채의 집이 있어 잘하면 나중에 개발제한구역이 풀릴 수도 있겠다는 생각이 들었습니다. 제가 부동산을 공부하기 이전에 식당업과 프랜차이즈 본부를 운영한 경험이 있었던 터라 이런 땅의 가능성을 높게 본 것입니다.

지금 와서 이렇게 말하니 이 땅의 가치가 좋아 보일 테지만, 사실 두려움이

없었던 건 아닙니다. 그런데 바로 옆 땅도 이미 서울의 어떤 투자자가 매입을 한 상태더군요. 그런 걸 보면서 내 생각이 틀리지는 않았다고 애써 위로를 했죠.

낙찰받기 전에 대출가능금액을 알아봤습니다. 아무래도 개발제한구역이라 마음에 걸렸거든요. 개발제한구역은 은행대출심사에서 대출승인이 잘 나지 않거나 대출한도가 낮은 경우가 많습니다. 은행 입장에서는 아무래도 가치가 낮은 땅일 테니 제1금융권에서는 좀처럼 대출이 안 됩니다.

다행히 이전에 배밭을 낙찰받은 적이 있는데 그때 제일 먼저 한 일이 농협 조합원으로 가입한 것이었습니다. 해당 농협에 문의하니 조합원이라 심사가 원활했고, 대출이 된다고 하더군요. 참고로, 농지 대출은 농협에 문의하는 게 가장 빠릅니다. 다만 농지 대출을 받더라도 맹지는 대출이 불가할 수 있습니다. 조합원 자격을 갖추고 농업인이 된다면 별 문제가 없을 수도 있지만, 경매나 공매로 낙찰받은 물건을 대출로 활용하기 위해서는 해당 농협과 대출가능 여부를 꼭 확인하고 진행해야 합니다.

세종혁신도시이다 보니 개발제한구역(그린벨트)임에도 농협에서 낙찰가의 80%까지 대출을 해준다는 말에 용기를 얻어 입찰을 했고, 300평 정도의 땅을 9,100만 원이 조금 넘는 금액에 낙찰받았습니다. 당시 저한테는 큰 액수였지만 그간 투자에서 얻은 경험으로 개발지의 땅값은 반드시 올라갈 것이라고 확신했습니다.

토지거래허가를 받는 법

부동산 공부가 어렵다, 어떤 걸 사야 할지 모르겠다고 하소연하는 분들한테 제가 하는 말이 있습니다.

"일단 저지르세요. 수업료 내도 좋을 금액 만큼만 우선 저지르고 보면 그땐 해결방법이 보입니다."

대부분의 사람들은 투자에 대해 적극적이지 않습니다. 부동산의 제재 사항이나 세금 등 다양한 이유가 있겠지만 막연한 두려움으로 부동산, 특히 특수물건을 기피하는 경향이 있습니다. 그런데 부동산이라는 것이 이상하게도 일단 사봐야 관심을 갖게 됩니다. 그래서 저는 얼추 봐서 이거 되겠다 싶으면 일단 지르고 봅니다. 그러면 자연스럽게 공부가 되기 때문입니다.

대신 싼 것을 공략합니다. 이 땅도 그랬습니다. 일단 개발제한구역의 땅이지만 질러 놓고, 그다음부터 전국에 있는 개발제한구역 땅을 두루두루 둘러보며 공부를 시작했습니다. 그전까지는 이론에 불과했던 이야기도 당사자가 되고 나면 모든 내용에 적극적이 됩니다. '개발제한'이라는 단어만 나오면 귀가 쫑긋해지죠. 강의든 뉴스든, 개발제한구역의 출구전략을 고민하는 데 모든 것을 동원하게 됩니다.

이 땅은 세종시 바로 옆 개발제한구역에 위치해 있으며 토지거래허가구역입니다. 이는 토지의 소유권 또는 지상권을 유상으로 거래할 때 지자체의 허가를 요한다는 뜻입니다. 토지거래허가구역은 근처가 개발되니 투기 심리가 퍼지지 못하도록 거래를 묶어놓은 곳으로, 일반적으로 토지거래허가구역의 땅은 외지인이 사기 힘듭니다. 토지거래허가 요건이 깐깐하기 때문이죠. 그래서 외지인이 토지거래허가구역의 땅을 취득하기 위해서는 상속이나 경·공매로 취득하는 방법이 그나마 수월합니다. 해당 땅이 토지거래허가구역인지 아닌지는 토지이용계획서를 발급받으면 알 수 있습니다.

토지거래허가구역으로 묶어 두는 까닭은 토지의 투기적인 거래가 성행하거나 성행할 우려가 있는 지역, 지가가 급격히 상승하거나 상승할 우려가 있는 지역에 땅 투기를 방지하기 위함입니다. 뒤집어 생각해보면, 땅값이 오를 수 있단 암시가 될 수 있죠. 하지만 초보 투자자들은 거래허가를 받아야 한다는 부담에 토지거래허가구역으로 지정된 땅은 매매하길 꺼립니다.

반대로 토지거래허가구역에서 해제되면 그때 투자에 들어가는 경우가 있죠. 하지만 곰곰이 생각해보면 토지거래허가구역에서 해제됐단 뜻은 정부 생각에 더 이상 지가가 상승할 것 같지 않으니 해제한다는 뜻이 내포된 것과 다름없습니다. 그러니 토지거래허가구역이라서 무조건 싫고, 해제됐으니 무조건 좋다는 섣부른 판단은 하지 않길 바랍니다.

자, 지금부터 토지거래허가구역에 대해 구체적으로 알아보겠습니다. '토지-거래-허가구역'이라는 말에서 알 수 있는 것들이 몇 가지 있습니다. 첫째, 토지만 허가 대상이며 건물은 허가 대상이 아닙니다. 둘째, '거래'란 유상을 뜻하는 것이므로 무상은 허가 대상이 아닙니다.

다음의 표와 같이 토지거래허가구역에서 기준 면적을 초과하는 토지거래는 허가를 받아야 합니다. 반대로 말하면 기준 면적 이하인 토지는 허가 없이 거래할 수 있습니다.

토지거래허가는 매도인과 매수인이 같이 받습니다. 서류는 토지거래계약허가신청서, 토지이용계획서(농지라면 농업경영계획서, 임야라면 산림경영계획서 제출),

토지취득자금조달계획서를 첨부하여 그 토지를 관할하는 지자체(시·군·구)에 제출합니다. 세 서류의 양식은 이 책의 뒷부분에 있는 부록을 참조하십시오.

심사 기간은 15일 이내로, 이 기간 안에 허가/불허가 여부를 통지받게 됩니다. 만약 매도인과 매수인이 공동으로 허가받기 어렵다면 해당 지역 법무사에게 의뢰해도 좋습니다.

▼ 토지거래허가 대상(계약의 종류에 따라)

허가 대상인 경우	허가 대상이 아닌 경우
토지	건축물
소유권, 지상권, 유저당	저당권, 전세권, 임차권
유상계약(예약포함), 부담부증여, 대물변제 계약(예약)	상속, 증여계약(무상), 유증(단독행위)
민사소송에 의한 판결 및 화해·조정·인낙·인낙조서, 가등기담보, 양도담보	토지수용, 경매, 건물거래

▼ 토지거래허가 대상(면적에 따라)

구분	지역별	면적	면적산정 기준
도시지역	주거지역	180㎡ 초과	용도지역 기준
	상업지역	200㎡ 초과	
	공업지역	660㎡ 초과	
	녹지지역	100㎡ 초과	
	용도지역의 지정이 없는 구역	90㎡ 초과	
도시지역 외	농지	500㎡ 초과	지목기준 (공부상지목이 아닌 현실지목 기준)
	임야	1,000㎡ 초과	
	농지 및 임야 이외의 토지	250㎡ 초과	

허가를 받은 뒤에 땅을 방치해선 안 된다

토지거래허가를 받는 것도 중요하지만 더 중요한 것은 허가를 받은 뒤에 이용목적을 제대로 이행하는 것입니다. 허가관청이 매년 1회 이상 토지의 개발 및 이용 등의 실태를 조사하기 때문이죠. 실태를 조사하여 이용 목적대로 이용하지 않고 있거나 이용의무기간을 지키지 않았을 경우에는 이행강제금을 부과할 수 있습니다.

이행강제금은 토지취득가액의 최대 10%로, 의무기간까지 계속 부과됩니다. 따라서 방치하는 것보다 무엇이라도 하는 모양새를 취하는 게 좋습니다. 참고로 미이용방치이행강제금은 10%로 높지만 이용목적위반의 이행강제금은 5%입니다. 즉 이용하지 않고 방치하는 것보다는 다른 목적으로라도 활용해야 이행강제금을 덜 부과받습니다. 다만 해당지역의 토지거래허가구역이 해제되면 이용의무기간은 적용받지 않습니다. 지자체의 허가 없이 자유롭게 토지를 사고 팔 수도 있습니다.

▼ 토지이용의무기간 (「부동산거래신고등에관한법률 시행령」 제14조)

이용목적	이용의무기간	위반시 조치
자기의 거주용 주택용지, 농·축·임·어업 경영, 복지시설, 편의시설, 대체용지 취득	2년	이행강제금(토지취득금액의 5~10%) 매년 1회 부과
개발·이용행위가 제한되거나 금지된 토지의 현상 보존 목적	5년	- 이용목적 위반 5% - 타인에게 임대 7% - 미 이용 방치 10% - 기타 7%
그 외 사항	5년	

농지인 경우 방치하면 더욱 위험합니다. 농지는 이용목적기간이 2년이지만 이행강제금 부과에 있어서는 현실적으로 더 불리합니다. 토지거래허가 구역에서 미이용방치 시 이행강제금은 10%이지만, 농지는 「농지법」(이행강제금 20%)까지 적용을 받습니다. 매년 농지경영 실태조사를 하여 농업경영에 이용하지 않는 농지는 처분명령(매각하라는 강제명령)을 내리는데, 이를 불이행하면 농지가액의 20%을 이행강제금으로 부과받는 것입니다.

특수물건의 종합선물세트 같은 물건

 다시 본론으로 돌아와서, 이 땅은 공매로 취득했기에 토지거래허가를 받을 필요는 없었습니다. 다만 지목이 '전'이라서 농취증은 받아야 했습니다. 그 당시에 세종시 인근에 개발의 광풍이 불고 투기 세력들이 관심을 많이 갖다 보니 외지인이 농취증을 받기가 여간 까다로운 게 아니었습니다.

 저는 금남면 산업계에 가서 담당자에게 "이 땅에 진짜로 농사를 지으려고 한다"고 말했습니다. 공무원이 작정하고 문제점을 찾아내려 들면 끝이 없습니다. 다행히 묘지가 있다는 사실은 문제삼지 않아서 한숨 돌렸습니다. 공무원 입장에서는 묘지가 있는 땅에 어떻게 농사를 지을 수 있느냐, 그러니 농취증을 발급할 수 없다고 나오는 경우도 있거든요. 그러면 남의 묘를 이장할 수도 없고 참 난처하겠죠. 차후 원상복구이행을 약속하고 우선 농취증을 발급받는 경우도 있지만, 담당자가 원상복구를 먼저 하라고 한다면 참 곤란합니다. 저의 경우엔 다행히 묘지에 대해 문제를 제기하지는 않았지만 그렇다고 농취증 발급이 수월한 건 아니었습니다.

농지취득자격증명 받기

이 땅의 농취증을 받기 위해 세종시 금남면에 여러 번 갔습니다. 잘하면 한 번 방문했을 때 발급이 되는 게 농취증이지만 깐깐한 담당자를 만난다면 몇 번 오가는 수고를 감수해야 할 수도 있습니다. 제가 처음 갔을 때에도 대구에 사는 사람이 어떻게 세종의 땅에 농사를 짓느냐고 의심하면서 농취증 발급을 거부했지요. 마땅히 대안을 찾지 못했던 저는 다시 대구로 내려와 며칠을 고심한 끝에 다시 올라가 설득하고 이해시키길 세 번이나 한 끝에 농취증을 발급받을 수 있었습니다. 경매라면 농취증 발급이 낙찰 후 일주일 안에 이뤄져야 하지만, 공매는 소유권이전등기 전까지만 발급받으면 됩니다. 이 역시 공매가 가진 장점입니다.

그래도 농취증이 나와야 등기가 되고 대출을 받고 잔금을 치를 수 있는데 마음이 많이 타들어갔습니다. 꼬장꼬장한 담당자는 제가 직접 농사를 하겠다는 각서를 받은 후에야 겨우 농취증을 내주었습니다. 각서가 법적으로 효력이 있느냐 아니냐를 논하는 건 이 대목에서는 큰 의미가 없습니다. 왜냐하면 담당자가 이렇게 각서를 받는 건, 개인의 절차 이행을 강구하기 위한 수단일 뿐이니까요. 적법한 절차를 이행하겠다는 서면까지 받았으니 담당자 나름대로 최선을 다했음을 증명하는 겁니다.

담당자인 공무원을 대하는 방법에도 요령이 있습니다. 흔히 초보자들은 무조건 농취증을 발급해달라고 떼쓰는 경우가 있는데 이렇게 하면 곤란합니다. 발급해줬다가 나중에 문제가 생기면 그 책임을 누가 지겠습니까? 공무원과 협조하여 일을 처리해야 민원이 해결될 가능성도 높아진다는 점을 기억하십시오.

분묘기지권 해결하기

분묘 두 기가 있긴 했지만 크게 신경 쓰지는 않았습니다. 저는 이전에 이미 분묘굴이 소송을 경험했던 사람입니다. 그래서 분묘기지권 공부가 어느 정도 되어 있는 상태였죠. 남의 토지 위에 있는 분묘에 대해 관습법상 인정되는 일종의 물권을 '분묘기지권'이라고 합니다. 사실 분묘기지권은 법정지상권보다 더 엄격하게 보호됩니다. 하지만 중요한 전제조건이 있습니다. 바로 관리되는 묘여야 한다는 겁니다. 어떤 묘가 있는데 관리가 되지 않고 있다면 성묘철인 봄과 가을에 이를 증명할 사진을 찍어 제출한 후 이장시킬 수 있습니다.

제 땅에 있던 분묘는 관리가 전혀 되고 있지 않았으므로 신경을 안 썼습니다. 봉분도 거의 남아 있지 않은 걸 보니 관리를 안 한지 7~8년은 족히 된 것 같았습니다. 분묘라는 게 벌초를 2~3년만 안 해도 봉분이 급속도로 사라집니다. 아마도 체납자의 가족묘로 추정되지만 세금체납 후 토지도 나 몰라라 하는 상황이니 관리 주체는 없다고 봐도 무방했습니다. 분묘기지권을 주장할 때 문제가 생기지 않는다면 크게 고민을 할 필요는 없다고 봅니다. 특히 개발 예정지는 상황이 어떻게 변할지 모르거든요. 분묘기지권에 대한 더 자세한 내용은 뒤에서 다루도록 하겠습니다.

무단으로 지어진 비닐하우스

문제는 사진 한 구석에 보이는 비닐하우스였습니다. 옆 건물 할머니가 주인 없는 땅에 비닐하우스를 만들어서 5년 동안 무상으로 사용하고 있었죠. 사실 비닐하우스는 법정지상권이 성립하는 정식 건물이 아니기 때문에 철거를 해 버리면 그만이긴 합니다. 법정지상권이 성립하려면 바닥에 정착되어 있으면서 제대로 된 기둥과 지붕을 갖춘 건물이어야 하는데, 비닐하우스의 철근은 뽑으면 그만이기에 정착되었다고 볼 수 없습니다.

그렇다고 해서 당장 나가라고 하면 시골에서 인심 잃기 십상이죠. 시골에서는 뭐니 뭐니 해도 동네 인심을 잃지 않는 게 중요합니다. 그래야 나중에 땅 팔기도 좋거든요. 도심에서는 옆집에 누가 사는지 모를 정도로 이웃 간의 소통이 없지만, 시골은 다릅니다. 시골 땅을 낙찰받고 토지 주인이랍시고 원리원칙을 내세우며 안하무인으로 나가다간 좁은 시골마을에 소문이 쫙 퍼져서 나중에 팔 때 애를 먹으니 조심해야 합니다.

어차피 농취증을 받기 위해 제가 직접 농사지을 각오까지 한 터라 할머니와 타협하기로 했습니다. 어르신이 2년만 더 농사를 짓고 그 후에 하우스를 매입하는 조건으로 각서를 썼습니다. 대신 그 전이라도 필요하다면 할머니가 땅을 비워주겠다고 약속을 했습니다.

시골 땅 잘 파는 방법은 따로 있다

시골 땅은 생각보다 팔기가 어렵습니다. 낙찰받은 땅을 부동산에 내놓았지만 한 달이 넘도록 문의조차 없더군요. 사실 이런 땅은 내놓으러 부동산 사무실을 찾아가면 소장님들 반응이 하나같이 영 자신 없어 합니다. 그도 그럴 것이 세종시나 금남면 대로변에 위치한 부동산 사무실에서는 개발 가능한 땅이나 아파트만 중개해도 돈을 잘 버는데, 묘가 두 개나 있고 개발제한구역인 데다 비닐하우스까지 있는 시골 땅을 열심히 팔 필요가 없기 때문입니다.

그렇게 시간은 흘러가고 네 번쯤 세종시를 오가는 와중에 공법 보상 수업에서 들었던 '대토'라는 말이 떠올랐습니다. 대토란 크게 두 가지 의미로 쓰입니다.

첫째, 토지를 수용당한 사람이 수용토지 인근 허가구역 안에서 같은 종류의 토지를 구입하는 것을 말합니다. 이때는 취득세를 면제해줍니다.

둘째, 거주하면서 직접 농사를 짓는 농민(재촌자경)이 4년 이상 경작하던 농지를 양도하고 양도일로부터 1년 이내에 다른 농지를 취득하는 것을 말합니다. 이때 일정기간 이상(종전 농지 자경기간+새로운 농지 자경기간이 8년 이상)인 경우 종전농지의 양도소득에 대해 1억 원의 한도로 100% 감면해줍니다. 다시 말하면, 재촌자경 농민이 8년 이상 경작한 농지를 양도하면 양도소득세를 감면해주는 게 원칙입니다. 더불어 재촌자경 농민이 4년 이상 농사지은 땅을 팔고 다시 농지를 사서 농사지은 기간의 합이 8년이 넘으면 같은 원리로 양도소득세를 감면해준다는 뜻입니다.

결론적으로 4년 이상 농사지은 땅을 매도하는 경우 양도소득세를 납부해야 하지만, 대토를 통해 얻은 땅에 남은 기간에 농사를 지으면 기존에 팔았던 농지에 대해 1억 원 한도의 양도소득세를 감면받을 수 있습니다. 그래서 인근 토지를 대토하는 경우가 많습니다. 이와 관련 자세한 사항은 「조세특례제한법」 제70조, 동법 시행령 제67조 등을 참조하기 바랍니다.

지역 토박이의 힘을 빌려라

대토에 생각이 미치자 두뇌회전이 빨라졌습니다. 대토를 할 사람이 있다면 이 땅을 살 수도 있겠다는 생각이 들었습니다.

'그럼 대토하는 사람들은 어디에 물건을 의뢰할까? 화려한 부동산 사무실일까, 아니면 그 동네의 토박이 부동산 사무실일까?'

여기까지 생각이 닿자, 수많은 부동산 사무실 중에서 간판이 가장 허름한 부동산 사무실이 눈에 들어왔습니다. 이른바 원주민 부동산 사무실입니다. 시골 땅은 동네 이장님이나 원주민 부동산 사무실을 찾아가야 팔 수 있습니다.

이 동네에서 제일 구석진 곳에 있는 부동산 사무실을 찾아가니 그곳 사장님이 이 동네의 토박이였습니다. 이 땅 좀 팔아줄 수 있겠느냐고 하니 땅은 보지도 않고 대뜸 "팔아줄 테니 중개비는 1,000만 원으로 하자"라고 합니다. 처음에는 그렇게까지 해야 하나 싶기도 했지만, 2년째 돈이 묶여 있는데 계속 더 좋은 물건이 나오는 상황이다 보니 그렇게 하기로 했습니다. 그러고 나서 10일 만에 이 땅은 동네에서 농사를 짓겠다는 노부부에게 팔렸습니다.

앞서 이 땅이 토지거래허가구역이라고 얘기했죠? 토지거래허가구역은 말 그대로 토지거래허가를 받은 사람만 매매할 수 있습니다. 설사 같은 지역에 사는 사람이라도, 매매 후 토지거래 허가를 받아야 등기가 되고 매매도 완성이 됩니다. 제 땅도 마찬가지였어요. 매수인이 제게 책임지고 토지거래허가를 받아달라고 하기에 그 조건을 받아들이고, 대신 묘 두 개는 매수인이 알아서 해결하기로 협의했습니다.

시골 땅을 내놓을 때는 예전부터 중개를 해온 원주민 부동산 사무실을 이용하는 것이 좋습니다. 더불어 이장님, 부녀회장님, 지역 유지 등 동네의 영향력 있는 인물과 친해지면 좋습니다. 이분들을 통해 내 땅뿐 아니라 누구네 집 땅이 얼마에 나왔다든지, 어느 조건이면 산다는 사람이 있다든지 하는 정보를 알 수 있거든요. 특히 시골의 토지는 이장을 통해 거래가 이뤄지는 경우가 많아서 이장은 최근의 거래 사례부터 현재 누가, 얼마에 토지를 팔고 싶어 하는지 등을 두루 꿰고 있기도 합니다. 또한 이장은 지인들에게 토지를 사라고 권유하는 알짜 네트워크입니다.

사기 전에 어떻게 팔지를 생각하자

처음부터 잘 팔릴 수 있는 땅을 사는 것도 중요합니다. 아무리 중개하는 사람의 능력이 좋다 해도 물건의 가치가 낮다면 팔리기 힘들겠지요. 그래서 땅을 구입하든 주택을 구입하든, 구입하기 전에 먼저 팔 때를 생각해봐야 합니다.

예를 들어, 수도권 주변의 땅에 고급주택을 지으면 팔릴 수 있지만 강원도 산속에 고급주택을 지었다면 그만큼 나중에 팔기 힘들 것입니다. 제 땅이 원주민 부동산 사무실을 통해 빨리 팔린 것은 소장님의 수완 덕분이기도 하지만 세종시의 개발 가능성이 없었다면 불가능했을 겁니다. 실제로 제 땅을 산 사람도 그런 가능성을 보고 샀다고 하더군요.

땅을 팔고 나니 5,000만 원 정도의 수익이 났습니다. 낙찰가는 9,200만 원이었는데 대출은 7,000만 원을 받았으니 투자금 2,200만 원을 들여서 그의 2.5배에 달하는 수익을 얻은 것입니다.

게다가 이 토지는 무피투자로 진행되었습니다. 잔금을 치르고 6개월 후에 재감정을 해보니 그 사이에 오른 시세 덕에 감정가가 엄청 높아져 다시 3,000만 원의 추가대출을 받을 수 있었기 때문입니다. 돈 한 푼 안 들이고 수익을 올리다니, 역시 개발지 인근은 지목이나 지역, 지구, 구역 등의 제한 상황이 있어도 일반적인 땅과는 달리 돈이 된다는 사실을 다시 한 번 깨달았습니다.

연고 없는 지역의 땅을 파는 세 가지 팁

생면부지의 타인이 시골의 땅을 취득하고서는 인근 땅을 관리하고 있는 농민들에게 땅을 매입하라고 설득하는 것은 어려운 일입니다. 그래서 저는 세 가지 조언을 합니다.

첫째, 이해관계인이 설정될 수 있는 물건을 찾아보라고 말합니다. 매수인이 매수 필요를 느끼거나 부당이득의 대상이 되는 물건이면 그나마 수월하게 처리할 수 있습니다. 매도할 때 편하게 협상할 수 있겠죠.

둘째, 개발지 인근의 땅을 보라고 조언합니다. 많은 사람이 관심을 가지는 땅이 아무래도 매도가 수월하겠죠. 농지를 농지로만 쓸 수 있는 땅이라면, 본인이 직접 농사를 짓지 않는 한 협상이 아주 지루하게 흘러갈 것입니다.

셋째, 인허가 사항에 관여할 수 있는 땅을 사는 게 좋습니다. 도로의 진입로에 놓인 땅이라든지, 도로에 접한 작은 땅으로 뒤쪽 땅의 개발 흐름을 막을 수 있는 땅이라면 쉽게 처리될 것입니다. 즉, 땅을 살 사람이 보이는 물건에 투자하라는 것입니다. 가령 공장 내 부지의 땅이 공매로 나온 경우 현실적으로 사들일 사람은 정해져 있는 셈입니다. 그러므로 저렴한 가격에 매입할 때 매각할 대상을 정확히 정하고 매수 전략을 짜는 것이 매도에 있어 중요한 포인트가 될 것입니다.

개발제한구역에 투자하려면 '이축권'을 노려라

도시 근교에는 개발제한구역임에도 가든이나 레스토랑 또는 멋진 주택이 있는 것을 볼 수 있습니다. 어떻게 식당이나 주택을 지었을까요? 바로 개발제한구역의 이축권을 이용해 지은 것입니다. 원칙적으론 개발제한구역 안에서 건축이 불가능하지만 예외적으로 이축권을 이용할 수 있습니다. 이축권이란 개발제한구역 내의 부동산 소유자가 인근 다른 개발제한구역 내에 건축허가를 받아 옮겨 지을 수 있는 권리입니다. 이축권에는 여러 종류가 있습니다.

❶ **공익 이축권** : 기존 주택이 지역 내 도로개설, 공원 조성 등으로 주택이 철거되어 더 이상 거주할 수 없게 된 경우 발생한다. 공익사업 시행으로 보상금을 모두 지급받은 현재의 소유자에게 발생하며 6개월 이내에 행사해야 하는 권리이다.

❷ **재해 이축권** : 홍수, 태풍 등의 자연재해로 집이 유실된 경우에 더 이상 거주할 수 없게 된 주택의 소유자에게 발생하며 재해발생일로부터 6개월 이내에 행사해야 하는 권리이다.

❸ **일반 이축권** : 그린벨트로 지정되기 전이나 다른 사람 소유의 땅에 건축되어 있는 주택으로, 증축 또는 개축을 하려 하지만 동의를 받지 못해 이주해야 하는 주택의 소유자에게 발생한다. 정해진 행사 기간은 없다.

이축권이 발생하는 시설은 주택, 공장, 종교시설, 근린생활시설 등입니다. 개발제한구역에 합법적으로 건축할 수 있는 이축권은 워낙 물량이 소규모라서 수억 원의 높은 프리미엄을 받고 거래될 정도지요. 이것이 일명 '용마루 딱지'라고 불리는 이유입니다.

이축권은 대부분 자금 사정이 넉넉하지 못한 원주민에게 부여되는 점을 감안해 전매가 허용됩니다. 하지만 이축권을 이용해 건물을 지을 수 있는 사람은 공익사업법에 의해 보상을 받는 원주민이지 이축권을 구입한 자가 아닙니다. 다시 말해, 이축권을 구입한 자가 단독으로 건축허가를 신청하면 받아들여지지 않는다는 것이지요. 기존 거주자가 해당 시·군에 이축 허가와 함께 집 지을 위치를 제출해야 건축허가가 나오므로, 이축권을 구입할 때 이런 사항들을 계약서에 잘 명시해야 합니다. 또한 원하는 부지가 논밭인 경우 대지로 용도변경이 가능한지도 따져봐야 합니다.

이축권을 이용해 곧바로 카페나 음식점 등 영업용 건물을 지을 수 없다는 점도 유념해야 합니다. 이주한 지역에서 5년 이상을 거주해야 기존 건물을 카페나 음식점으로 용도 변경할 수 있습니다. 일반음식점(또는 휴게음식점)으로 용도변경을 신청할 수 있는 자격은 다음과 같습니다.

❶ 개발제한구역 지정 당시부터 해당 개발제한구역에 거주하고 있는 자
❷ 허가신청일 현재 해당 개발제한구역에서 5년 이상 계속 거주하고 있는 자
❸ 허가신청일 현재 해당 개발제한구역에서 해당 시설을 5년 이상 계속 직접 소유하면서 경영하고 있는 자

단, 용도변경하려는 건축물의 연면적은 300㎡ 이하여야 하며, 인접한 토지를 이용하여 300㎡ 이내의 주차장을 설치하는 것은 가능합니다. 또한 시중에 나도는 이축권 중에는 멸실주택처럼 이축이 불가능한 경우도 있어 해당 시·군 지역에 이축대상 주택인지 여부를 파악해야 합니다.

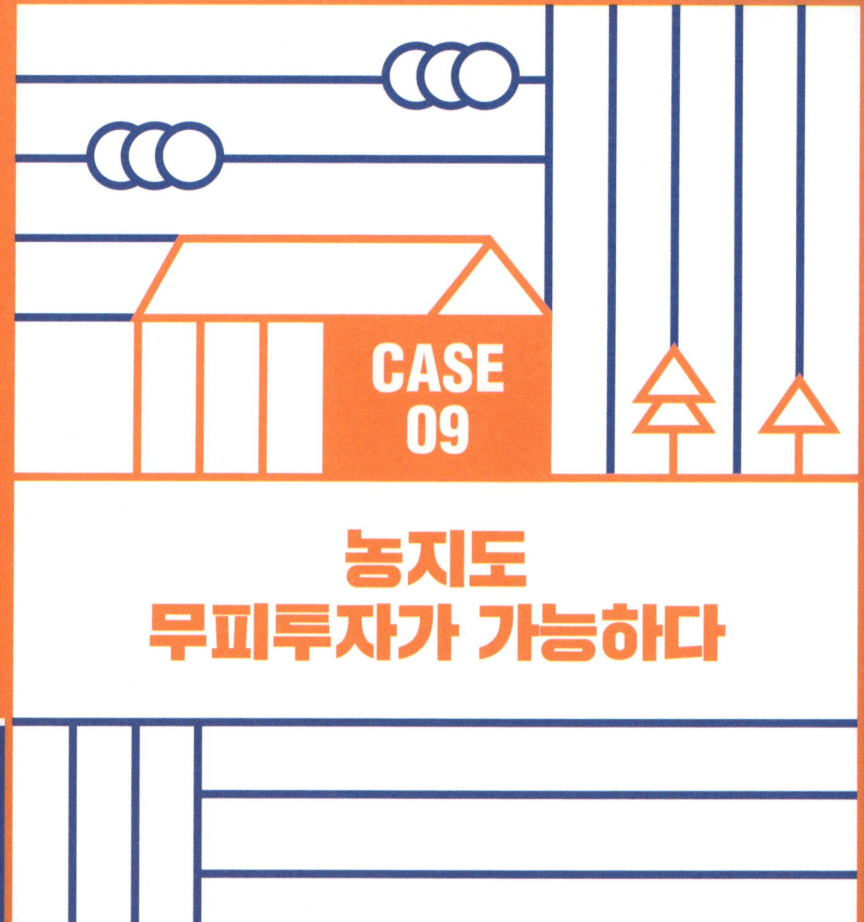

CASE 09

농지도 무피투자가 가능하다

농지 매입 & 농업경영체 등록

제값을 인정받지 못한 땅을 찾아라

투자금이 항상 충분하다면 얼마나 좋을까요? 하지만 마르지 않는 샘은 없으니 투자자들은 항상 자금 고민을 하게 됩니다. 그런 의미에서 무피투자는 투자자의 로망이기도 합니다.

무피투자란 '비용(fee)이 없는 투자'라는 뜻으로 실투자금이 들어가지 않는 투자를 말합니다. 흔히 일반 매매보다는 경락잔금대출 비율이 높은 경·공매에서 활용되는 투자법이죠. 낙찰가의 70~80%(물건마다 대출 비율이 다르니 반드시 사전에 확인하세요) 정도의 경락대출이 나오기에 20~30%의 자기자본 투자금이 들어가는 게 보통이지만 그 20~30%를 임차인의 보증금에서 받으면 실제 내 자본이 전혀 들어가지 않는 무피투자가 됩니다.

예를 들어 시세 3억5,000만 원인 상가를 3억 원에 낙찰받았다고 해봅시다. 3억 원에서 80% 대출을 받으면 내 돈은 6,000만 원이 필요합니다(3억 원 × 80% = 2억4,000만 원). 여기에 취득세 4.6% 및 법무사 비용 등으로 약 1,500만 원 정도 소요되니 총 7,500만 원의 실투자금이 소요되겠죠. 하지만 임대료로 보증금 8,000만 원에 월 80만 원을 받는다면 내 돈이 전혀 들어가지 않습니다. 임차인의 보증금으로 실투자금을 회수했고, 2억4,000만 원의 대출이자인 월 80만 원(연이율 4%로 가정)은 월세에서 지급하기 때문입니다. 즉 내 돈 없이 시세 3억5,000만 원짜리 부동산을 소유하게 됩니다. 여기에 월세수입이 높아진다면 이자를 내고도 수익으로 남게 되고요. 이처럼 시세차익과 이자수익을 동시에 누릴 수 있는 게 경·공매의 매력입니다.

물론 전세를 활용한 무피투자도 가능합니다. 하지만 전세가가 매매가를 웃도는 경우가 일반적이지는 않다 보니 대부분의 무피투자는 대출을 활용합니다.

사람들은 흔히 상가나 주거용 부동산만 무피투자가 된다고 알고 있는데, 토지도 무피투자가 됩니다. 제가 2012년에 낙찰받은 김천시의 배밭이 대표적인 경우인데, 저도 실제로 겪어보고 농지도 무피투자가 된다는 것을 처음 깨달았습니다. 이 경험은 이후 농지 6개 정도를 무피투자로 낙찰받게 된 원동력이 되기도 했습니다. 미리 노하우를 살짝 언급하자면, 향후 가격이 급등할 것으로 예상되는 농지를 매입해 일정기간이 지나 재감정을 하는 방법입니다.

감정평가가 낮게 이뤄진 땅

부동산 경매학원 맨 앞자리에서 수업을 들었지만 워낙 가진 돈이 없다 보니 아파트나 빌라 투자는 막막했습니다. 만약 그때 갭투자라는 개념을 알았다면 주택 투자도 열심히 했을지 모르겠습니다. 갭투자란 매매가와 전세가의 차이를 이용해 투자하는 방법인데요. 예를 들어, 2억 원짜리 아파트의 전세가가 1

억8,000만 원이라면 전세를 놓아 받은 전세금에다 내 돈 2,000만 원으로 아파트를 매입하는 방법이죠. 하지만 당시에는 갭투자에 대해 잘 몰랐기에 주택시장은 엄두를 못 내고, 빌라보다도 싼 소액토지를 찾아다녔던 것입니다.

당시는 혁신도시 투자 이슈가 한창 떠오를 때였습니다. 2005년 이후부터 정부는 수도권에 소재하는 공공기관을 지방으로 이전하고 11개 광역시·도에 10개 혁신도시를 건설하는 지역발전정책을 추진하고 있었죠. 혁신도시가 지방이전 공공기관과 지역 내 네트워킹을 통해 지역발전을 견인하는 지역거점의 역할을 하도록 국가가 추진하는 정책이었습니다.

정부의 공공기관 이전 발표에 따라 각 지역마다 기관이 이전할 넓은 부지가 필요한데 이런 곳이 어디에 들어설까요? 이미 도심으로 개발이 끝난 곳은 땅 값이 비싸고 사용할 수 있는 부지의 면적이 작아 개발지로 부적합합니다. 따라서 혁신도시가 들어서는 곳은 대부분 도심지 인근의 광활한 농지 및 임야인 것입니다. 도시와의 접근성이 편하면서 넓은 부지를 확보할 수 있고, 미개발지에 개발 바람을 불어넣어 국토를 골고루 발전시킨다는 취지에도 부합할 수 있죠. 혁신도시에는 넓은 부지에 공공기관 및 많은 주거시설과 상업시설이 들어서다 보니 주변이 천지개벽하는 일이 벌어지곤 합니다. 불과 얼마 전까지만 해도 논밭이었는데, 쭉쭉 뻗은 도로며 아파트들이 들어서는 거지요.

제가 사는 대구 인근에 있는 혁신도시를 찾기 시작했습니다. 이 시기가 2012년인데, 혁신도시 투자의 열풍이 2014년도까지 지속됐습니다. 혁신도시 중 가장 늦게 진행된 내포신도시의 경우 2018년 6월 기준으로 주택용지를 평당 165만 원에 분양했습니다.

울산시와 대구시의 혁신도시 땅들은 가격대가 높아 당시 제 여건상 취득할 수가 없었습니다. 그나마 경북 김천혁신도시의 땅이 저렴하여 관심을 갖고 보기 시작했습니다. 경·공매로 나온 인근 땅들을 예의주시하던 중 입찰일을 불과 이틀 앞둔 물건 하나가 눈에 띄었습니다. 혁신도시 경계에서 $500m$ 정도 떨어진 땅인데 토지거래허가구역은 아니었지요.

▼ 지방으로 이전하는 공공기관

도시	위치	기능군	이전기관
부산	동삼동, 문현동	해양수산, 금융산업, 영화진흥	국립해양조사원, 해양과학기술원, 영화진흥위원회, 한국주택금융공사 등 13개 기관
대구	대구 동구 신서동	산업진흥, 교육·학술진흥, 가스산업	한국교육학술정보원, 한국가스공사, 한국산업단지공단 등 11개 기관
광주/전남	나주 금천면, 산포면 등	전력산업, 정보통신, 농업기반, 문화예술	한국전력공사, 한국인터넷진흥원, 한국문화예술위원회, 한국농어촌공사 등 16개 기관
울산	울산 중구 우정동	에너지산업, 근로복지, 산업안전	한국석유공사, 국립재난안전연구원, 근로복지공단 등 9개 기관
강원	원주시 반곡동	광업진흥, 건강생명, 관광	한국관광공사, 대한적십자사, 대한석탄공사 등 13개 기관
충남 (세종)	공주 지역	행정중심복합도시	정부소속기관 23개, 정부출연연구기관 19개, 공공기관 8개
충북	진천군 덕산면, 음성군 등	정보통신, 인력개발, 과학기술·서비스	국가기술표준원, 고용정보원, 한국과학기술기획평가원 등 11개 기관
전북	전주 혁신동 갈산리, 반교리 등	국토개발관리, 농업생명, 식품연구	농촌진흥청, 한국식품연구원, 국민연금공단 등 12개 기관
경북	김천시 율곡동 등	도로교통, 농업기술 혁신, 전력기술	한국도로공사, 기상통신소, 한국전력기술 등 11개 기관
경남	진주시 충무공동	주택건설, 중소기업 진흥	한국토지주택공사, 중소기업진흥공단 등 11개 기관
제주	서귀포시 서호동	국제교류, 교육연수	국토교통인재개발원, 국세공무원교육원 등 6개 기관

감정가 1억3,800만 원의 540여 평 농지(지목 '전')가 2회 유찰되어 6,800여만 원까지 저감되어 있었습니다. 가슴이 두근거렸습니다. 사진을 보니 혁신도시 경계에서 가까웠고, 경사가 높은 편이라 혁신도시 전체가 내려다보이는 자리였습니다. 문득 이 도시가 다 개발되고 나면 찻집을 차리든 밥집을 차리든 충분히 수익이 나오겠다 싶었습니다. 요식업 프랜차이즈를 했던 경험에서 우러나온 감이었죠.

또한 기업도시 기획기준의 행정규칙과 계획에 따라 만들어지는 신도시에는 유흥업소가 들어가지 않으니 신도시 외곽에 있는 이 땅은 이들의 수요를 받쳐줄 땅이기도 했습니다. 사람들이 몰리면 유흥업소에 대한 수요는 반드시 있기 마련이니까요. 그래서 수용지보다 경계지 밖의 땅을 사면 유흥업소를 짓고자 하는 사람들 덕분에 좋은 기회가 옵니다.

뿐만 아니라 나들목 인근이나 수용될 토지의 진입로 땅을 사두는 것도 수

▼해당 필지와 김천혁신도시의 위치

익을 만들 수 있습니다. 도시개발이 완성되면 인구의 증가와 더불어 주변의 땅값은 오를 것이 자명하기 때문입니다. 규모가 큰 상가나 계획 도심 내에 제한을 받는 일정 규모 이상의 건물들은 당연히 이곳에 몰릴 수밖에 없겠죠.

개발지역 인근이라면 재감정을 활용하자

가진 돈이 많지 않으니 대출을 알아보았습니다. 문제는 여기에 현황도로만 있을 뿐 공부상 도로가 없기 때문에 은행이 대출에 확답을 못한다는 것입니다. 맹지로 평가되면 가격이 낮게 감정되어 대출이 안 될 수 있는데, 남은 시간이 얼마 없어 더 이상 기다릴 수 없었습니다. 우선 입찰부터 하기로 했습니다.

다른 사람의 입찰을 예상하여 조금 높게 입찰했는데 결과적으로 340만 원 차이로 낙찰받았습니다. 2등이 차순위신고까지 한 걸 보니 그 사람도 낙찰 의지가 강했네요. 차순위신고란 낙찰자가 대금납부를 하지 않을 경우 해당 사건의 낙찰 효과를 본인에게 부여해 달라고 신청하는 것으로, 일종의 대기자 신청이라고 할 수 있습니다. 차순위신고는 2등 입찰자만 할 수 있는 건 아니고, 낙찰 금액에서 보증금을 공제한 액수보다 높은 가격으로 응찰한 사람은 차순위매수신고를 할 수 있습니다.(차순위신고인이 둘 이상이면 그중 높은 가격으로 입찰한 사람에게 자격이 주어집니다.)

차순위매수신고는 해당 사건의 매각을 종결하는 시점까지 해야 합니다. 즉 '다음으로 개찰할 경매사건의 사건번호를 호칭하기 전까지'입니다. 차순위매수신고를 하게 되면 최고가매수인이 매각 대금을 납부하기 전까지는 입찰보증금을 반환받지 못합니다.

　제가 해당 물건을 낙찰받자 법정 뒤에 서 있던 대출 모집인들이 명함을 주기 시작했습니다. 본격적으로 대출을 알아봐야 했기에 명함의 연락처마다 전화를 했습니다. 다행히 여기는 혁신도시라는 타이틀이 있어서인지 농협에서 낙찰가의 80%까지 대출이 된다더군요. 대출이 안 되면 제가 가진 돈을 모두 털어 넣어야 했습니다. 그렇게 되면 다른 물건에 투자할 돈이 마르니 걱정이었는데 대출이 되어 다행이었죠.

　일단 7,350만 원의 낙찰가 중 5,800만 원을 대출 받았습니다. 그리고 6개월

CASE 09　농지도 무피투자가 가능하다

후에 재감정을 신청하기로 했습니다. 개발지 인근은 재감정을 하면 감정가가 많이 올라가기 때문입니다. 이때 감정비용은 별도로 들지 않는 것이 일반적입니다다만, 거리가 먼 경우 별도로 감정평가사를 고용하는 경우가 있어 비용이 나올 수도 있습니다.

6개월 후 재감정을 하니 감정가가 올라 추가로 3,000만 원을 더 대출받을 수 있었습니다. 7,350만 원에 낙찰받아 취득세와 각종 경비를 합쳐서 약 7,800만 원이 들어갔는데 대출은 총 8,800만 원을 받았으니 오히려 1,000만 원의 현금이 수중에 남았습니다. 투자자들은 흔히 투자금이 오래 묶인다며 농지를 기피하지만 이처럼 개발지 주변의 농지는 충분히 무피투자가 가능합니다.

농협 조합원에 가입하는 이유

대출받아 등기를 한 뒤에 대출받은 농협에 조합원 신청을 했습니다. $1,000m^2$ 이상의 농지를 소유한 농업인은 농협 조합원으로 가입할 수 있는데, 그러려면 우선적으로 농업인으로서 농업을 해야 합니다. 그리고 해당 조합이 있는 지역에 거주를 해야 합니다. 타 지역에 거주하면 농지 소재지의 조합원에 가입을 못한다는 법은 없지만 보통 농협이사회에서 거부하는 경우가 많습니다. 저의 경우에는 대구에 살지만 낙찰받은 땅이 배 농사를 짓던 땅이었고, 동네 노인회장의 추천으로 배 영농조합에 들어갈 수 있었습니다.

조합원 자격 요건에 관한 자세한 사항은 가입하려는 농협에 문의하는 게 가장 정확합니다. 이사회에서 가입 승낙을 받게 되면 지역마다 다소 차이가 있으나 100만 원~5,000만 원 한도 내에서 출자금을 납부해야 자격이 주어집니다. 참고로, 처음 출자했던 금액은 조합원을 탈퇴하면 돌려받을 수 있습니다.

농협 조합원은 농지를 소유하고 있다고 해서 반드시 가입할 필요는 없습니다. 다만 조합원이 될 경우에 여러 가지 혜택을 볼 수 있습니다. 농업에 필요한 농약이나 사료, 비료 등의 농자재를 구입할 때 할인을 받을 수 있고, 개인이 보유하기에 부담이 되는 트랙터 같은 농기계도 공동으로 빌려 쓸 수 있습니다. 명절에는 선물도 지급됩니다.

무엇보다도 조합원이 되면 각종 금융 혜택을 받을 수 있습니다. 조합원이 대출을 받을 때에는 이자율이 낮으며, 조합원들에게 받은 출자금으로 농협의 수익이 발생하면 출자금의 비율에 따라 배당을 받습니다. 지역 조합마다 다르지만 현재 제가 가입해 있는 조합의 경우 농업보조금 등을 포함하면 연 15% 가까운 배당소득금을 받고 있습니다. 어차피 은행에 예금하려고 했다면 차라리 활성화된 농협에 농지를 마련하여 조합원으로 가입하고, 출자금을 많이 넣는 것도 하나의 투자 방법입니다.

농사꾼의 마음으로 땅의 가치를 키우자

지금의 김천혁신도시는 넓은 부지에 공공청사와 아파트 및 상업시설들이 들어차 예전 모습을 찾아볼 수 없지만, 제가 낙찰받은 2012년도에는 작업 현장만 덩그러니 놓여 있었습니다. 사실 입찰 전날, 현장을 방문하여 배 밭을 확인하고자 했으나 위치도 파악하지 못했습니다. 단지 혁신도시가 진행된 후의 그림만 머릿속에 그린 뒤 무작정 입찰했죠. 제가 대구에서 프랜차이즈와 유통 사업을 하던 관계로, 대구의 성서공단 주변이 변해가는 것을 확인했기 때문에 국책사업에 대한 확신만으로 입찰을 했던 것입니다.

낙찰 후 다시 현장을 찾았습니다. 역시나 아무리 봐도 제 땅을 못 찾겠기에 동네 어르신께 물어물어 찾아갔습니다. 현장을 보니 제가 왜 못 찾았는지 알겠더군요. 도저히 배 밭이라고 볼 수 없을 정도로 울창한 밀림이었기 때문입니다. 충격 그 자체였습니다.

왜 이렇게 방치되었는지 알아보니, 전 소유자가 혁신도시 개발정보를 듣고 10년 전에 사뒀던 땅인데, 사업 부진으로 신경을 쓸 수가 없어서 이 지경이 됐다는 겁니다. 사람 손을 타지 않다 보니 4~5년밖에 지나지 않았는데도 이토록 망가진 것입니다. 밭의 상태가 이러했으니 관심을 가지는 사람도 없었습니다.

방치된 땅을 살리기 위해

농사까지 지으면서 토지 투자를 하고 싶지는 않다는 분도 있을 것입니다. 하지만 농지는 자경을 하는 사람만 취득할 수 있다는 게 원칙이기 때문에 농지 투자의 경우 자경을 염두에 두고 투자하시길 권합니다. 땅을 매도하기 전까지는 아무거나 키우기 쉬운 작물을 선택해서 키우는 것이 좋습니다. 공무원들이 실태조사를 했을 때 실제 농사를 짓지 않는다는 게 적발되면 처분명령이 떨어지고 6개월 이내에 매도를 해야만 하는 상황에 처할 수 있기 때문입니다.

▼ 해당 필지에 위치한 배밭의 당시 모습

그런 까닭으로, 농지를 산 이상 어쨌든 이 동네 농사꾼이니 일단 동네 어르신들께 인사를 드리러 마을회관을 찾았습니다. 농지를 방치하면 처분명령이 떨어지고 농사를 지어야 하니까 미리 알리바이(?)를 만드는 것이죠. 농협 조합원 신고를 했다는 소식을 이미 들어서인지 한 분이 대뜸 호통을 치셨습니다.

"대구 촌놈이 땅 투기를 하러 와 놓고 조합원 신고를 하면 어떡하나?"

"어르신, 땅 투기 아녜요. 제가 원래 농사에 관심이 많아 작은 땅 하나 경매로 산 거예요."

"농사도 안 지어본 사람이 무슨 농사를 짓는다고…."

"네, 그래서 어르신들께 배우려고요. 처음부터 잘하는 사람이 어디 있어요. 저 많이 배워서 농사 잘 지을게요."

넙죽 숙이고 들어가 잘 말씀드리자 어르신들의 얼굴도 폈습니다.

"여기, 노인회장님이 배 농사 지으시니 잘 한번 물어보시게."

"네, 제가 사부님으로 모시고 잘 배우겠습니다."

호기롭게 말하는 저를 지켜보던 노인회장님이 한말씀 하십니다.

"그 땅 나무들은 이미 못 살려! 차라리 싹 밀고 다시 심는 게 나아."

"네?"

아이쿠, 큰일입니다. 땅도 대출받아 산 마당에 나무를 베어내고 다시 묘목을 식재할 돈이 있겠습니까? 솔직히 말하면 배 농사는 핑계거리 부업이고, 원래 목적은 땅을 팔아서 수익을 내는 것이므로 그 정도까지 투자하고 싶지는 않았습니다.

"저, 회장님. 배나무는 7~15년 사이에 가장 열매 맛이 좋다고 들었습니다. 이 밭의 나무관리는 엉망이지만 한창 맛좋은 열매를 생산해내는 10년차 나무인데 그냥 베어내기엔 아깝습니다."

"……."

"제가 어떻게든 한번 가꿔보고 그래도 안 되면 회장님 고견을 따를게요."

노인회장님은 그럼 한번 해보라고 했습니다. 솔직히 묘목을 10년 이상 키우는 것도 보통이 아니니, 죽이 되든 밥이 되든 일단 해보자는 각오로 두 눈에 힘을 주었습니다.

사람도 나무도 적당한 시련이 필요하다

20대 때 몸이 안 좋았던 저는 자연치유에 관해 쓴 일본 저자의 도서를 읽은 적이 있습니다. 내용이 모두 기억나는 건 아니지만 한 가지 분명히 기억하는 것은 사람이든 동·식물이든 너무 잘 먹고 잘 살면 탈이 난다는 것입니다.

'그래, 사람이든 나무든 강하게 키워야 한다. 강하게 키우려면 나무를 믿어보자.'

이렇게 다짐한 뒤 밀림처럼 되어 버린 배나무의 가지를 죄다 잘라냈습니다. 어차피 망가진 나무들이니 죽으면 어쩔 수 없는 거라고, 밑져야 본전이란 생각으로요. 나무도 환경이 바뀌면 몸살을 앓고 생장을 멈춥니다. 그것을 치유하기 위해 에너지를 발휘하다 보면 덕분에 더욱 건강해지는 경우가 많습니다. 그래서 나무 고수들은 묘목을 사서 옮겨 심은 후에 30센티 정도만 남기고 다 잘라버립니다. 옮겨 심은 후 3개월 정도는 나무가 잠을 자게 놔두어야 합니다.

어디서 주워들은 얄팍한 지식만 가지고 일단 일을 저질렀습니다. 한겨울인데도 땀을 뻘뻘 흘리며 나무의 몸통만 남기다시피 한 채 가지를 모두 쳐내버렸습니다. 쳐낸 가지가 1톤 화물차로 10대분이 넘는 양이었습니다. 배나무를 칭칭 감고 있던 줄기들도 걷어내 버렸습니다. 나무의 생명력을 믿고, 혁신도시의 발전 가능성을 믿고요.

첫해에는 나무들의 변화가 좀처럼 없습니다. 이대로 죽나 보다 싶어서 왠지 마음이 짠했습니다. 더 속상한 것은 여차하면 땅을 팔아버리고 싶었지만 그것도 잘 안 됐다는 것입니다. 돈이 없으니 이걸 빨리 팔아서 어떻게든 돈을 회전시키고 싶은데 맡겨놓은 부동산 사무실에서는 감감무소식이었습니다. 그때는 시골 땅을 어떻게 팔아야 하는지 몰랐습니다. 앞서 얘기했듯 시골 땅은 이장님, 부녀회장님, 마을 유지, 원주민 부동산 사무실과 협업하는 게 유리하다는 것을 당시에는 몰랐던 것이지요.

그 기간 동안 본의 아니게 완전한 농사꾼으로 지내게 됐습니다. 노인회장님을 사부로 모시고 배 농사 및 농사 전반에 대해 시간이 날 때마다 배웠습니다. 노인회장님 밭에 가서 농사도 많이 도왔습니다. 가지치기, 병충해예방, 거름주기는 기본이고, 배꽃이 필 때 벌 수분이 안 되면 붓으로 인공수분도 했고, 과육에 일일이 종이를 씌워주느라 고생 많이 했습니다. 하다 보니 점점 농사에도 애착이 생기더군요. 초보 배 농사꾼이다 보니 하나부터 열까지 서툴렀지만 열심히 배워 우리 배나무도 살뜰히 가꿨습니다. 또한 소속감을 높이려 동네행사에도 참석해 같이 막걸리 잔을 기울이는 등 나름의 노력을 했습니다.

이런 노력을 우리 배나무도 알아봤는지, 이게 웬일입니까? 이듬해 늦은 봄부터 나무에 조금씩 새순이 돋기 시작한 것입니다. 별것 아닌데 왠지 기분이 좋습니다. 장마철이 지나자 나무가 쑥쑥 자라기 시작했습니다. 아직 땅은 안 팔렸지만 왠지 나무와 함께 땅값도 쑥쑥 자라는 기분이 들었습니다.

달콤한 수확의 기쁨

그리고 1년이 더 흐른 뒤 드디어 배가 열렸습니다. 햇수로 3년 만의 배 수확입니다. 오랫동안 인고의 시간을 겪고 열린 배는 그해 엄청 크고 달아서, 지역에서 제일 맛 좋은 배라고 소문이 날 정도였습니다. 역시 사람이나 나무나 그냥 내버려두는 것보다는 잘라낼 건 잘라내고 과감해져야 하나 봅니다.

달콤한 수확의 기쁨은 배뿐만이 아니었습니다. 그해 배 밭을 팔고 남은 수익도 달았습니다. 방법을 바꾼 것이지요. 농지를 팔 때에는 부동산 사무실보다 동네사람에게 이야기하는 것이 낫습니다. 시골에서는 부동산에서 못 파는 땅도, 넓은 밭은 보유하고 있는 동네 사람에게 복비를 좀 챙겨주면 훨씬 잘 팔아줍니다. 저도 이제 반은 동네 사람이 되다 보니 편하게 부탁할 수 있게 된 겁니다.

▼ 다시 살아나기 시작한 배나무들

이 땅도 결국 노인회장님께 소개비 200만 원을 드린 뒤 좋은 값에 팔렸습니다. 평당 13만 원에 낙찰을 받았고, 이후 추가대출을 통해서 무피투자를 했으며, 결과적으로 평당 34만 원에 팔아 세후 수익이 1억1,000만 원 정도였으니 상당한 수익이지요.

　이 방법을 깨우친 뒤 김천혁신도시 인근에 이와 비슷한 땅을 6개 샀습니다. 물론 돈이 거의 들지 않는 무피투자였고, 그렇게 얻은 수익이 총 3억 원 정도입니다. 자, 해볼 만한 투자 아닌가요? 아직도 이런 곳은 전국에 널리 퍼져 있습니다. 경기도의 도시지역 인근에도 의외로 아직 이런 땅이 많으니 두 눈 부릅뜨고 찾아보기 바랍니다.

농지를 매수했다면
경작에 신경 쓰자

농지를 매수하거나 경매로 낙찰받아 농지 소유자가 되었다면 경작에 특히 신경 써야 합니다. 시·군·구에서는 매년 9월 1일~11월 30일 사이에 농지조사를 하는데, 경작하지 않는다고 판단하여 처분 통지서를 발송하면 1년 이내에 해당 농지를 처분해야 하기 때문입니다. 이 시기에 처분이 이행되지 않으면 다시 처분명령을 하는데 이 명령을 받은 지 6개월이 지나도록 처분하지 않으면 농지가액의 20%에 해당하는 이행강제금을 매년 부과합니다.

문제는 이 기간 안에 매도하고자 하더라도 농지의 특성상 쉽게 처분이 이뤄지지 않는 경우가 많고, 가격을 현저히 낮춰 처분할 수밖에 없어 손실이 크다는 것입니다. 처분명령을 받은 농지는 한국농어촌공사에 매수청구를 할 수 있는데 이때 농어촌공사에서 매수하는 기준은 공시지가입니다. 공시지가는 대부분 실제 거래 시세보다 낮을 뿐더러, 인근 지역의 실제 거래 가격이 공시지가보다 낮으면 실제 거래 가격을 기준으로 매수할 수 있습니다. 이래저래 손실이 클 수밖에 없지요.

따라서 소유농지의 경작에 특히 신경을 쓰고, 만약 경작하지 않았다는 것을 시·군·구에서 인정하여 처분통지를 발송한 경우 해당 청문일에 꼭 참석해 관청에 성실 경작을 약속하여 처분명령유예를 받아야 합니다. 처분명령유예란 농사를 잘 지으면 처분명령을 없애주는 조건으로 유예해주는 것을 말합니다. 만약 처분명령유예를 받고도 농사를 짓지 않으면 처분명령이 확정됩니다.

처분통지 및 청문통지 등은 주민등록 주소지로 발송되는데 주소가 달라서 수취인불명이 될 때에는 농지법시행규칙 8조 2항의 규정대로 그 내용을 시·군·구청 게시판에 14일 이상 공고함으로써 처분통지를 대신할 수 있습니다. 이 경우 본인에 대한 처분통지가 공고 되었다는 사실을 모른 채 처분유예기간이 지나 버려서 처분명령이 발생하고, 이행강제금까지 부과되는 상황에 처할 수 있습니다. 따라서 주민등록 주소 문제로 우편물을 받지 못하는 상황이 생기지 않도록 주의해야 합니다.

처분통지를 수령한 경우 해당 청문일에 반드시 참석, 성실 경작할 것을 적극 표명하고 처분명령유예처분을 받도록 합니다. 처분의무기간(처분명령을 받은 지 6개월)이 지난날로부터 3년간 처분명령을 유예하므로 실질적으로 4년을 경작해야 합니다. 경작하고 있다는 사실증명은 경작자가 매년 사진을 찍어 제출하는 방법, 담당자가 현장을 실사하는 방법 등이 있습니다. 담당자마다 경작 입증 방법이 다를 수 있으니 정확한 사항은 담당자에게 확인하는 게 좋습니다. 법 조항은 농지법 10조와 11조를 참조하기 바랍니다.

일반 부동산 투자 방법과는 달리 농지는 경작하는 농민에게 직접적인 혜택을 주기 위해 8년 재촌자경(在村自耕), 거주하면서 직접 농사를 지을 요건을 갖추면 양도소득세를 감면받을 수 있습니다. 간혹 농지 성실 경작과 재촌자경을 혼돈하는 사람이 있는데요. 성실 경작은 앞서 설명한 처분통지와 관련된 것이고, 재촌자경은 세금을 계산할 때 등장합니다. 즉 재촌하지 않아도 얼마든지 농사는 지을 수 있으나 세금감면 혜택은 받을 수 없는 것이죠. 이런 이유로 재촌자경 요건을 갖추면 처분명령을 피하는 효과와 세금 혜택까지 두 마리 토끼를 잡을 수 있습니다. 참고로, 양도소득세 감면 한도는 1년 1억 원, 5년 합산 2억 원까지로 감면을 신청해야 적용됩니다.

● 재촌요건
재촌 요건을 충족하려면 아래 셋 중의 하나에 부합하면 됩니다.

❶ 농지소재지 거주자
❷ 농지소재지 연접 시·군·구 거주자
❸ 농지소재지로부터 30km 이내 거주자

이를 입증하기 위해서는 먼저 주민등록이 재촌 지역에 등록되어 있어야 합니다. 이것은 누구에게나 해당되는 필수요건인데, 주민등록이 없으면 실거주로 인정받기 위해 재판을 해야 할 경우도 있습니다.

해당 지역에 거주했다는 증거만 있으면 무엇이든지 입증자료로 사용이 가능합니다. 예를 들어 전기, 수도, 전화, 인터넷 요금 등 해당 지역에 거주하면서 사용한 공과금 영수증이나 일상생활을 위한 거래내역(주유, 생필품 구입 등)으로도 입증이 가능합니다. 또한 조합원이나 지역단체, 행사에 참여하여 활동했다는 기타 활동내역 등도 입증자료로 쓸 수 있고 이장님, 영농회장님, 인근 주민 등이 써주는 인우보증서로도 입증이 가능합니다.

● 자경요건

자경요건 역시 아래 셋 중의 하나에 부합하면 됩니다.

❶ 상시 농업에 종사하는 자
❷ 연간 90일 이상 농업에 종사하는 자
❸ 농작업의 2분의 1 이상을 자기의 노동력으로 경작하는 자

자경을 했다는 것 역시 다양한 자료로 입증을 할 수 있습니다. 일단 농지원부, 농업경영체등록부, 쌀소득직접지불금, 농가확인원 등 공적장부로 입증이 가능합니다. 또한 농기계 구입이나 대여 영수증 및 입금 내역, 소농기구 구입 영수증, 비료나 농약 등 농자재 구

입 영수증으로도 입증할 수 있고, 식사대 영수증 등 농사와 관련된 지출내역도 증빙자료로 제출할 수 있습니다. 정부나 단체 수매실적, 도정료, 판매, 택배 등 입금계좌나 납품 내역 영수증 등 농산물을 판매한 내역서가 있다면 더욱 좋습니다.

주의할 점은 재촌과 자경의 요건을 모두 갖춘 후 8년 이상 지나야 양도소득세 감면 대상이 된다는 사실입니다. 이때 연소득 3,700만 원을 초과한 연도는 재촌자경 기간에서 제외됩니다. 만약 재촌이나 자경 요건 중 하나만 갖췄다면 감면 대상이 아닙니다. 이때는 비사업용토지로 인정되어 양도세율에 오히려 10%의 가산세가 부과되니 유의하시기 바랍니다.

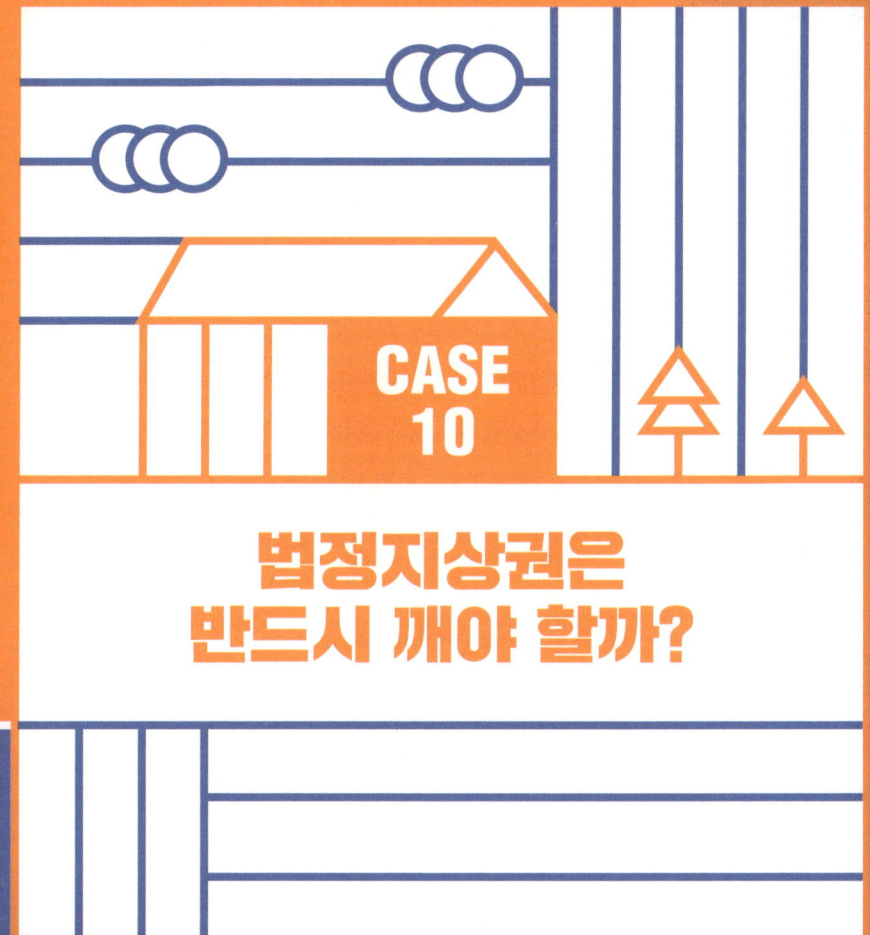

CASE 10

법정지상권은 반드시 깨야 할까?

법정지상권 & 지료청구소송

법정지상권이 성립하는 미등기건물

넛지(nudge) 효과라는 말 들어보셨나요? 넛지란 원래 '옆구리를 슬쩍 찌른다'는 뜻으로 누군가의 강요가 아닌 자연스러운 상황을 만들어 사람들이 올바른 선택을 할 수 있도록 이끌어주는 것을 말합니다. 이 말은 《넛지》라는 책에 소개되어 유명해졌는데, 강요하지 않고 자연스럽게 선택을 이끄는 힘이야말로 생각보다 큰 효과가 있다는 것에 주안점을 두고 있습니다.

넛지의 대표적인 사례가 남자화장실 소변기의 파리 그림입니다. 일반적으로 남자들이 소변을 볼 때 소변기 밖으로 소변이 튀기 쉬운데, 이를 고민한 네덜란드 암스테르담의 스키폴공항에서는 남자 소변기 중앙에 파리 그림을 그려놓았습니다. 그러자 남성들이 파리를 발견하고 조준하게 되면서 변기 밖으로 튀는 소변의 양이 80% 정도 줄었다고 합니다. 강요는 아니었지만 자연스럽게 행동을 유도한 것이죠.

그래서 환경이 중요합니다. '환경이 사람을 만든다'는 얘기가 있듯 어떤 환경에 노출됐느냐에 따라 의지가 달라지기도 합니다. 이런 얘길 꺼내는 이유는,

저도 환경의 영향을 받아 투자에 도전하는 경우가 많았기 때문입니다. 도로 수업을 받으면 도로를 낙찰받고 싶고, 건축협정 관련 내용을 배우면 그와 같은 땅을 낙찰받고 싶어졌거든요.

강제이행금이 부과되고 있는 물건

이번 장에서 얘기할 사례도 마찬가지입니다. 경매를 배울 때 수업시간에 '법정지상권'에 대해 배운 뒤 이 같은 사례를 낙찰받고 싶어서 열심히 물건을 검색한 끝에 물건 하나를 찾았습니다. 토지만 공매를 진행하는 물건이었는데 지상에 4층짜리 미등기건물이 있었습니다.

건물의 지층에는 무속인이 거주하고 있었고, 1층에는 우유대리점이 있었으며, 2·3층에는 체납자인 소유자가 거주하고 있었습니다. 3층 일부는 위반건축인 데다 건물 전체가 도로 경계와 뒤땅 일부를 경계 침범해 건축되어 있었습니다. 그래서 건축물 대장에 위반건축물로 등재되어 있고, 매년 두 번의 강제이행금이 부과되고 있는 건물이었습니다. 부과된 이행강제금이 총 1억 원이 넘었지만, 해당 사건은 토지만 공매로 진행되기 때문에 낙찰자는 이행강제금과 무관한 상황입니다.

▼ 이행강제금 부과 기준(2019.4.23 기준)

위반 사항	이행강제금 부과 금액
• 건폐율(80%), 용적률(90%) 위반 • 건축허가(100%), 신고(70%) 위반	1㎡당 시가표준액 × 50% × 위반면적 × 항목에 따른 감경 비율
• 사용승인을 얻지 않고 건축물을 사용한 경우 • 건축물의 조경의무 면적을 위반한 경우 • 건축물의 높이제한을 위반한 경우 • 기타 법 또는 법에 의한 법령이나 처분을 위반한 경우로서 건축 조례로 정하는 경우	1㎡ 시가표준액 ×10%의 범위에서 위반내용에 따라 정해짐 (건축법시행령 별표 15 이행강제금의 산정기준 참조)
• 연면적 60㎡를 기준으로 한 주거용 건축물 (2019년 4월 법 개정, 이전에는 85㎡) • 주거용 건축물로서 대통령령으로 정하는 경우	연면적 60㎡ 이하인 경우 1/2범위 내에서 요율 감면 (2019년 4월 법 개정 이전에는 85㎡ 이하일 경우 최대 5회 부과)
• 영리목적을 위한 위반 • 50㎡를 초과해 불법 용도변경하거나 신·증축, 불법으로 5세대 이상 주택 세대수가 늘어난 경우 • 상습적인 위반인 경우 • 동일인이 3년 내 2회 이상 위반한 경우	100% 범위에서 가중 가능 (2019년 4월 법 개정 이전에는 50% 가중 부과)

※ 2019.4.23 이전 부과되었던 경우는 기존 기준을 적용함.

이행강제금은 최초의 시정명령이 있는 날을 기준으로 1년에 2회 부과하고, 이행될 때까지 반복 부과징수할 수 있으며, 이행강제금을 납부하지 않는 경우 지방세 체납처분에 의해 강제징수할 수 있습니다. 시정명령을 이행하면 이행강제금 부과는 즉시 중지되지만 이미 부과된 이행강제금은 내야 합니다.

법정지상권이 성립하는 땅의 특징

이 사건에서 건물은 미등기이다 보니 체납자 소유의 대지만 공매로 진행된 상태였습니다. 부산시 사하구에 위치한 해당 필지는 도로에 접한 제2종 일반주거지역이라 토지가치가 높았습니다. 주변은 단독주택과 다가구주택, 아파트가 많은 지역으로 주거 밀집도가 높은 곳이었어요.

이 땅을 여러 번 검토한 끝에 입찰을 감행, 낙찰받았습니다. 보다시피 감정가 약 6,300만 원짜리 토지를 2,900만 원에 낙찰받았음에도 입찰자가 저 한 명밖에 없습니다. 왜 그럴까요? 그 이유는 바로 법정지상권의 위험성 때문이죠. 부동산은 토지와 건물로 나뉘어 등기되는데, 간혹 토지와 건물의 소유자가 각각 다른 경우가 있습니다. 이럴 때 토지 소유자가 건물 소유자에게 내 땅 위에 건물을 마음대로 지었으니 철거해 달라고 요구한다면, 건물 소유자는 건물을 철거해야 할까요? 일정한 요건을 충족했다면 그럴 필요가 없습니다. 이러한 권리를 지상권이라고 합니다.

법정지상권이란 토지 등기부등본에 지상권을 설정하지 않았어도 법에서 인정한 요건을 갖추면 지상권을 인정해서 건물을 보호해주는 것입니다. 미등기건물이나 무허가건물, 위반건축물에도 법정지상권은 성립합니다.

법정지상권이 성립할 경우에는 30년 동안 건물의 존립을 위해 땅의 권리는 희생할 수밖에 없습니다. 토지 위에 새로운 건물을 지어야만 토지로서 최대의 수익을 낼 수 있는데, 타인의 건물을 위해 30년의 시간을 흘려보내야 합니다. 다만 그 대가로 법에서 정한 법정요율의 지료를 받을 수는 있지요. 법정지상권 하의 토지주는 지료증감청구권에 따라 매년 건물주와 지료 협상을 할 권리만 가지는 것입니다. 대신 발생된 지료가 2년 이상 연체되면 해당 건물을 철거할 수 있습니다.

법정지상권도 상황에 따라 다르게 적용된다

법정지상권은 당사자 간의 계약이 아니라 법률적으로 당연하게 인정되는 지상권으로, 토지와 건축물이 각각 다른 소유자에게 소유권이 있을 때 토지 위에 있는 건물을 위하여 토지의 잠재적인 용익관계를 실질적으로 인정하는 권리입니다.

> **민법 제366조(법정지상권)**
> 저당물의 경매로 인하여 토지와 그 지상건물이 다른 소유자에게 속한 경우에는 토지 소유자는 건물 소유자에 대하여 지상권을 설정한 것으로 본다. 그러나 지료는 당사자의 청구에 의하여 법원이 이를 정한다.

법정지상권은 저당물, 가등기담보, 입목의 경매 등 다양한 경우에 각각 다르게 적용될 수 있습니다.

저당물의 경매로 인한 법정지상권

법정지상권은 저당권 설정 당시에 토지와 그 지상의 건물이 동일인 소유여야 성립합니다. 설정 당시 토지와 건물의 소유자가 다른 경우에는 법정지상권이 성립할 여지가 없습니다. 저당권으로 인해 법정지상권이 성립하기 위해서는 다음 네 가지 요건을 모두 충족해야 하며, 이외의 것에는 성립하지 않습니다.

❶ 토지와 건물 중 적어도 어느 하나에 저당권이 설정돼 있어야 한다.
❷ 저당권 설정 당시에 건물(최하층의 기둥과 지붕을 갖춤을 말함)이 존재해야 한다.
❸ 저당권 설정 당시에 토지와 건물의 소유자가 동일해야 한다.
❹ 경매로 인해 토지와 건물의 소유자가 달라져야 한다.

담보가등기 등에 관한 법률에 의한 법정지상권

토지 및 그 지상의 건물이 동일한 소유자에 속할 때 담보권의 실행으로 토지 또는 건물의 소유권을 취득한 경우에는 그 건물의 소유를 목적으로 토지에 지상권이 설정된 것으로 봅니다. 가령 토지와 건물을 온전히 소유한 자가 돈을 빌렸고, 건물의 일정 부분이 담보로 잡혔고, 이 내용을 가등기로 남겼다고 해봅시다. 이 경우 빌린 돈을 모두 정리하기 전까지는 건물이 낡았더라도 철거하고 새로 건축하는 행위가 불가능합니다. 이는 담보가등기가 본등기로 바뀐 경우에도 마찬가지입니다.

입목의 경매 등으로 인한 법정지상권

입목(입목법에 의해 등기된 나무)의 경매 등 기타 사유로 인하여 토지와 그 입목이 각각 다른 소유자에게 속하게 되는 경우에는 토지 소유자가 입목소유자에 대하여 지상권을 설정한 것으로 봅니다. 입목등기된 나무는 매각물건에 포함되지 않았다면 법정지상권이 성립되는 물건입니다. 또한 임대차 계약을 맺어 사과나무를 식재하였고, 낙찰 당시에 임차인이 경작하고 있다면, 나무의 소유권은 토지를 낙찰받은 사람이 아니라 경작을 하는 사람에게 있습니다.

관습법상의 법정지상권

관습법상 법정지상권은 토지와 건물이 한 사람에게 소유되어 있었다가 토지와 건물 중의 어느 하나가 매각되거나 다른 원인으로 인해 양자의 소유가 다르게 되더라도 그 건물을 철거한다는 약정이 없는 경우에 당연히 인정되는 지상권입니다. 반대로 철거한다는 약정이 있으면 관습법상 법정지상권은 인정되지 않습니다. 판례로 인정된 제도인 관습법상의 법정지상권은 법률의 규정에 의한 물권 변동이므로 등기 없이 효력이 발생합니다.

법정지상권과 관습법상 법정지상권을 혼동하는 분이 있는데요. 법정지상권은 저당권 실행으로 토지와 건물의 소유자가 달라진 경우이고, 관습법상 법정지상권은 저당권 실행 외의 방법으로 토지와 건물의 소유자가 달라졌을 경우에 생기는 지상권을 말합니다. 매매나 증여, 강제경매, 공유물분할 등의 사례가 있겠지요. 관습법상 법정지상권자 역시 토지 소유자에게 지료는 지급해야 합니다.

법정지상권은 물권이므로 계약서에 지상권을 포기한다는 특약을 넣더라도 포기가 되지 않습니다. 하지만 관습법상 법정지상권은 토지와 건물의 소유자가 건물만 양도한다는 특약으로 양수인과 토지에 대한 임대차계약을 체결했거나 당사자끼리 건물 철거를 합의했다면 포기할 수 있습니다.

▼ 관습법상 법정지상권의 특징

	법정지상권	관습법상 법정지상권
근거	법률 (「민법」 전세권(제305조), 저당권(제366조), 「입목법」, 「가등기담보법」)	판례 (대법원2002다9660)
사유	저당권 실행을 통한 경매	매매, 증여, 강제경매, 공유물분할 등의 사유
법정지상권 강제 여부	강행규정 (포기 및 배제 특약 불가능)	배제 특약 가능 (건물 철거 특약)

미등기건물의 법정지상권

갑이 자기 소유의 대지에 건물을 신축하기 위해 '을'로부터 돈을 빌립니다. 담보는 '갑' 소유의 대지로, 건물이 완공되지 않은 상태에서 대지상에 을 앞으로 저당권설정등기를 했습니다. 그런데 건물이 완공되어 보존등기를 하기 전에 저당권에 의해 토지가 경매에 부쳐졌습니다. '병'이 토지를 낙찰받은 경우 토지 소유자인 병과 건물 소유자인 갑 사이에는 법정지상권이 성립합니다. 즉 건물이 신축된 경우 등기가 없어도 건축주가 이를 원시취득합니다(대법원 91다6658).

이번엔 다른 상황을 살펴봅시다. 갑은 자기 소유의 대지에 건물을 신축하고 보존등기를 하지 않은 상태에서 을에게 대지와 건물을 매도했습니다. 아직 여기에는 어떠한 저당권도 설정되지 않은 상태입니다. 이 대지와 건물을 매입한 을은 대지에 대해서만 이전등기를 하고 건물을 등기하지 않았습니다. 주인이 바뀌었어도 여전히 이 건물은 미등기인 겁니다. 그 후 을은 이 대지를 담보로 돈을 빌리면서 저당권설정등기를 했고, 을이 채무를 갚지 않자 채권자는 저당권을 실행하여 토지를 경매에 넘겼습니다. 병이 경매로 토지를 낙찰받은 경우 새로운 토지 소유자인 병에게 을은 법정지상권을 주장할 수 있을까요?

이런 경우 법정지상권은 인정되지 않습니다. 왜냐하면 저당권 설정 당시 토지 소유자와 건물의 소유자가 같지 않기 때문이지요. 저당권 설정 당시에는 토지와 건물 모두 을이 주인이었는데 무슨 소리냐 하실 수 있지만, 미등기건물 취득을 통해 법률상 또는 사실상 그 건물을 처분할 수 있는 지위를 득할 수는 있어도(대법원 92다48963) 이전등기를 하지 않은 이상 건물 소유권을 취득할 수는 없습니다.

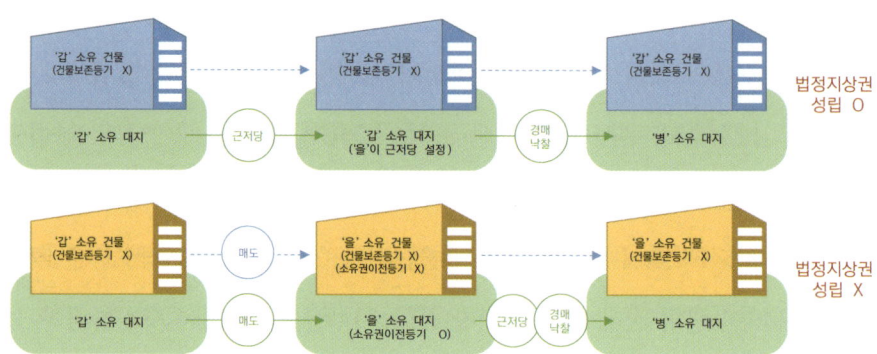

대법원 92다48963 제3자 이의

갑이 건물을 신축하여 미등기인 채로 소유하여 오다가 사망 전에 장남인 을에게 증여하고, 을은 그때부터 계속하여 건물의 일부는 자신이 직접 점유하고 나머지 부분은 다른 사람에게 임대하는 등 단독으로 이를 점유·관리해온 것이라면, 을은 건물의 양수·점유자로서 이를 법률상 또는 사실상 처분할 수 있는 지위에 있어 동 건물로 인하여 대지 소유자의 소유권이 침해되는 경우 건물철거의무를 지고, 위 건물에 관하여 뒤늦게 갑의 상속인들인 을과 병의 공동명의로 재산상속을 원인으로 하는 소유권보존등기가 경료되었다 하여 달리 볼 것은 아니다.

대법원 2002다9660 건물 등 철거

❶ 민법 제366조의 법정지상권은 저당권 설정 당시에 동일인의 소유에 속하는 토지와 건물이 저당권의 실행에 의한 경매로 인하여 각기 다른 사람의 소유에 속하게 된 경우에 건물의 소유를 위하여 인정되는 것이므로, 미등기건물을 그 대지와 함께 매수한 사람이 그 대지에 관하여만 소유권이전등기를 넘겨받고 건물에 대하여는 그 등기를 이전 받지 못하고 있다가, 대지에 대하여 저당권을 설정하고 그 저당권의 실행으로 대지가 경매되어 다른 사람의 소유로 된 경우에는, 그 저당권의 설정 당시에 이미 대지와 건물이 각각 다른 사람의 소유에 속하고 있었으므로 법정지상권이 성립될 여지가 없다.

❷ 관습상의 법정지상권은 동일인의 소유이던 토지와 그 지상건물이 매매 기타 원인으로 인하여 각각 소유자를 달리하게 되었으나 그 건물을 철거한다는 등의 특약이 없으면 건물 소유자로 하여금 토지를 계속 사용하게 하려는 것이 당사자의 의사라고 보아 인정되는 것이므로 토지의 점유·사용에 관하여 당사자 사이에 약정이 있는 것으로 볼 수 있거나 토

지 소유자가 건물의 처분권까지 함께 취득한 경우에는 관습상의 법정지상권을 인정할 까닭이 없다 할 것이어서, 미등기건물을 그 대지와 함께 매도하였다면 비록 매수인에게 그 대지에 관하여만 소유권이전등기가 경료되고 건물에 관하여는 등기가 경료되지 아니하여 형식적으로 대지와 건물이 그 소유 명의자를 달리하게 되었다 하더라도 매도인에게 관습상의 법정지상권을 인정할 이유가 없다.

증여한 물건에도 법정지상권이 인정될까

다시 투자 이야기로 돌아와서, 저는 이 물건에 입찰하기 전에 두 가지 대비책을 세웠습니다.

첫째, 법정지상권 및 관습법상 법정지상권이 성립하지 않을 수 있다는 점입니다. 일단 미등기 무허가건물은 철거를 약속하지 않고 매매나 기타의 사유(증여, 상속, 공매 등)로 타인에게 이전되면 관습법상 법정지상권이 성립합니다. 그런데 미등기건물이 두 번 이상 타인에게 매매될 때는 관습법상 법정지상권이 성립하지 않습니다. 원시취득자(최초 건축자)는 미등기건물이라도 소유권과 처분권을 갖지만 증여받거나 상속된 사람은 미등기된 건물에 대하여 사용권만 있고, 등기가 없기에 처분권은 없습니다. 그러므로 이러한 물건이 재매각되거나 소유권이 변동된다면 그다음부터는 관습법상 법정지상권이 성립하지 않을 거라고 판단했습니다.

이 물건은 체납자의 부친이 건축한 미등기건물과 대지를 부인에게 증여하고, 이후 아들인 현 체납자가 다시 건물을 불법증축하여 사용하고 있는 상황이 없어요. 이것을 근거로 저는 관습법상 법정지상권이 성립하지 않는다고 주장했습니다.

둘째, 만약 소송에서 관습법상 법정지상권이 인정된다고 해도 지료를 청구할 수 있기에 수익률이 높아질 수 있단 점입니다. 건물을 철거하라고 하진 못해도 건물이 내 땅을 사용하고 있으니 토지사용료(지료)를 내라는 것이죠. 토지주와 건물주의 협상으로 지료 금액을 결정할 수 있으나 보통 원활한 협상이 되지 않는 경우가 많습니다. 토지주는 많이 받으려 할 테고, 건물주는 적게 주려고 할 테니까요. 그래서 보통 지료청구소송을 거쳐 판결로 대지가격의 연 4~5%로 확정이 됩니다. 법원이나 판사에 따라 약간의 이율차이는 있을 수 있습니다. 이때 지료 청구의 기초가 되는 대지금액은 지상에 건물이 없는 상태를 전제로 온전한 토지가치를 평가하기에 낙찰가보다 높게 평가되는 경우가 많습니다.

결론을 미리 말씀드리면, 저는 사실 이 소송에서 패소했습니다. 물론 지금까지 말씀드린 내용이 틀렸기 때문은 아닙니다. 제가 어떤 부분에서 허점이 있었는지 한 번 살펴보시는 것도 독자 여러분께는 좋은 공부가 될 것 같습니다.

지료청구와 건물철거 소송을 진행하다

땅을 낙찰받고 먼저 체납자인 건물 소유자를 찾아갔습니다. 원만히 해결하는 게 좋기 때문이죠. 원래 건물은 아버지 소유였는데 어머니에게 증여를 했고, 어머니가 돌아가시자 아들인 현 소유자가 상속받은 상태였습니다. 소유자를 만나 정황을 설명한 뒤 제 땅을 사시겠느냐고 정중히 요청했습니다. 그러자

펄펄 뛰면서 무슨 소리냐고 하더군요. 감정을 앞세우는 건물 소유자와 더 이상 대화가 어려워 우선 물러났습니다.

그 뒤로 한 번 더 만났지만 결과는 마찬가지였습니다. 낙찰을 받은 뒤 체납자를 만나면 대부분 같은 반응을 보입니다. 본인이 세금을 내지 않아 공매에 넘어간 물건이지만, 일단 낙찰자에게 적대감을 드러내죠. 그래서 너무 급하게 사건을 해결하려고 하면 역효과가 날 수 있습니다. 시간이 좀 지난 후 내용증명을 발송했으나 꿈쩍도 하지 않았기에 결국 소송을 진행하게 되었습니다. 지료청구의 소와 건물철거의 소를 동시에 진행했습니다.

피고 측에서는 처음에 연세가 있는 변호사님을 선임했으나 무슨 이유인지 두 번의 변론 후에 다른 변호인으로 바뀌었습니다. 그때부터 이상하게도 처음에는 간단하게 끝난다고 생각한 사건이 결코 간단하게 흘러가지 않더군요.

앞서 말했듯 이 물건은 미등기 무허가건물을 아버지가 어머니에게 증여했고, 어머니에게서 현 피고에게 상속된 후 기존 건물을 헐고 새로 건축한 것입니다. 그런데 피고 측은 이를 동일인 소유로 볼 수 있으므로 법정지상권이 성립한다는 답변서를 재판부에 제출했습니다. 반대로 저는 증여와 상속을 한 번씩 했으니 동일인 소유로 볼 수 없다는 점을 강조했고요. 증여도 원시취득이고 상속도 원시취득인 것은 맞지만, 한 번의 증여로 원시취득한 물건을 다시 상속하였으니 두 번째는 원시취득이 될 수 없다고 주장했습니다.

결과적으로 재판부의 견해는 저와 달랐습니다. 재판부는 증여 후의 상속도 원시취득에 해당한다고 판단하여 법정지상권이 성립한다고 판단을 했고 저에게 조정을 권고했습니다. 하지만 저는 판사의 월 지료 26만 원(감정가 6,500만 원)의 조정을 거부하고 판결에 대해 항소를 했습니다. 우선 법정지상권이 성립

▼ 소장

소 장

원　　고　신 동 기
　　　　　　대구 달서구 ○○동 ○○○

피　　고　김 ○ ○
　　　　　　부산 사하구 ○○동 ○○○-○, 3층

지료 청구의 소

청 구 취 지

1. 피고는 원고에게 2013. ○○. ○○.부터 "부산시 사하구 ○○동 ○○○-○ 대지53 평방미터 지상 철근콘크리트조 스라브지붕 4층 건물(무허가)"을 철거하고 위 토지의 인도완료시까지 매월 금600,000원의 비율에 의한 금원을 지급하라.

2. 소송비용은 피고의 부담으로 한다.

3. 위 제1항은 가집행할 수 있다.

라는 재판을 구합니다.

(※ 이하 생략)

▼ 피고의 답변서

답 변 서

사 건 2013가단○○○○○ 건물철거등

원 고 신 동 기

피 고 김 ○ ○

위 사건에 관하여 피고 소송대리인은 다음과 같이 답변합니다.

청구취지에 대한 답변

1. 원고의 청구를 기각한다.

2. 소송비용은 원고의 부담으로 한다.

라는 판결을 구합니다.

청구원인에 대한 답변

1. 원고의 이 사건 청구원인 중 부산 사하구 ○○동 ○○○-○ 대지 53㎡(이하, 이 사건 부동산 대지라고 한다)에 관하여 2012. ○○. ○○. 공매절차를 통하여 2013. ○○. ○○ 소유권이전등기를 한 사실에 대하여는 인정하나, 그 외는 사실과 다르므로 부인하며 다툽니다.

▼ 피고의 답변서

2. 피고는 이 사건 부동산 대지상에 철근콘크리트 스라브 지붕 4층 미등기건물을 피고의 부친이 1955.경부터 점유사용 관리하여 오다가 피고의 모친이 부친 생존시에 이를 증여받아 점유사용 관리하여 오던 중 모친은 1992. ○○. 경 사망하고 모친 생존시에 피고가 이를 증여받아 약 58여년 동안 점유사용 관리하여 오고 있었고 원고는 2012. ○○. ○○. 공매로 인해 2013. ○○. ○○. 토지에 대한 소유권이전등기를 경료한 것입니다.

3. 그러므로 이 사건 부동산 대지와 무허가 지상건물은 동일인의 소유로 되어 있다가 토지만의 공매로 인하여 각기 다른 사람의 소유로 된 것이므로 이는 법정지상권이 성립한다 할 것이므로 원고의 이 사건 부동산 건물에 대한 철거는 어느모로 보나 부당하다 아니 할 수 없으며, 원고가 청구하는 지료는 너무 과다하다 할 것이므로 원고의 이 사건 청구는 기각되어야 할 것입니다.

2013. ○○. ○○.
피고 소송대리인
변호사 최 ○ ○

부산지방법원 민사제2단독 귀중

한다는 점을 인정하지 못했고, 설사 법정지상권이 성립한다 해도 지료가 너무 낮게 책정됐다고 느꼈기에 인정할 수 없었습니다. 그때는 지금보다 좀 더 에너지가 넘쳤던 모양입니다.

결론적으로 항소심 판사도 1심 판결과 같은 판결을 내렸고, 제가 제기했던 건물철거소송에서 원고 패소 판결이 나왔습니다. 또한 판사의 지료조정에 대한 의의를 제기한 결과 지료 금액까지 하향되었죠. 첫 조정에선 월 26만 원이었지만 이후 월 22만3,800원으로 감액 조정되었습니다. 당시 주택은 5%의 지료를 선고받는 경우가 일반적이었는데 제가 이의를 제기하며 패소하자 원래 선고보다 낮은 4%로 지료가 조정된 것이죠. 당시 관례로 보통 5%의 지료가 선고되던 것에 비해 낮게 나온 걸 보면 제 불복이 오히려 안 좋게 작용하지 않았나 하는 생각이 듭니다.

1심에서는 불복했지만 2심에서도 이렇게 결과가 나오니 도리가 없는 듯했습니다. 받아들이지 않으면 손해 볼 것 같은 예감이 들었지요. 판사의 화해권고 결정은 판결문과 대등하므로, 자신에게 불리하지 않으면 못 이기는 척 받아들이는 게 나은 경우가 많습니다.

소송에서 졌다고 투자에서도 진 건 아니다

이 토지는 법정지상권이 성립되어 건물철거소송에서는 패소했지만 플랜B로 세웠던 지료를 받는 전략은 지금도 유지되고 있습니다. 약 2,900만 원을 투자해 지료를 연 270여만 원 받아 9%가 넘는 수익률을 보이고 있습니다. 또한 현 시세는 약 9,000만 원에 이르고 있고, 지료증감청구권(민법 286조)에 의거 매년 지료증감을 청구할 수 있기 때문에 수익률은 더 높아질 것입니다.

지료증감청구권이란 땅값이 올랐을 때 오른 땅값을 기준으로 지료를 올려달라고 요청할 수 있는 토지주의 권리로, 소송을 통해 청구할 수 있습니다. 판사는 법원의 토지감정을 통해 높아진 시세가 인정되면 오른 지료를 판결하게 됩니다. 이는 토지 소유자의 정당한 권리이므로 지가가 상승하는 곳은 충분한 수익을 올릴 수 있을 것입니다.

그러므로 법정지상권이 성립한다고 겁먹을 필요는 없습니다. 주변 입지 및 개발여파 등을 살펴 지가가 상승하는 곳이라면 지료증감청구권을 통해 매월 은행이자보다 훨씬 높은 수익을 얻을 수 있으니 나쁘지 않은 투자입니다.

2019년 8월 다시 건물주와 지료에 대한 협상을 시도했습니다. 지료의 증액을 위한 소송은 쉽게 판결이 나지만 그래도 경비는 꽤 나오는 편이죠. 소송비용과 감정비용을 계산한다면 전자소송으로 직접 해도 150만 원에서 200만 원 정도, 변호사를 통한 소송은 500만 원이 넘게 들어갈 수도 있습니다. 그래서 소송이 아닌 협상으로 진행했는데 협상 결과 월 30만 원으로 확정했습니다. 매입 의향이 있으시다면 7,500만 원에 드리겠다고 제시했지요. 소송에 지고 많은 시간이 흘러갔지만 지료를 받음으로써 투자금 2,900만 원은 상당부분 회수되었고, 가격 상승이라는 덤도 얻고 있습니다.

투자 비하인드

지금 다시 소송을 한다면, 피고가 본래 증여받은 본 건물 부분만 법정지상권이 성립하고, 현존하는 4층 건물에 관해 부분적으로 법정지상권이 성립하지 않는다고 주장했으면 어땠을까 하는 생각을 합니다. 4%보다는 좀 더 유리한 지료를 받지 않았을까요?
아무튼 모든 것에 시간과 노력이 필요합니다. 법정지상권을 다투기 어렵다면 지료청구와 부당이득청구에 대해서도 한번 생각해볼 여지가 있습니다. 한 가지 사건으로 다양한 방법을 연구하다 보면 엄청난 공부가 됩니다.

한 걸음 더

셀프 소송의
일반적인 진행 과정

셀프로 진행하든 법률대리인(변호사 등)을 고용하든 소송의 절차는 법으로 정해져 있으므로 똑같습니다. 소송이 어떤 과정을 통해서 진행되는지 대략적으로 살펴보겠습니다. 단, 부동산과 관련된 일반적인 민사소송을 기준으로 간단히 설명하였으며, 판사의 판단 및 상황에 따라 달라질 수 있습니다.

❶ 소송의 준비
소송은 소의 제기, 즉 소장을 제출할 때부터 본격적으로 진행되지만 실제 소송은 그 이전에 내용증명이 오고가면서부터 이미 시작되었다고 생각해야 합니다. 내용증명은 그 자체로는 법적 효력이 없지만 실제 소송에서 증거자료로 활용될 수 있습니다.

❷ 소의 제기
소송 사건을 시작해 달라고 법원에 요청하는 것, 즉 소장을 작성해서 법원에 제출하는 것입니다. 원고가 소장을 법원에 제출하면 피고에게 소장 부본(복사본)이 송달되는데, 피고가 이에 대한 답변서를 제출하면 재판장(판사)이 사건 기록을 검토하여 처리 방향을 결정합니다.

❸ 변론

소송의 양쪽 당사자가 법정에 출두하여 소송자료를 제출하고 확인하는 절차입니다. 흔히 치열한 공방을 떠올리지만 실제로는 준비된 자료를 제출하고, 당사자가 맞는지 또는 해당 자료가 맞는지를 확인하는 등 간단한 절차입니다. 원칙적으로 재판장은 첫 번째 변론기일을 가능한 빨리 잡아서 양쪽 당사자가 법관을 조기에 대면할 수 있도록 해야 합니다. 첫 번째 변론에서는 쟁점을 파악하고, 이 내용이 확인되면 이후 증거 신청과 조사를 실시합니다.

❹ 준비서면 제출

원고와 피고는 법원에 답변서 또는 반박서를 제출할 수 있는데, 이때 내용의 근거가 되는 보완자료를 제출하게 됩니다. 이를 준비서면이라고 합니다. 준비서면은 최종변론 전까지 여러 차례 제출할 수 있습니다.

❺ 최종변론

답변서와 반박서, 이에 대한 준비서면 등 자료가 충분히 제출되었다고 생각되면 판사는 원고와 피고에게 최종변론을 할 수 있는 시간을 줍니다. 법정에 출두하여 판사 앞에서 약 5분간 자신의 입장을 피력하고, 상대방의 주장을 반박하며 서로 공방을 할 수 있습니다.

❻ 조정

필요하다고 인정되면 판사는 사건을 조정에 회부할 수 있습니다. 판결로 사건을 종결하기 전에 원고와 피고가 조율해서 합의하도록 법원이 유도하는 것입니다. 조정이 성립되면 '조정조서'가 작성되고 소송은 종결됩니다. 이 '조정조서'는 판사의 판결과 같은 효력이 있습니다. 조정이 안 되면 다시 판결로 넘어갑니다.

❼ 판결

모든 자료와 최종변론까지 검토했다면 판사는 판결을 내리게 됩니다.

과거에는 소송을 하려면 해당 법원에 직접 서류를 제출해야 했는데, 요즘은 전자소송이 많이 보급되었습니다. 전자소송이란 법원이 운영하는 전자소송시스템(ecfs.scourt.go.kr)을 이용하여 소장, 준비서면 등을 제출하고 향후 소송절차를 진행해 나가는 것을 말합니다. 형사재판은 전자소송에서 제외되며 행정소송, 민사소송은 가능하니 참조하세요.

전자소송시스템을 통해 준비된 소장과 증거 등 소송서류를 제출할 수도 있고, 상대방이 소송 서류를 제출하면 전자우편과 문자메시지를 통해 서류가 제출된 사실을 통지받고 즉시 전자소송 홈페이지에 접속해 확인이 가능합니다. 또한 내 사건이 어떻게 진행되고 있는지 실시간으로 확인할 수 있습니다. 다만 전자소송이라도 지정된 변론기일에는 법원에 출석해야 합니다. 변론을 제외한 나머지 과정은 대부분 전자소송을 통해 가능하므로, 종이소송보다 훨씬 편하게 재판 진행이 가능하다는 장점이 있습니다.

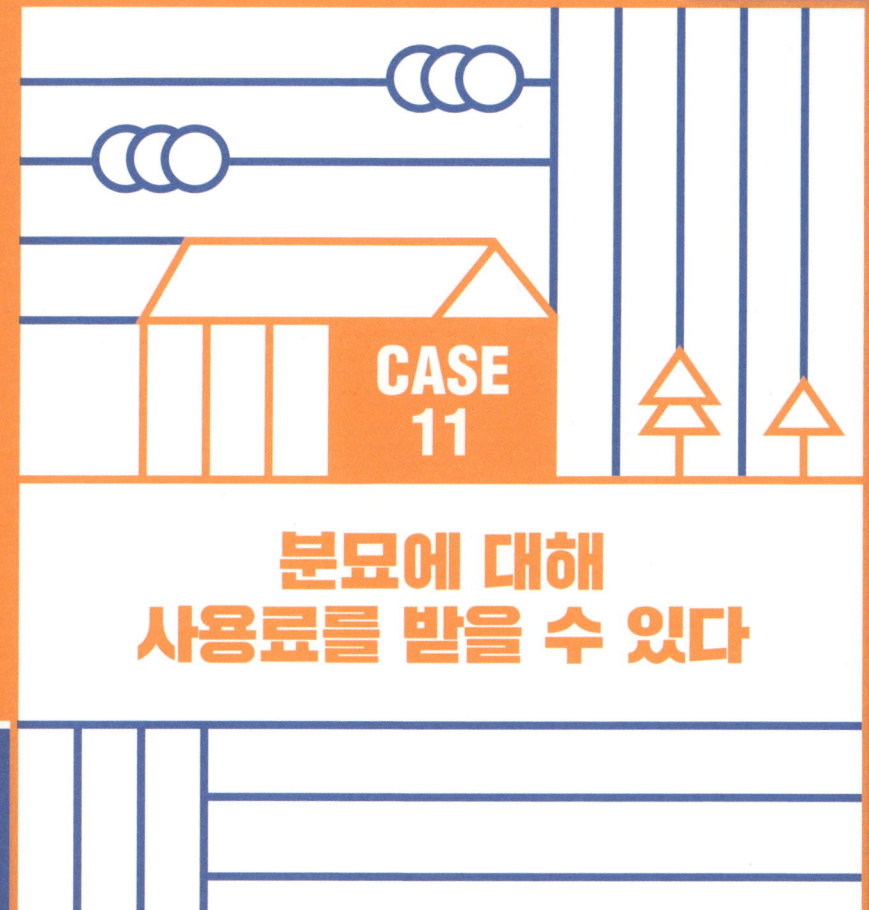

CASE 11

분묘에 대해 사용료를 받을 수 있다

분묘기지권 & 분묘굴이청구소송

첫 낙찰, 묘지가 있는 땅

역설적이지만 경·공매에서 제일 쉬운 것은 낙찰을 받는 것입니다. 무슨 말이냐고요? 낙찰을 받고자 하면 그저 가격을 높게 쓰면 되기 때문입니다. 하지만 중요한 것은 낙찰이 아니죠. 경매의 궁극적 목표는 향후 매각을 통한 이익 실현입니다.

수도권 주거용 아파트의 입찰 경쟁률은 평균 10대 1입니다. 10명이 입찰하면 그중 1명만 낙찰을 받고 9명은 패찰(입찰을 했지만 낙찰받지 못함)한다는 뜻입니다. 거듭된 패찰은 조바심을 낳고, 그동안의 보상심리로 오기가 생겨 입찰 금액을 높게 쓰게 됩니다. 하지만 이래선 안 되겠죠.

이럴 때는 초심으로 돌아가 경매의 진정한 목적이 무엇인지 다시금 생각해봐야 합니다. 또한 경·공매 재테크를 위해 들인 손품과 발품, 시간이 모두 실력으로 남아서 더 큰 수익을 가져다주는 기반이 된다는 생각으로 원칙과 소신 있는 입찰 자세를 가질 필요가 있습니다.

계획 없이 받은 첫 낙찰

지금은 이 원칙을 잘 지키고 있지만, 저라고 처음부터 그런 것은 아니었습니다. 제가 처음 낙찰받은 부동산은 묘지였습니다. 경매 공부를 시작한지 7개월 만이었고, 횟수로는 여섯 번째 입찰이었습니다. 사실은 좀 무리하게 받았음을 인정합니다. 패찰의 아픔을 몇 번 겪고 난 후 낙찰의 기쁨을 누려보고 싶은 마음에, 도대체 왜 받아야 하는지 구체적인 계획도 없이, 하필 그날 그저 눈에 띄었다는 이유로 낙찰받은 게 사실입니다.

묘지가 있다는 것도 사전에 알았지만 입찰가가 저렴해서 끌렸습니다. 800만 원으로 300평이 넘는 계획관리지역 내 땅을 산다? 일반 조건이라면 거의 불가능하겠죠. 평당 2만7,000원이 안 되니까요. 돈은 없는데 수익성 좋은 물건을 찾으려다 보니 남들이 잘 사지 않는 묘지도 유심히 살펴본 것입니다.

묘지는 분묘기지권이 성립하는 경우가 많아 낙찰받으려는 사람이 적습니다. 분묘기지권이란 타인의 토지에 분묘를 설치한 자가 그 분묘를 소유하기 위해 분묘가 소재한 타인 소유의 토지를 사용할 수 있다는, 관습에 의해 법적으로 인정된 지상권입니다. 그래서 묘지는 낙찰가가 저렴할 수밖에 없습니다.

800만 원으로 300평 땅을 사다

제가 낙찰받은 땅은 계획관리지역 내 두 필지로 한쪽은 지목이 '전'이고 다른 한쪽은 '대'였는데, 그중에서 '대'인 땅 위에 분묘 한 기가 있었습니다. 그런데

▼ 입찰 결과

2011타경

- 대구지방법원 본원
- 매각기일:
- 경매 8계(전화:053-757-6762)

소재지	경상북도 경산시 용성면					
물건종별	대지	감정가	11,184,000원	오늘조회: 1 2주누적: 3 2주평균: 0		
토지면적	1012㎡(306.13평)	최저가	(70%) 7,829,000원	구분	입찰기일	최저매각가격	결과
건물면적		보증금	(10%) 790,000원	1차		11,184,000원	유찰
매각물건	토지 매각	소유자	이○○	2차		7,829,000원	
개시결정	2011-08-31	채무자	이○○	낙찰: 8,009,000원 (71.61%)			
사건명	임의경매	채권자	박○○	(입찰1명, 낙찰:대구용산동 신동기)			

▪ 매각토지.건물현황 (감정원 : 시민감정평가 / 가격시점 : 2011.09.15)

목록	지번	용도/구조/면적/토지이용계획	㎡당 단가	감정가	비고
토지 1		* 계획관리지역	전 192㎡ (58.08평)	7,000원	1,344,000원	표준지공시지가: (㎡당)4,800원
토지 2		* 계획관리지역	대 820㎡ (248.05평)	12,000원	9,840,000원	표준지공시지가: (㎡당)10,500원
		면적소계 1012㎡(306.13평)		소계 11,184,000원	
감정가	토지:1012㎡(306.13평)		합계	11,184,000원	토지 매각

현황 위치
* ○○○ 남측 인근에 위치하며, 본건지 일원은 산간 농경지 및 임야 등으로 형성되어 있음
* 본건 부근까지 소형차량 통행 가능하며, 제반교통사정 보통시됨
* 기호(1): 부정형의 휴경지로서, 북동측 하향 경사지이며 * 기호(2): 부정형의 나대지로서, 북동측 하향 경사지대
* 기호(1): 맹지 / 기호(2): 남동측 일부로 폭 약 1-2미터의 비포장 통행로와 접함

▼ 해당 필지의 지적도

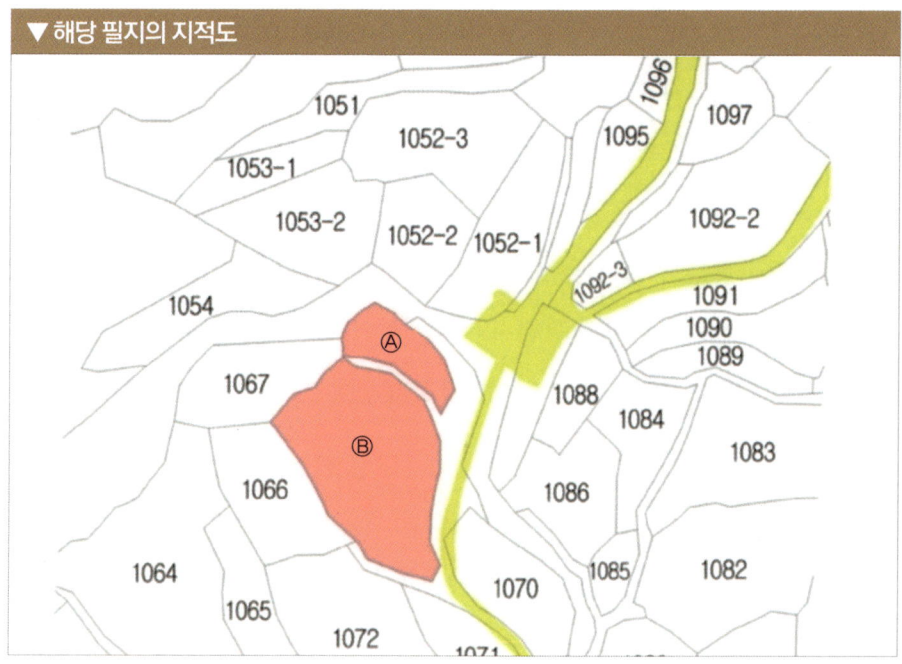

CASE 11 분묘에 대해 사용료를 받을 수 있다

뭐에 씌었는지 저는 오히려 그 때문에 '아, 저건 돈이 좀 되겠다' 싶었습니다. 자고로 어르신들을 모실 때는 풍경이 아늑하고 양지바른 곳을 찾습니다. 그래서 묘지로 쓰기 좋은 땅은 지금으로 치면 펜션 짓기 딱 좋은 곳이 많습니다.

그렇다고 완전히 생각 없이 낙찰받은 것은 아닙니다. 이 땅의 위치는 제가 잘 아는 곳이었습니다. 과거 천주교신자들이 박해를 피해서 숨어 살았을 정도로 깊은 곳인데, 당시 이 주변의 대지 시세는 평당 30만~50만 원이었습니다. 하지만 이 땅에는 묘지가 있기 때문에 감정가가 평당 3만7,000원 전후로 저렴하게 책정된 것입니다. 그러니 10분의 1가격으로 좋은 땅을 얻을 수 있는 기회라고 생각했습니다.

이 경매에서는 두 필지의 토지를 묶어 매각했는데, 두 필지 모두 계획관리지역이지만 58평인 A필지는 지목이 '전'이기에 농취증이 필요했고, 248평인 B필지는 지목이 '대'여서 농취증이 필요하진 않았습니다. 묘는 B필지에 소재하고 있지요. 묘가 있긴 하지만 어차피 평수가 넓으니 한 30평 정도는 예쁘게 펜스를 쳐서 고인을 잘 모시도록 해주고, 나머지 땅은 충분히 활용할 수 있지 않을까 싶었습니다.

계획관리지역은 주택, 근린생활시설, 창고 등 지을 수 있는 건축물의 종류가 많고, 건폐율도 40%이니 관리지역 중에서 인기가 좋습니다. 이 땅은 주변 풍경이 아름다워 20평 정도의 펜션을 짓고 정원을 가꾸면 좋겠다는 생각이 들어 낙찰을 받은 것입니다.

분묘굴이청구소송의 시작

낙찰받은 뒤에는 땅을 매도해야 수익이 발생하지만 팔릴 때까지 얼마나 시간이 걸릴지는 모르죠. 저는 태생이 시골에서 자란 촌놈이라 빈 땅을 그냥 놀리고 싶지는 않았습니다. 게다가 지목이 '전'인 A필지는 주말영농으로 농취증을 발급받았기 때문에 어차피 경작하는 흉내라도 내야 합니다. 그래서 낙찰받은 지 한 달쯤 지났을 때 옥수수나 심어야겠다는 생각으로 이것저것 싸들고 해당 토지에 갔습니다.

"어? 이게 어떻게 된 거지?"

낙찰받을 때에는 없었던 새로운 묘가 하나 더 생긴 것입니다. 아직 잔디도 자리를 덜 잡은 새 묘였습니다.

기가 막혔습니다. 묘가 하나였을 때에는 '어르신이 누워 계시니 30평 정도는 양보하지 뭐'라는 생각으로 낙찰받은 것이었지만, 묘가 하나 더 생기고 나니 이제는 더 이상 양보를 할 수 없는 상황이 된 겁니다. 경매 공부를 시작한 지 10개월도 되지 않았는데 참 여러 가지 일을 겪습니다.

'경매 공부는 원래 이렇게 시작하는 건가. 허허 참….'

협상 결렬, 소송이 시작되다

그날 이후 경산시청과 용성면사무소 산업계, 시청노인복지과를 돌아다니고 장묘 담당자를 세 번이나 만나서 애원과 협박을 반복한 끝에 '분묘굴이(분묘철거) 청구소송'이라는 단어 하나만 듣고 왔습니다. 분묘를 이전하라는 소송을 제기하라는 것이죠. 소송 대상자인 피고를 특정하기 위해 이 땅의 전 채무자 겸 소유자인 이 모 씨를 찾아야 했습니다. 근데 경매정보지에 나온 주소지에는 살고 있질 않아서 난감했습니다. 소송을 제기하려면 소송 상대방이 되는 피고를 지정해야 합니다. 상대방이 없으면 싸움을 할 수 없듯, 피고가 지정되지 않으면 소장 접수가 되지 않습니다.

참고로, 피고를 잘못 지정한 경우에는 기존의 소를 취하하고 새로 소송을 제기해야 합니다. 그런데 이것은 여러 면에서 번거로울 수 있죠. 그래서 민사소송법에서는 원고가 피고를 잘못 지정한 것이 분명한 경우에는 원고의 신청에 따라 피고를 경정하도록 허가하는 '피고 경정(소송 도중에 피고를 변경하는 것)' 절차를 두어 기존 소송을 취하하지 않고도 피고를 바로잡을 수 있도록 하고 있습니다(민사소송법 제260조).

어쨌든 문제를 해결해야겠기에 묘의 주인을 만나서 이야기를 해보기로 했습니다. 그런데 현지에 사는 사람들에게 이 묘가 누구 것이냐고 물으니 잘 모른다고 했습니다. 땅의 역사를 알아보려면 현 등기부등본 뿐 아니라 폐쇄등기부(이전 등기사항이 포함된 등기부)까지 발급받아봐야 합니다. 등기부등본을 자세히 살펴보니 이 땅이 경매로 넘어올 때 기록된 채무자 사촌의 주소를 파악할 수 있었습니다.

제발 이 사람이 묘와 관련이 있기를 바라며, 그리고 아직 그 주소에 살고 있기를 바라며 무턱대고 찾아갔습니다. 다행히도 그 사촌이라는 사람은 아직 그 주소지에 살고 있었고, 그 사람의 도움으로 전 소유자의 연락처를 알아낸 뒤 만날 수 있었습니다. 분묘에 모신 분들은 그의 부모였습니다. 마음속으로 안도하며 말을 이어갔어요.

"제가 이 땅을 낙찰받았으니 분묘를 옮겨주시길 정중히 부탁드립니다."

"무슨 소리예요? 아직 내 땅이었을 때 내 부모를 모셨으니 분묘기지권이 성립하는 거 아닙니까? 설마 그것도 모르고 경매한다고 하진 않으시겠죠?"

터무니없는 이야기를 하더군요. 한 기는 분묘기지권이 성립할지 모르지만, 새로 생긴 분묘 한 기는 등기가 끝난 뒤에 생겼는데도, 이 사람은 당당하게 분묘기지권을 주장했습니다. 이제 첫 낙찰을 받은 초보가 뭘 알겠습니까. 지금이라면 미리 대비하고 갔을 텐데 그때는 그러지 못했습니다. 기세에 눌려서 인정에 호소하기로 했어요.

"제가 사업이 망해서 먹고 살려고 이 터를 낙찰받았습니다. 그러니 제발 옮겨주시면 고맙겠습니다."

"아니, 글쎄. 안된다고요."

이런저런 핑계까지 대가며 사정을 했지만 통하지 않았어요. 그러자 저도 오기가 생겼습니다.

"계속 이렇게 완강하게 나오시면 저도 법대로 하는 수밖에 없습니다."

"그래요? 어디 소송하려면 해보세요."

자리에서 나왔습니다. 돌아오면서도 '오냐, 진짜로 소송해주마'라는 마음이 부글부글 끓어올랐어요. 이렇게 본의 아니게 첫 번째 낙찰에서부터 소송이 진행된 것입니다.

셀프로 진행한 분묘굴이청구소송

돈이 없어서 묘지를 낙찰받은 사람이 변호사 쓸 돈이 있겠습니까? 결국 제 선택은 셀프소송이었습니다. 덕분에 팔자에도 없는 법 공부를 시작했습니다. 일단 도서관에서 「장사등에관한법률(장사법)」 조문이 들어 있는 법전을 빌려다가 한 줄 한 줄 읽기 시작했습니다.

유골은 몇 미터 이하로 묻어야 한다는 둥, 시신을 약품처리 할 때는 위생이 어째야 한다는 둥, 임신 중의 태아가 시신에 포함이 되느니 안 되느니…. 읽다 보니 머리가 핑핑 돌 지경이었습니다. 눈에선 글을 읽는데 머리에는 잘 안 들어왔습니다. 사망, 시신, 유골 등 평소에 접하기 불편한 단어가 나열된 법전을 보면서 이렇게까지 투자를 해야 하나 자괴감도 들었습니다. 그래도 어쩌겠습니까. 엎질러진 물이니 해결은 해야 했기에 마음을 다잡았습니다.

직접 공부를 해보니 분묘기지권의 개념이 시대에 따라 조금씩 달라지고 있다는 걸 알 수 있었습니다. 과거에는 분묘로 인정되는 면적이 매우 넓었지만 점차 그 범위가 줄어들고, 요건도 엄격해졌습니다. 묘지는 대부분 풍광이 좋은 명당자리에 있는데, 이런 땅일수록 개발가치가 높다 보니 땅을 분묘로 남겨두기에는 현실적으로 아까웠던 모양입니다. 분묘기지권이 성립하려면 다음 세 가지 요건 중 어느 하나에 속해야 합니다.

❶ 토지 소유자의 승낙을 얻어 분묘를 설치한 경우
❷ 토지 소유자의 승낙은 없었으나 분묘를 설치한 후 20년을 평온하게 분묘를 점유한 경우
❸ 토지 소유자가 분묘를 설치한 후 분묘를 이전한다는 특약 없이 매도한 경우

다만 이 성립요건의 전제사항으로, 관리가 되고 있으며 제사를 지낸다는 조건이 붙습니다. 다시 말해서 관리되지 않고 주인 없는 묘지는 분묘기지권이 성립하지 않는다는 뜻입니다.

최근에는 분묘기지권이 성립하려면 민가에서 $300m$, 하천이나 도로에서 $200m$ 이상 떨어져 있어야 합니다(2017년 시행령 개정 기준). 국가가 이런 식으로 분묘기지권을 점차 완화시켜온 것은, 땅도 좁은 나라에서 굳이 묘를 쓰지 말고 수목장 등 친환경적 장례문화로 바뀌도록 유도한다는 뜻입니다.

한 가지 덧붙이자면, 2001년 1월 13일은 「장사법」이 시행된 일자로, 분묘기지권을 따질 때 정말 중요한 날입니다. 이 날을 기준으로 분묘기지권의 시효취득 인정여부가 달라지기 때문이지요. 2001년 1월 12일 이전, 다시 말해 장사법 시행 이전에 설치된 분묘는 관습법상 권리를 인정합니다(대법원 2013다17292).

하지만 2001년 1월 13일 이후 만들어진 분묘의 경우, 소유자의 승낙 없이 타인의 토지에 무단으로 설치된 분묘의 연고자는 그 분묘의 보존을 위한 권리

를 주장할 수 없습니다. 아무리 오랫동안 소유자의 이의제기가 없었다 하더라도 연고자는 소유자에게 분묘기지권을 주장할 수 없습니다.

판례로 가능성을 확인하다

소송을 앞두고 분묘기지권에 대한 판례를 보이는 대로 찾아서 읽었습니다. 그러다가 '춘천지방법원 선고 2012가단3834 분묘굴이 등의 판례'가 눈에 들어왔습니다. 처음으로 분묘기지권에 관해서 지료 문제를 언급한 판례입니다.

> **2012가단3834 판결 (일부 발췌)**
> 토지 소유자의 승낙을 얻어 분묘가 설치된 경우 분묘 소유자는 분묘기지권을 취득하고, 권리자가 분묘의 수호와 봉사를 계속하며 그 분묘가 존속하고 있는 동안 존속한다고 해석함이 타당하나, 이는 민법 제287조의 유추적용에 따른 분묘기지권 소멸청구를 배제하는 취지는 아니라고 할 것이므로 분묘기지권자가 지료 지급을 구하는 확정판결을 받은 경우에는 지료의 청구를 받고도 상당한 기간 동안 지료의 지급을 연체한 경우에는 그 지체된 지료가 판결 확정 전후에 걸쳐 2년분 이상일 경우에는 예외적으로 토지 소유자는 민법 제287조에 의하여 지상권의 소멸을 청구할 수 있다고 할 것이다.

이에 따르면, 자기 소유 땅에 묘지를 지었는데 그 땅이 경매 등으로 소유권이 넘어가더라도 분묘기지권은 성립됩니다. 그런데 이 분묘기지권은 일종의 법정지상권과 비슷한 개념으로, 철거까지 할 필요는 없지만 새로운 소유자에게 적당한 지료를 지불해야 한다는 것입니다. 여기에 근거하여 대법원 2015다206850 판결은 지료를 확정 판결했고, 지료 체납이 2년을 경과하자 분묘기지권을 법정지상권의 개념으로 전환하여, 토지주의 손을 들어 분묘 철거를 확정했습니다.

> **2015다206850 판결 (일부 발췌)**
> 자기 소유의 토지 위에 분묘를 설치한 후 토지의 소유권이 경매 등으로 타인에게 이전되면서 분묘기지권을 취득한 자가, 판결에 따라 분묘기지권에 관한 지료의 액수가 정해졌음에도 판결확정 후 책임 있는 사유로 상당한 기간 동안 지료의 지급을 지체하여 지체된 지료가 판결확정 전후에 걸쳐 2년분 이상이 되는 경우에는 민법 제287조를 유추적용하여 새로운 토지 소유자는 분묘기지권자에 대하여 분묘기지권의 소멸을 청구할 수 있다. 분묘기지권자가 판결확정 후 지료지급 청구를 받았음에도 책임 있는 사유로 상당한 기간 지료의 지급을 지체한 경우에만 분묘기지권의 소멸을 청구할 수 있는 것은 아니다.

이 판례는 분묘기지권자가 2년 동안 지료를 내지 않을 경우 분묘기지권의 소멸을 청구할 수 있다는 중요한 판례입니다. 소유자의 권리를 어느 정도 선에서 보장하기 위한 것이죠.

제가 낙찰받은 땅은 소유권이 이전된 지 두 달 남짓 되었기에 지료 연체기간도 2개월로 볼 수 있지만 이렇게 계속 연체되는 기간이 2년을 넘으면 분묘기지권소멸을 청구할 수 있습니다. 상대방은 '지료라니 무슨 말도 안 되는 소리냐'라고 펄쩍 뛰니 지료를 안 낼 가능성이 높겠죠.

게다가 애초부터 분묘기지권이 성립되지 않는다면 당연히 분묘를 철거하는 것도 가능합니다. 새로 지은 묘는 이 땅이 경매로 넘어온 이후에 만들어진 것이기 때문에 아직 소유권이 넘어가기 전이라 해도 불법매장에 해당할 수 있습니다.

각종 법령과 판례를 조사한 저는 이길 수 있다는 자신감이 생겼지만, 바로 소장을 제출하지는 않고 전 소유자에게 분묘를 이장해 달라는 내용증명을 보냈습니다. 소송으로 가면 아무래도 서로 피곤할 테니 좋게 협의하자는 제 나름의 최후통첩이었습니다. 그럼에도 이장을 거부하는 상대방의 반응에 저는 결국 정식으로 소장을 제출했습니다.

사실 지금 같으면 좀 더 여유롭게 법조문을 제시하면서 부드럽게 협의를 진행하겠지만, 당시에는 첫 낙찰이었고 부드러운 협상력이 부족했던 터라 감정적으로 대응했다는 점을 인정합니다. 저나 상대방이나 피차 어려운 상황에서 마주했는데, 서로 강하게 충돌하다 보니 분묘굴이소송으로 진행할 수밖에 없었습니다.

첫 소송이다 보니 내용증명서나 소장 내용들이 부실하기도 했습니다. 소장을 제출하며 이에 대한 입증서류로 토지등기부, 토지(임야)대장, 분묘사진 등을 제출했습니다. 그리고 그해 말 처음으로 소송원고 자격으로 대구지방법원에 출두했습니다.

기세등등하던 피고도 막상 법원에서 만나니 위축되어 있더군요. 저는 이미 판례와 법조문을 통해 제가 유리하다는 것을 확인했으니 거리낄 것이 없었지만 사실 마음 한편은 편치 않았습니다. 내색은 안했지만 첫 소송인지라 은근

▼ 분묘 이장을 요청하는 내용증명

내 용 증 명

통 지 인 : 신 동 기
　　　　　대구 달서구 ○○동 ○○○

피통지인 : 이 ○ ○
　　　　　경북 경산시 ○○동 ○○○○

제　　　목 : **불법분묘이전 및 토지 원상복구 관련 내용증명**
부동산의 표시 : 경북 경산시 ○○면 ○○○○(전195㎡), ○○○○(대820㎡)

- 내　　용 -

1. 귀하의 무궁한 발전을 기원합니다.

2. 본인은 경북 경산시 ○○면 ○○리 ○○○○(전195㎡), ○○○○(대820㎡) 2012년 ○○월 ○○일 임의경매로 소유권을 획득하고 ○○월 ○○로 등기필한 대지 및 전으로 소유권 확인과 1구의 분묘(첨부사진1)가 있음을 확인하였습니다.

3. 2012년 ○○월 ○○일 본인이 현재의 토지에 방문한 바 2개의 분묘가 설치된 것을 확인하였습니다. (첨부사진2)

4. 경산시 사회복지과(담당 예호종)에 두 개의 분묘 개장 및 이장 공고를 요구하였습니다.

5. 좌측 분묘1기도 불법매장임을 확인하였고(경산시 사회복지과에 의뢰 확인됨) 추후 이장까지 장사법에 따라 최소 30㎡만 개장 전까지 허가할 것입니다.

▼ 분묘 이장을 요청하는 내용증명

6. 본인은 경산시 도시계획조례 제17조 2항에 의해 민물어류 양식장을 ○○○○ 및 ○○○○에 660㎡에 허가를 구한 예정이며, 경산시 도시계획조례 48조에 의거 관리사 한 개동(60㎡)을 지을 계획입니다.

7. 위 사업은 ○○월 ○○일 이후 시행할 계획입니다.

8. 위 사항에 대한 점을 협의코자 하오니 ○○월 ○○일까지 아래 번호로 연락주십시오. 원만한 협의 부탁드립니다. (전화 010-○○○○-○○○○)

첨부서류 : 1. 등기필정보 및 등기완료 통지서
          2. 임의경매 시 현장사진
          3. ○○월 ○○일 현장사진 (총 9매 중 1매)

2012. ○○. ○○.
위 통지인 신동기

이○○ 님 귀하

▼소장

소 장

원   고   신 동 기
               대구 달서구 ○○동 ○○○

피   고   이 ○ ○
               경북 경산시 ○○동 ○○○○

분묘철거등 청구의 소

청 구 취 지

1. 피고는 원고에게 경산시 ○○면 ○○리 ○○○○ 대 920평방미터 중 별지도면 표시 1, 2, 3, 4, 1의 각 점을 차례로 연결한 선내 (가)부분 약30평방미터와 5, 6, 7, 8, 5의 각 점을 차례로 연결한 선내 (다)부분 약1평방미터, 9, 10, 11, 12, 9의 각 점을 차례로 연결한 선내 (다)부분 약0.2평방미터, 13, 14, 15, 16, 13의 각 점을 차례로 연결한 선내 (라)부분 약0.2평방미터를 각 인도하고, 위 도면표시 (가)부분 내에 설치된 분묘 1기 및 (나), (다), (라)부분 내에 설치된 석물 3점을 철거하라.

2. 피고는 원고에게 이 소장송달일 그 다음날부터 인도완료일까지 매월 금 100,000원의 비율에 의한 금원을 지급하라.

라는 판결을 구합니다.

(※ 이하 생략)

CASE 11   분묘에 대해 사용료를 받을 수 있다

위축이 되고, 남의 조상을 이장한다는 것이 마음 편치는 않았지요. 하지만 소송은 심리 싸움이기도 하니 내색하지 않으려 노력했습니다.

분묘기지권을 두려워할 필요가 없다
―

재판은 재판대로 진행하지만 사건을 길게 끌어봐야 좋을 것 없습니다. 그래서 한편으론 전화와 문자를 통해 협상을 하고 싶다는 의사를 내비쳤습니다. 그런데도 상대방은 들은 척도 하지 않더군요. 결국 재판이 이어졌고, 변론기일에 참석해 제 뜻을 밝혔지요. 저는 판례를 보이며 지료 청구 및 새로 생긴 1기의 분묘굴이를 주장했고, 상대방은 분묘기지권이 성립한다는 말만 반복할 뿐이었죠. 두 차례 변론을 마칠 때까지도 좀처럼 의견을 좁힐 수가 없었습니다.

판사는 협상을 통해 의견을 모으길 원했고, 이윽고 조정권고가 내려졌습니다. 분묘가 포함된 필지 248평을 1,500만 원에 매도하라는 조정에 저는 흔쾌히 동의했습니다. 상대방도 잠시 망설이더니 판사님의 뜻을 받아들이더군요. 아무래도 조정권고를 내리는 판사의 의중이 뭔지 알 것 같고, 계속 소송을 진행해봐야 지료청구나 분묘굴이 등 불편한 상황들이 연출될 것을 직감했겠죠. 더군다나 부모가 누워 계신 곳이니 소송에서 패소한다면 난처한 상황이 연출될 것을 부담스럽게 느낀 것 같았습니다.

두 번의 법정 출두와 한 번의 협상으로 분묘를 포함한 248평의 땅은 1,500만 원에 매도하고 나머지 58평은 남겨두게 되었습니다. 이 땅을 낙찰받은 지 꼭 1년 만의 일입니다. 총 800만 원에 낙찰받은 땅 4분의 3을 1년 만에 1,500

만 원에 팔았습니다. 이걸로도 두 배 가까운 수익이지만 4분의 1은 남겨두고 되팔았으니 수익은 더 높은 셈이죠. 소송을 거치며 속 썩은 걸 생각하면 흡족할 만큼의 이익은 아니지만, 생전 처음 「장사법」을 공부하고 분묘 철거에 대한 여러 판례를 들여다보며 분묘굴이 소송을 직접 진행해봤으니 돈도 벌고 좋은 수업도 받았다고 생각했습니다.

게다가 남겨둔 땅의 시세는 세 배 이상 올랐습니다. 이미 수익금은 모두 회수했겠다, 당장 팔 필요가 없어 농사를 짓고 있는데 향후 이 지역이 좀 더 개발되고 시세가 오르면 천천히 처분할 생각입니다.

이 사건을 겪으며 얻은 가장 큰 수확은 분묘기지권에 대한 두려움이 사라진 것입니다. 사람은 뭐든지 첫발을 잘 들여놔야 한다는데, 하필 첫 투자가 분묘기지권과 셀프 소송이었으니 그다음 투자부터는 물건을 분석하고 입찰하는 게 좀 수월해졌습니다.

이후에도 종종 묘지가 있는 토지를 낙찰받았습니다. 대부분 1,000만 원이 안 되는 금액으로 낙찰받을 수 있으면서도 나중에는 쏠쏠한 수익을 올리게 해주는, 참 매력적인 투자처입니다.

한 걸음 더

분묘 투자 시 꼭 알아둬야 할 핵심 판례들

분묘기지권이 인정되면 타인의 분묘를 함부로 옮길 수는 없습니다. 그러나 「장사등에관한법률」 시행일(2001.1.13) 이후부터는 시효취득(20년 동안 평온 공연하게 점유하면 재산을 취득하게 되는 민법상의 제도)으로 인한 분묘기지권은 인정되지 않습니다. 토지 소유자의 승낙 없이 그 토지에 분묘를 설치한 경우 관할 시장 등의 허가를 받아 분묘를 개장할 수 있는 것이지요.

이때 개장하려면 미리 3개월 이상의 기간을 정해 그 뜻을 해당 분묘의 설치자 또는 연고자에게 알려야 합니다. 다만 분묘 연고자를 알 수 없는 경우에는 그 뜻을 공고해야 합니다. 공고는 중앙일간신문을 포함한 둘 이상의 일간신문에 하는데, 공고 내용에 들어갈 사항은 분묘의 위치 및 장소, 개장사유, 개장 후 안치장소 및 기간, 공설묘지 또는 사설묘지 설치자의 성명, 주소 및 연락 방법, 그밖에 개장에 필요한 사항의 내용을 적습니다. 공고는 2회 이상 하되, 두 번째 공고는 첫 번째 공고일로부터 1개월이 지난 다음에 해야 합니다. 공고기간 종료 후에도 분묘의 연고자를 알 수 없는 경우에는 화장한 후에 유골을 일정 기간 봉안 처리해야 하는데, 이 사실을 관할 시장 등에게 신고해야 합니다.

● 분묘에 대한 지료를 지급해야 하는 경우

자기 소유의 토지에 분묘가 있다가 이 토지를 제3자에게 처분하면서 분묘기지권을 확보한 경우에는 지료를 지급해야 합니다. 경매의 경우도 마찬가지입니다. 이때 판결에 따라 분묘기지권에 관한 지료의 액수가 정해졌음에도 불구하고 판결 확정 전후에 걸쳐 2년분 이상의 지료가 연체된 경우 분묘기지권의 소멸을 청구할 수 있습니다.

● 분묘에 대한 지료를 지급하지 않아도 되는 경우

시효취득에 의해 분묘기지권이 성립하는 경우에는 지료를 지급할 필요가 없다고 판시하고 있습니다.

> **대법원 94다37912 분묘수거**
>
> **판결요지** 타인 소유의 토지에 소유자의 승낙 없이 분묘를 설치한 경우에는 20년간 평온, 공연하게 그 분묘의 기지를 점유함으로써 분묘기지권을 시효로 취득한다.
>
> 지상권에 있어서 지료의 지급은 그 요소가 아니어서 지료에 관한 약정이 없는 이상 지료의 지급을 구할 수 없는 점에 비추어 보면, 분묘기지권을 시효취득하는 경우에도 지료를 지급할 필요가 없다고 해석함이 상당하다.

간혹 임야에 위치한 분묘 중에는 낙찰받으면 횡재했다고까지 할 만한 경우가 있습니다. 「장사법」에 의하면 분묘로 인정받기 위해서는 반드시 그 안에 시신이 존재해야 하는데, 임야나 전·답·과수원 안에 있는 묘 중에는 가묘인 경우가 종종 있기 때문입니다. 아직 어르신이 돌아가시기 전이지만 묘 자리가 좋은 곳을 놓치기 싫어 미리 터를 잡아놓은 것입니다.

흔히 말하는 객사한 사람의 묘도 마찬가지입니다. 외지에서 사망한 사람의 시신을 찾지 못하면 유품만 가지고 분묘를 조성하기도 하는데, 뱃사람들이 많은 해안가에는 이러한 분묘가 종종 있습니다. 이 경우에도 분묘기지권이 인정되지 않아 철거를 요구할 수 있지요.

분묘기지권은 소송으로 가더라도 대부분 조정으로 정리됩니다. 묘주 입장에서도 어차피 이장해야 한다면 최종판결까지 가는 것보다 적당한 가격에 협의하는 것이 편합니다. 최근에는 분묘기지권에 대한 지료, 봉제사에 직접적으로 소요되는 제한적 면적 등을 제시하는 판례가 많이 나오고 있습니다. 이러한 판례를 활용하면 굳이 소송까지 가지 않더라도 협상을 통해 좋은 결과를 만들 수 있습니다. 특히 분묘기지권이 성립하더라도 지료를 받을 수 있다는 점, 지료를 제대로 내지 않으면 분묘를 철거할 수 있다는 점을 적극 활용하면 좋습니다.

앞으로는 분묘에 대한 지료청구소송이 점점 많아질 것이고, 대법원 판례도 더 적극적으로 활용되지 않을까 합니다. 분묘는 명당에 위치한 것이 많으니, 당시에는 지가가 저렴했더라도 현재는 결코 아니지요. 땅값이 높아졌는데 과거처럼 조상님과 관련된 일이라고 해서 쉬이 넘어가지는 않을 겁니다. 분묘에 대해 달리 봐야 할 시점이 올 것입니다.

최근 두 건의 분묘 지료청구 소송을 진행 중입니다. 이 책이 나올 쯤에는 결론이 나겠지요. 기존의 판례나 사례도 있지만, 지료청구 소송을 다시 한 번 진행하면서 과정들을 정리해보는 소중한 기회가 될 것으로 보입니다. 다음 기회에 이 사례 또한 소개하도록 하겠습니다.

CASE 12
기부채납의 함정을 조심하라

공매중지신청 & 미불용지 투자

보상의 틈새를 노리는 미불용지 투자

본격적으로 경·공매 물건에 입찰하기 시작한 2012년, 첫 해에만 18개의 물건을 낙찰받았습니다. 남들이 보면 많이 낙찰받았다고 부러워할 수 있겠지만 속내를 보면 소위 위험하니 초보자는 낙찰받지 말라고들 말하는 물건들입니다. 분묘, 맹지, 예고등기 물건, 위반농지 물건, 지분, 법정지상권 등 특수물건들만 골라서 받았죠.

고수들만 한다는 특수물건에 초보가 겁 없이 도전한 것이 대단하다고 볼 수도 있지만, 사실은 당시 자금 사정이 좋지 않다 보니 많은 돈이 소요되거나 입찰자가 몰리는 물건을 입찰할 수가 없었을 뿐입니다. 그래서 초보였지만 투자금이 적게 드는 특수물건에 도전했는데, 그중 하나가 바로 '미불용지 투자'였습니다.

미불용지란 종전에 시행된 공공사업의 부지로서 보상금이 지급되지 않은 토지를 말합니다. 원칙적으로 공공사업에 편입된 토지는 사업시행 이전에 보상이 완료되는데 여러 가지 원인으로 보상금을 지급하지 않은 채 사유재산을 공익사업에 사용하고 있는 경우입니다.

예를 들어, 도로(또는 공원, 학교 등) 부지 중 일부가 경매에 나왔다고 가정해봅시다. 해당 물건은 개인 명의고 채무관계가 복잡하여 경매로 나왔습니다. 이를 낙찰받으면 어떻게 해야 할까요? 내 땅이니 떡 하니 도로를 가로막을 수 있을까요? 공익사업으로 조성·이용되고 있으니 그럴 수는 없습니다.

그럼 막지도 못하는 땅을 왜 낙찰받을까요? 바로 해당 지자체장을 상대로 부당이득반환청구소송을 통해 지료를 청구할 수 있기 때문입니다. 도로를 막을 수는 없지만 내 땅을 도로로 쓰고 있으니 지료를 달라고 청구할 수 있는 것이죠.

그렇다면 단순히 지료만 청구하기 위해 낙찰받을까요? 여기엔 좀 더 깊은 뜻이 숨어 있습니다. 바로 경매 감정평가액이 낮다는 점입니다. 일반적으로 토지의 가치를 매길 때 감정평가사는 인근에서 유사 사례를 적용하여 인접 대지와 비교하여 감정을 합니다. 그런데 도시계획시설 예정부지는 개발행위를 할 수 없어 일반적으로 인접대지보다 30% 감가한 감정평가를 합니다.

게다가 현재 도로로 사용하고 있는 상태라면 3분의 1로 감가를 해서 결과적으로 인접대지의 30~40% 감정으로 나오는 경우가 많습니다. 이렇게 신건에 나온 도로가 유찰이 거듭되어 감정가의 50%에 낙찰을 받았다고 가정해보면, 인근 시세의 15% 가격으로 낙찰받은 셈입니다. 이렇게 낮은 가격에 낙찰받아 지료청구소송을 하면 꽤 흥미진진한 일이 벌어집니다.

미불용지일 경우 지료청구의 기준

이런 경우 지료청구의 기준은 낙찰가일까요? 아니면 도로임을 감안해 매겨진 경매 감정평가액일까요? 둘 다 아닙니다. 미불용지는 보상의 예외 조항에 들어가기 때문입니다.

> 「공익사업을 위한 토지 등의 취득 및 보상에 관한 법률시행규칙」
> 제23조(공법상 제한을 받는 토지의 평가)
> ❶ 공법상 제한을 받는 토지에 대하여는 제한받는 상태대로 평가한다. 다만, 그 공법상 제한이 당해 공익사업의 시행을 직접 목적으로 하여 가하여진 경우에는 제한이 없는 상태를 상정하여 평가한다.
> ❷ 당해 공익사업의 시행을 직접 목적으로 하여 용도지역 또는 용도지구 등이 변경된 토지에 대하여는 변경되기 전의 용도지역 또는 용도지구 등을 기준으로 평가한다.

원칙적으로 보상은 현재 이용 상태(일시적 이용 상태는 제외)를 기준으로 하지만, 이 법에서 보듯 공법상 제한을 받는 토지가 공익사업 시행을 직접 목적으로 하여 변경된 경우에는 그렇지 않습니다. 이 말을 쉽게 설명하면 이런 뜻입니다. 어떤 필지가 수용이 예정되어 있어 제한을 받고 있다고 해봅시다. 이때 필지의 감정은 제한을 받고 있는 상태로 평가하는 게 맞습니다. 이 땅을 매입한들 아무 개발을 못 할 테니까요.

만약 이 땅이 수용되면서 아파트단지가 들어선다면 이 땅의 가치는 낮게 보상됩니다. 그런데 공공주택이 아닌 도로가 개설된다고 하면 얘기가 달라집니다. 이때 보상가는 도로 예정지로 제한을 받는 상태가 아니라 '전'이나 '대지' 등등 이전 상태일 때를 기준으로 평가됩니다. 당연히 도로로 평가받을 때보다 보상가가 높아지겠죠.

보상 기준의 틈새를 노리다

왜 이런 현상이 일어날까요? 바로 형평성의 원리를 위해서입니다. 잘 생각해 보세요. 국가에서 도로를 내려고 하는데 당장 지금부터 도로를 위해 수용을 하면 보상가가 높게 나갈 겁니다. 현 시세대로 보상을 해야 할 테니까요. 그런데 몇 년 전부터 도로 예정지라는 공법 제한을 미리 묶어두면 어떻게 될까요? 어차피 아무 개발을 못하는 땅이니 시세가 낮게 형성됩니다.

그런데 국가에서 도로 예정지로 묶어놓은 바람에 시세가 낮아진 건데 그대로 낮은 가격에 수용해 버리면 국가가 이익을 독식하고 개인의 재산권은 침해당하는 것이 됩니다. 그래서 공법상 제한을 당해 공익사업의 시행을 직접 목적으로 한 경우에는 제한이 없는 상태로 평가하는 것입니다.

만약 이미 공공시설(도로, 공원, 학교 등)이 설치됐음에도 기존에 보상을 하지 않은 상태라면 그 시설이 없는 상태로 보고, 공익사업으로 수용 직전 이용 상태를 고려합니다. 직전 지목이 '전'이었으면 '전'을 기준으로, '대'였으면 '대'를 기준으로 보상합니다. 여기에 지정 당시 공시지가를 기준으로 지가변동률, 생산자물가상승률과 그 밖에 그 토지의 위치·형상·환경·이용 상황 등을 고려하고 주변 경제적 가치를 따져 보상합니다. 결과적으로, 경매에서는 도로로 사용 중이라는 이유로 3분의 1 수준으로 낮게 감정평가됐더라도 지료청구가 되는 지가의 평가금액은 달라질 수 있습니다.

뿐만 아니라 이렇게 평가된 지가로 지료를 지급하려면 지자체 입장에서는 매년 예산을 책정해야 하는 번거로움이 있어 2~3년 후 해당 토지를 보상하고 수용하는 경우가 많습니다. 경매로 싸게 낙찰받아 높은 가격의 지료를 받다가 높은 가격에 수용되니 1석2조 아니겠습니까? 그래서 미불용지 도로 투자가 돈이 된다는 말이 있는 것입니다.

1석2조 미불용지 투자법 얘길 들으니 구미가 당기시나요? 하지만 미불용지에는 몇 가지 주의사항이 있습니다. 실제 경매에 나오는 도로는 미불용지인 것처럼 보이지만 아닌 경우가 더 많기 때문이죠.

무슨 말이냐고요? 미불용지는 말 그대로 과거에 보상금이 지급되지 않았어야 미불용지입니다. 그런데 실제로는 보상금이 지급됐지만 다양한 사유로 소유권 이전만 되지 않아 기존 소유자 이름으로 남아 있는 경우가 있습니다. 이런 경우 과거 보상금이 지급된 순간 이미 소유권이 변동되었다고 보므로 더 이상 미불용지가 아닌 것입니다. 법에는 이렇게 등기가 없어도 일정한 요건이 갖춰지면 당연히 물권 변동의 효과가 발생하도록 규정하는 경우가 있는데 대표적으로 상속, 경매, 공용징수 등이 있습니다.

미불용지인 듯 미불용지가 아닌 땅에 주의하자

미불용지 물건에 대해 배우던 초보 시절, 물건을 검색하다 보니 제 주거지 인근에 있는 아파트 입구의 도로가 하나 나왔습니다. 초보인 제 눈에는 무척 근사하게 보였습니다.

해당 토지는 ○○주택개발 소유였다가 세금 체납으로 공매로 나왔는데, 바로 인접 아파트 세대수가 1,000세대에 이릅니다. 이 땅은 아파트 주민들의 통행로로 쓰이고 있었으며, 주위에 빌라나 주택이 많이 있어서 입지적으로도 우수한 곳이었죠. 제 짧은 생각에는 이 물건을 낙찰받은 뒤 협상을 잘하면 엄청난 수익이 날 것 같았습니다.

토지 등기부상 특이한 점은 없었습니다. ○○주택개발이 소유자였고, 그 흔한 근저당도 하나 없었지요. 동대구세무서와 안동시의 압류 등기가 전부였습니다. '법인소유 토지가 세금체납으로 공매에 나왔구나. 법인 입장에서는 아까운 물건 넘어갔네' 하는 생각마저 들었습니다. 이렇게 좋은 곳에 떡하니 있는 도로를 법인이라고 놓치고 싶었겠느냐마는 세금이 체납되다 보니 어쩔 수 없

▼ 해당 필지의 위치와 토지이용계획서

지목	도로		면적	166㎡
개별공시지가 (㎡당)	개별공시지가 자료 없음.			
지역지구등 지정여부	「국토의 계획 및 이용에 관한 법률」에 따른 지역·지구등	준주거지역 · 중로2류(폭 15M~20M)(접함) · 중로3류(폭 12M~15M)		
	다른 법령 등에 따른 지역·지구	가축사육제한구역<가축분뇨의 관리 및 이용에 관한 법률> , 상대보호구역(2015-04-15)(축곡초등학교)<교육환경 보호에 관한 법률> , 배출시설설치제한지역<수질 및 수생태계 보전에 관한 법률>		
「토지이용규제 기본법 시행령」 제9조제4항 각 호에 해당되는 사항				

▼ 입찰 결과

2011-　　　　입찰시간 :　　　　　　　　　　조세정리팀 ☎ 053-760-5051

소재지	대구 달성군		도로명주소검색			
물건용도	도로	위임기관	동대구세무서	감정기관	프라임감정평가법인(주)
세부용도		집행기관	한국자산관리공사	감정일자	2011-08-22
물건상태	낙찰	담당부서	대구경북지사	감정금액	67,600,000
공고일자	2011-12-28	재산종류	압류재산	배분요구종기	0000-00-00
면적	도로 169㎡			처분방식	매각
명도책임	매수자	부대조건	본건 아파트 출입구 부분 도로임.		
유의사항					

● 입찰 정보(인터넷 입찰)

회/차	대금납부(납부기한)	입찰시작 일시~입찰마감 일시	개찰일시 / 매각결정일시	최저입찰가	결과
008/001	일시불/낙찰금액별 구분			33,800,000	유찰
009/001	일시불/낙찰금액별 구분			30,420,000	낙찰

☞ 낙찰 결과

낙찰금액	31,500,000	낙찰가율 (감정가격 대비)	46.6%	낙찰가율 (최저입찰 대비)	103.55%
유효입찰자수	1명	입찰금액	31,500,000원		

CASE 12　기부채납의 함정을 조심하라

이 땅이 공매에 넘어갔고, 제 눈에 들어온 거죠.

　즉각 실행에 돌입했습니다. 169m^2(51평) 면적으로 약 6,700만 원 감정가인 도로를 반값도 안 되는 3,150만 원에 낙찰받았습니다. 내 생애 처음으로 도로를 낙찰받은 것입니다. 낙찰 결과를 보는 순간 가슴이 두근거리고 심장박동이 빨라졌습니다. 통행료 명목으로 세대 당 한 달에 2,000원씩만 받아도 200만 원의 한 달 수입이 생길 테고 만약 통행료를 만 원으로 올리면 천만 원이나 되는 큰돈이 들어옵니다. 하지만 그렇게 폭리를 취하면 안 되니까 한 달에 5,000원 이상은 받지 말자는 선의(?)의 다짐까지 한 터였습니다.

낙찰받고 보니 기부채납된 도로

대단지 앞의 도로를 낙찰받았다는 기쁨에 들떠 있었지만 한편으론 '이렇게 좋은 물건에 왜 단독입찰을 했을까?'란 의문이 들었습니다. 다수의 입찰자들이 있었다면 '내가 제대로 된 물건을 봤구나'란 안심이 들었을 텐데, 도로 낙찰은 처음인 데다 단독입찰이다 보니 아무래도 마음에 걸렸습니다. 화장실 들어가기 전과 나올 때 마음이 다르다더니, 입찰하기 전에는 그렇게 낙찰받고 싶어 안달이 났는데 막상 단독입찰이란 결과를 마주하자 뭔가 잘못된 게 아닐까 하는 생각이 들더군요. 그래서 혹시나 하는 마음에 잔금을 내기 전에 달성군청 도로 담당부서를 방문했어요.

　"이거 제가 공매로 낙찰받았는데요. 소유권 이전하는 데 문제 없겠죠?"

　담당자에게 낙찰 내역과 주소를 건넸습니다. 주소를 건네받은 담당자는 컴

퓨터를 이리저리 살폈고, 저는 초조하게 담당자의 얼굴을 살폈죠. 이윽고 고개를 든 담당자의 입에서 청천벽력과 같은 말이 나왔습니다.

"이 땅은 이미 기부채납 완료된 달성군청 땅입니다."

"네? 그게 무슨 말씀이세요?"

너무 놀라고 가슴이 벌렁거려 말이 나오지 않을 지경이었습니다.

"○○주택개발이 아파트 인허가 과정에서 해당 도로를 기부채납하는 조건으로 인허가를 받았어요. 그래서 명의는 ○○주택개발로 돼 있어도 아파트 준공이 완료됐을 때 이미 달성군청 소유로 된 것입니다."

"그런 게 어디 있어요?"

"제게 따지셔봤자 아무 소용없습니다."

"아…."

마른하늘에 날벼락도 유분수지, 이게 무슨 일입니까? 명의가 ○○주택개발인데 이미 달성군청 땅이라뇨. 저는 남의 땅을 낙찰받고 좋아하고 있었던 겁니다. 대체 왜 달성군청으로 등기이전이 되지 않고 계속 ○○주택개발 명의로 남아 있었던 걸까요? 일반적으로 준공 완료와 동시에 도로는 국가나 지자체로 소유권이전이 되지만 간혹 이전이 되지 않는 경우가 있습니다. ○○주택개발이 준비한 서류가 일부 미비해 등기관이 반려했는데, 보완을 하지 않은 상태로 시간이 경과되었거나 인감증명서 유효기간이 지난 것입니다.

인감증명서의 유효기간은 보통 3개월인데, 이 기간이 지나면 등기소의 보정명령이 떨어집니다. 이런 경우 다시 인감증명서를 발급받아 제출하면 되지만 여러 이유로 인감증명서를 제출하지 않아 등기이전이 완료되지 않을 수 있는 것입니다. 법률 규정으로 이미 준공허가가 났을 때 어차피 달성군청 소유로 이전된 효과가 발생했으니 담당자도 소유권이전등기에 크게 신경 쓰지 않은 채 시간이 흘렀고, 그 사이 ○○주택개발의 체납세금에 압류를 한 세무서도 이 사실을 모른 채 이 도로가 공매에 나오게 된 것입니다.

그동안 없는 돈에 수익 내보자고 열심히 노력한 시간이 주마등처럼 흘러갔습니다. 1년 넘게 경매공부에 매달렸으나 기본적인 물건에서는 수익이 크게 나지 않는다고 느껴 일부러 특수물건에 매달렸던 저였습니다. 치열한 경매 분야에서 틈새시장을 찾고자 열심히 공매를 공부했는데, 공매로 첫 낙찰받은 도로에서 공무원들의 잘못으로 보증금을 날리게 생겼으니 세상에 이렇게 황당한 경우가 어디 있습니까?

사(私)개발에서 발생하는 기부채납

여기서 잠깐, 기부채납이 뭔지 알아볼까요? 기부채납이란 재산의 소유권을 무상으로 국가에 이전하는 것을 말합니다. 가령 도시계획사업을 시행할 때 구역 내 도로를 용도 폐지하여 양여받는 조건으로 대체 도로를 설치해 국·공유지로 무상 귀속하는 등의 기부채납이 가능합니다. 기부채납을 하면 용적률·건폐율 등의 기준을 완화시켜주기도 하지요.

개발 사업은 그 성격에 따라 공(公)개발과 사(私)개발로 나뉩니다. 공개발은 공익을 목적으로 시행하는 개발로 수용권이 있어 체계적인 개발이 가능합니다. 하지만 사개발은 개인의 이익 목적으로 시행하므로 수용권이 없습니다. 그래서 좁은 구역에서 여기저기 개발이 일어나는 난개발 우려가 있지요.

지자체는 이를 방지하기 위해 사개발 주체에 용적률 완화 등 인센티브를 제공하는 대신 도로 등과 같은 공익시설 건설을 조건으로 허가를 해주는 경우가 있습니다. 이렇게 건설된 공익시설이 기부채납시설인데, 이 경우 원칙적으로 사업 주체가 준공과 동시에 지자체로 소유권을 이전 등기해야 합니다. 하지만 등기가 되지 않았다 하더라도 실효적으로는 준공검사와 동시에 자자체 소유가 됩니다.

기부채납된 땅을 알아보는 요령

이 물건의 문제를 해결하기 위해, 인터넷으로 검색을 하던 중 '부동산 공법'이란 과목을 처음 알게 되었고, 이 분야에서 유명하다는 교수를 찾았습니다. 부동산 공법을 제대로 배워보자는 생각과 함께 그래도 이 분을 통한다면 뭔가 해결책이 있지 않을까 하는 기대감에 대구에서 안양시까지 한걸음에 올라갔습니다. 하지만 결과는 마찬가지였습니다. 제가 낙찰받은 물건을 보는 순간 이 분이 말하더군요.

"이 물건 왜 받으셨어요. 포기하세요. 해결하기 쉽지 않아요."

해결할 방법이 없다는 말에 낙담했습니다. 힘 되는 말 한마디 들으려고 대구에서 달려왔건만, 공법의 대가도 포기하라고 말하니 힘이 쭉 빠졌습니다.

한편으론 '어떻게 물건을 한 번 보고 기부채납인 걸 알지? 이게 공법의 힘인가?' 하는 생각도 들었습니다. 공법의 대가는 어떻게 한눈에 기부채납 도로인 걸 알았을까요? 해당 도로가 기부채납 도로인지 아닌지 어떻게 알아볼 수 있을까요? 그 방법은 바로 등기부와 인근 시설을 보며 유추하는 것입니다. 물론 최종 확인은 지자체 담당자에게 문의하는 게 가장 정확하지만 우선 서류만으로도 유추할 수 있습니다.

먼저 도로의 토지등기부에 ○○개발, ○○주택회사 등 법인 이름이 있으면 기부채납 도로일 가능성이 높습니다. 그렇다면 주변에 아파트 등 대규모 사개발이 있었는지 확인합니다. 사개발 대상의 이름과 토지등기부상 이름이 비슷하거나 같으면 기부채납일 가능성이 높습니다. 예를 들어, 도로의 토지등기부상 소유자가 만사주택개발인데 인근 아파트가 만사아파트라면 기부채납 도로일 가능성이 아주 높은 것입니다.

최종 확인은 그 개발을 주관하는 인허가 부서에 문의해야 합니다. 시행자의 사업계획서 중 기반시설 확충계획서에 도로개설 후 지자체에 기부채납한다는 내용이 있으면 기부채납 도로가 맞습니다. 이처럼 다양한 방법으로 기부채납의 가능성을 따져본 뒤 위험성이 있다 싶으면 반드시 해당 시·군·구 담당자에게 확인해보는 것이 안전합니다.

공공기관에 맞서
공매를 취하시키다

'어떻게 해야 하나….'

밤잠 못자고 고민하기 시작했습니다. 이대로 쉽게 보증금 300만 원을 포기할 순 없었습니다. 대출받아 투자를 시작한터라 300만 원도 제겐 큰돈이었고, 이대로 포기한다면 무서워서 더 이상 경·공매를 하지 못할 거란 예감이 들었기 때문이지요.

'난 장사꾼이다. 이깟 일도 극복하지 못하면서 무슨 경·공매를 한다고 할 것인가.'

제가 장사꾼으로 살아온 세월이 15년이 넘습니다. 문제가 발생하면 보통 사람들은 흔히 말하는 '손절'부터 생각하지만 장사꾼은 손실을 줄이려고 노력합니다. 예를 들어 그날따라 손님이 없다면 어떻게든 손실을 줄이려고 원가에 재고떨이라도 하는 것이지요.

저는 경·공매도 마찬가지라고 생각합니다. 잘못 낙찰받아 소유권에 문제가 생기더라도 버틸 수 있는 만큼 버텨보자는 것입니다. 이런 의미에서 여러분도 어떤 상황이 닥쳤을 때 쉽게 포기하면 안 됩니다. 그래야지 경험이 생깁니다.

세 기관에 삼고초려, 행정소송까지 각오하다

저도 저지만 이미 소유권이 넘어간 물건이 엄한 사람에게 낙찰되도록 내버려둔 국가의 잘못도 있으니 공매가 취하되도록 노력해 보기로 했습니다. 달성군청을 다시 찾아가 담당자를 만났습니다.

"아니, 이게 달성군청 땅이면 진즉 군청 앞으로 소유권이전등기를 해놔야지 않습니까? 이거 직무유기 아닙니까? 당신들은 이 땅이 군청 땅인걸 알고 있었잖아요. 그런데도 공매가 진행되게 놔두는 게 말이 돼요?"

"선임 담당자가 있을 때 일어난 일이라 어떻게 할 수가 없습니다."

"아니, 지금 회피하면 다예요? 지금 개인이 잘못했다고 하는 게 아니라 달성군청이 잘못한 걸 말씀드리는 겁니다."

제 얼굴은 벌겋게 달아올랐습니다. 씩씩거리며 이번엔 동대구세무서를 찾았는데, 이곳도 두 번째 방문입니다.

"아니, 이미 달성군청에 기부채납된 땅이라는데, 이런 땅에 압류를 해요? 이거 잘못돼도 한참 잘못된 거 아닙니까?"

"저희는 ○○주택개발로 등기된 것만 알지, 기부채납된 사실은 몰랐습니다."

"그러면 어찌됐건 이렇게 알았으니 공매를 취하하는 게 맞지 않습니까?"

"그건 좀 어렵습니다."

씩씩거리며 동대구세무서를 나와 이번에는 한국자산관리공사 대구경북본부를 찾아갔습니다.

"○○주택개발로 소유권등기가 있더라도 이미 달성군청에 기부채납된 땅이라는데, 이런 땅을 공매로 매각하면 어쩌자는 거예요?"

"저희는 그런 사실을 알지 못했습니다."

"이제라도 알았으니 공매를 취하하는 게 맞지 않습니까?"

"그건 저희가 단독으로 처리할 수 없습니다. 공매를 건 세무서에서 취하를 해야 합니다."

세 군데 다 똑같이 공매취하는 어렵다는 말만 반복합니다. 화가 끝까지 났지만 꾹 참고 며칠 후 다시 세 번째로 세 기관을 방문했습니다. 담당자들은 같은 말만 반복하니 저도 화가 끝까지 났죠.

"그래요, 어디 두고 봅시다. 내가 행정소송을 해서라도 끝까지 잘잘못을 가릴 테니까요. 세 군데 다 책임을 회피하는데 어디 법정에서도 지금처럼 똑같이 나올 수 있나 지켜보자고요."

행정소송을 해서라도 제 소중한 보증금을 찾아오려고 했습니다. 소장을 준비하면서 다시 한 번 달성군청을 찾아갔습니다. 소송을 준비하겠다는 의지를 다시 한 번 알려주고, 기부채납된 도로의 매각에 대한 부당함을 다시 알렸습니다. 이쯤 되자 담당자의 태도가 조금씩 변화하기 시작했습니다. 달성군청은 동대구세무서가 취하한다면 자신들도 인정하겠다고 하더군요. 이를 동대구세무서에 가서 알리자 달성군청에서 그런 입장이면 본인들도 취하하겠다고 말했습니다. 한국자산관리공사 대구경북본부도 양쪽 기관에서 의견이 조율되면 받아들이겠다고 말했습니다.

포기하지 말고 할 수 있는 일은 다해보자

결과적으로 공매 진행의 부당성을 적극적으로 주장한 끝에 원인 무효를 인정받아 공매 진행을 취소시키고, 입찰보증금을 환불받았습니다. 행정소송까지도 각오했던 것에 비하면 비교적 수월하게 얻어낸 값진 결과입니다. 달걀로 바위치기 같은 무모해 보이는 시도였지만 결국 해냈다는 생각에 뿌듯했습니다.

물론 더 중요한 것은 기부채납에 대해 미리 알고 파악할 수 있는 능력을 갖추는 것입니다. 그러나 이런 일이 벌어지고 말았다면, 그때는 포기하거나 체념하지 말고 수습하기 위해 할 수 있는 데까지 해보라고 말하고 싶습니다.

시간이 흐른 지금까지도 이 사건은 제게 많은 교훈과 용기를 줍니다. 한편으론 '만약 지금 다시 이런 경우에 처한다면 이때처럼 할 수 있을까?'란 생각도 듭니다. 그때 이런 용기를 낼 수 있었던 것은 너무도 간절했기 때문입니다. 사람은 간절해야 합니다. 간절하면 물불 안 가리고 해결할 수 있는 용기가 생깁니다.

그런 용기를 여러분도 가지길 바랍니다. 해보지 않고 결과를 속단하는 것은 게으른 자의 변명이자 핑계입니다. 두려움과 망설임은 당연한 감정입니다. 하지만 이를 핑계로 주저앉는 사람이 있는 반면 시련을 극복하고 넘어서는 사람이 있습니다. 시도하는 사람은 때를 잘 잡고 수습도 잘하는 반면, 핑계가 많은 사람은 좋은 때도 잡지 못하고 운만 탓하며 보냅니다. 전자가 될지, 후자가 될지는 자신의 선택에 달려 있습니다.

한 걸음 더

또 하나의 틈새시장, 신탁공매

공매에는 일반적인 온비드 공매 외에도 틈새시장인 신탁공매가 있습니다. 신탁공매는 일반 공매에 비해 아직 많이 알려지지 않아 경쟁자가 적습니다. 그래서 저가에 낙찰받을 확률이 더 높기 때문에 신탁공매도 관심 있게 보면 좋아요.

신탁(信託)이란 '믿고 부탁한다'는 뜻입니다. 신탁 부동산은 「신탁법」의 적용을 받습니다. 신탁업무에는 여러 가지가 있지만 신탁공매로 나오는 물건은 '담보신탁'인 경우가 많습니다. 신탁사에 부동산을 담보로 제공하고 대출을 받는 개념인데요. 담보신탁이 되면 소유권이 신탁사로 이전됩니다.

보통 은행대출은 등기부에 근저당권을 설정하고 채권최고액이 기재되는 반면, 담보신탁은 소유권이 신탁사로 이전되었을 뿐 대출금액이 등기부에 기재되지 않습니다. 이를 대출이 없다고 오해해선 큰일납니다. 소유자가 신탁사라면 반드시 신탁원부를 발급받아 대출금액이 얼마인지 확인해야 합니다. 신탁원부는 등기소에서 발급받을 수 있습니다.

은행 등 금융기관에서 신탁회사의 부동산을 담보로 잡고 대출해 주었다가 연체가 발생하면 금융기관은 채권을 회수하기 위해 신탁회사에 부동산을 공매해 달라고 요청합니다.

그러면 신탁회사는 담보신탁에 의해 신탁등기한 부동산을 공매하는 거지요. 이는 국세징수법상의 공매와 다르다는 점에 유의해야 합니다. 신탁공매는 별도의 법률상 근거가 있는 것이 아니라 신탁계약에 따라 수탁자인 신탁회사가 신탁재산인 부동산을 공개적으로 매각하는 절차로, 법적 성질은 개인 간의 매매와 동일합니다.

따라서 「민사집행법」이나 「국세징수법」 등의 강제집행 절차에 관한 법률의 적용을 받지 않으므로 낙찰이 된다고 해도 신탁재산에 설정된 가압류나 가처분 등이 말소되는 것이 아닙니다. 말이 낙찰일 뿐 매수인에게 소유권을 이전하는 것과 같기 때문입니다. 신탁공매에는 말소기준권리 자체가 없고 소멸주의가 아닌 인수주의를 택합니다. 따라서 권리에 대한 책임은 입찰자가 다 부담하게 되므로 입찰 전 등기부등본 및 전입세대열람 등을 통해 충분히 인수권리가 없는지, 불법 점유자나 서류에 나타나지 않는 임차인이 없는지 확인 후 입찰해야 합니다.

신탁공매는 신탁회사가 온비드에 위임하여 진행하는 방식과 신탁회사에서 자체 매각하는 방식이 있습니다. 국내에는 11개의 신탁회사가 있으며, 포털사이트에 '신탁회사'를 검색해보면 신탁회사들의 홈페이지가 나옵니다. 자체 매각방식은 이러한 부동산 신탁회사 홈페이지에 들어가보면 공매검색란이 별도로 있고 현재 진행 중인 공매물건의 열람이 가능합니다.

신탁공매에서는 수탁자(신탁사)가 시행 주체에게서 소유권을 넘겨받아 소유자로 기능합니다. 그렇기 때문에 동순위의 수익자가 여럿 있을 수 있습니다. 금융기관 입장에서도 나누어서 대출을 해줄 수 있기 때문에 여러 곳의 금융기관에서 대출을 받기 용이합니다.

신탁공매는 좀 더 깊은 공부가 필요하지만, 잘 활용하면 부동산 재테크에서 의미 있는 수익을 거둘 수 있습니다.

간혹 "어떻게 하면 물건을 잘 찾을 수 있어요?"라고 묻는 분이 있는데요. 특별한 정답은 없습니다. 그저 공매에 나오는 물건을 빠짐없이 살살이 검토하는 게 비법이랄까요. 공매는 일주일 단위로 10%씩 낮아진 가격으로 매각이 진행되기에 매주 빠짐없이 전체 공매 물건을 검토하면서 물건을 발굴하는 겁니다. 보통 일주일에 3,000~4,000개가 넘는 물건의 매각이 진행되는데 이를 하나씩 찾아보는 것이죠.

물론 시간이 많이 걸립니다. 그래도 3일 정도 몰입하면 볼 수 있는 양입니다. 지금까지 150여 건의 낙찰을 받은 저도 이렇게 노력하는데 1~2시간 검색해보고 '별거 없잖아' 하는 말은 안 했으면 좋겠습니다. 수익은 시간과 노력을 기울인 만큼 돌아오는 법이니까요.

에필로그

밥 먹듯이 투자하며
경험을 쌓아가자

요즘같이 취준생(취업준비생)이 넘쳐나는 시기에는 합격만 되라는 심정으로 이리저리 마구잡이로 이력서를 내는 사람이 많습니다. 그런데 어렵게 취직에 성공했다 한들, 과연 본인이 꿈꾸던 삶을 살 수 있을까요? 대부분 고개를 저을 것입니다. 취직이 되면 그때부터 갑을관계가 형성되고, 일한 만큼의 보수를 받고, 직장생활을 하며 현실에 길들여집니다. 적성에 안 맞아도, 과중한 업무에 지쳐가도 그만두지 못하고 길들여집니다.

팍팍한 현실에서 돌파구를 찾기 위해선 월급만 바라보고 있을 게 아니라 다른 수입을 찾아야 합니다. 월급의 대안이 바로 투자수익입니다. 하지만 문제는 투자금입니다. 그럴 듯해 보이는 물건에 투자하려면 몇 천만 원에서 몇 억 원이 오가는 현실에서 손 안에 쥔 몇 백 만원은 초라하게 느껴질 겁니다. 하지만 돈이 적다고 투자를 못하는 것은 아닙니다. 다만 못 할 것이라는 자조적인 생각만 있을 뿐이죠.

흔히 금수저니 흙수저니 하며 수저 타령을 합니다. 하지만 더 중요한 것은 스스로 얼마나 절박하냐는 것입니다. 절실해야 살아남는다는 이치는 어느 분야에서나 통합니다.

저도 처음부터 부동산에 대해 잘 안 것은 아니었습니다. 2011년 대구에서 첫 경매수업을 듣기 시작해서 지금까지 일주일에 2~3회가량 부동산 모임과 강의를 위해 서울까지 왔다 갔다 했습니다. 나이가 나이인지라 습득력이 예전 같지 않으니, 수업을 녹음해서 반복적으로 듣고 또 들어야만 겨우 이해할 정도였습니다. 그 사이 무리한 반복 청취로 귀에 조금 이상이 왔고 녹음기도 세 개를 갈아치웠습니다.

투자를 하면서 모든 물건에서 다 수익을 얻을 순 없습니다. 많이도 남겨보고 적게도 남겨보고 손해도 보고, 그러면서도 경·공매투자를 계속 밥 먹듯이 해나가야 합니다. 한번 손해가 있었다고 그 길로 낙심해서 끈을 놓아버리면 다시 경·공매 투자에 접근하기 힘듭니다.

초보자들은 작은 실수를 두려워하지 마세요. 실수를 하거나 손해를 봤다고 해서 창피해할 일도 아닙니다. 실수를 했다는 것은 경험을 늘렸다는 뜻입니다. 그 경험들이 모여서 더 큰 성공으로 가게 해줄 것입니다. 그러니 실패했더라도 수업료를 치르고 배웠다 생각하고, 툭툭 털고 일어나기 바랍니다. 그렇게 경험이 쌓여 성공이라는 목적지에 도착할 것입니다.

참고로, 이 책에는 물건을 검색하는 방법에 대해서는 따로 기술하지 않았습니다. 제가 어떤 식으로 온비드 공매 물건을 검색하는지가 궁금하시다면 유튜

브 채널 '온비드를 읽어주는 남자'를 참고하시면 도움이 되실 것입니다.

투자 공부의 마지막은 사람공부

마지막으로 당부하고 싶은 게 있습니다. 저는 지난 9년 동안 150여 건의 낙찰을 받고 수십 건의 소송을 했으며, 법원에 500여 차례가 넘게 출석을 했습니다. 그 과정에서 수많은 사람을 만났지요. 돌이켜보면 진정한 투자의 완성은 사람공부에서 나오는 것 같습니다. 토지 투자를 하려면 다른 사람과의 협상이 필수이고 때로는 소송도 해야 하니까요.

　공부에는 두 종류가 있습니다. 하나는 경쟁을 뚫기 위한 공부, 다른 하나는 자신과 세상을 위한 공부입니다. 우리는 모두 자신 이외의 사람들과 부대끼면서 살아갈 수밖에 없습니다. 그러면서 많은 사람에게 영향을 받게 되지요. 그런데도 학문적 공부에는 치열한 반면 사람 공부에는 소홀한 경우가 많습니다.

　모든 인간관계의 기본은 '기브 앤 테이크(give and take)'입니다. 여기서 말하는 기브 앤 테이크는 받은 만큼만 돌려주라는 게 아니라 받았으면 반드시 돌려주라는 뜻입니다. 누군가가 나를 도우면 반드시 그 이상의 보답을 받는다는 느낌을 상대방에게 줘야 합니다. 이 태도가 똑바로 잡혀 있지 않으면 일이 수월하게 풀리기 힘듭니다. 평판이 좋을 수 없기 때문이지요. 상대의 관심과 배려를 당연하다고 여기는 순간부터 관계는 무너집니다. 투자도 사람이 하는 일이기에 평판을 잘 관리하고 인간관계를 가꾸는 것이 중요합니다.

사람 관계는 나의 입장이 아닌 상대 입장에서 시작하면 좋습니다. 인사를 받으려고 하지 말고 인사를 먼저 하는 겁니다. 이해해 주기를 바라기 전에 이해를 하고서 시작하면 성공합니다.

"내가 어려워지니 사람들이 떠나더라."

실패한 후 이런 말 하는 분들이 있습니다. 맞는 말이지만, 사람들이 떠난 이유가 단순히 본인이 실패했다는 사실 하나뿐인지는 다시 생각해볼 일입니다. 평소 어떤 태도로 관계를 유지했는지, 잘나가던 시절에 주위에 뭘 어떻게 베풀었는지 상기해봐야 합니다.

핑계 댈 시간에 일단 시작하자

어느 정도 준비됐으면 이제 시작해야겠지요? 하지만 많은 분이 시작조차 못하는 경우가 많습니다. 어떤 일을 해나가는 과정에서 늘 여러 가지 핑계를 대곤 하지요. 시간이 없다는 식으로 핑계를 대며 "내일부터"를 외치는 데 익숙합니다. 핑계를 대서 일시적으로 책임을 회피하고 마음의 위안을 얻을 수는 있겠지만 핑계를 대는 것이 습관이 되면 소극적이고 수동적이 됩니다. 뭉그적거리며 일을 처리하니 효율 역시 떨어질 수밖에 없습니다. 핑계거리를 찾을 때 이미 성공에서 멀어집니다.

성공하는 사람은 방법을 찾고, 실패하는 사람은 핑계를 찾는다고 하죠. 여러분은 어떻습니까? 지금도 핑계를 대며 애써 위안을 삼고 있진 않겠지요. 제가 알려드린 방법은 돈이 적어도 얼마든지 할 수 있는 소액투자 방법입니다. 아무것도 하지 않으면 아무 일도 일어나지 않습니다. 지금 위치에서 다른 위치로 올라가려면 움직여야 합니다.

재테크에서는 무엇보다 행동이 중요합니다. 동기부여 전문가인 지그 지글러(Zig Zigler)는 "행동가가 돼라. 목표를 정하고도 행동하지 않으면 목표는 이뤄지지 않는다"고 했습니다. 지식은 좀 부족해도 실행력이 뛰어나면 어떻게든 결과가 나오지만, 지식이 풍부해도 실행력이 부족하면 어떤 결과도 나오지 않습니다. 목표는 오직 실행하는 사람만이 달성할 수 있습니다.

1,000만 원으로 투자할 수 있는 소액 토지 투자는 주택 투자나 갭투자에 비해 고려해야 할 것도 많고 몸을 움직여야 할 것도 많은 게 사실입니다. 하지만 몸도 마음도 편하면서 투자금도 적고 수익률까지 높은 투자는 없습니다. 적은 돈으로 높은 수익률을 얻고자 한다면 부지런히 움직여야 합니다. 움직이는 자에게 수익이 돌아옵니다. 끊임없이 돈이 될 만한 작은 땅을 찾아보고, 그런 기회를 만난다면 고민만 하지 말고 도전해보기 바랍니다. 자, 시작은 지금부터입니다.

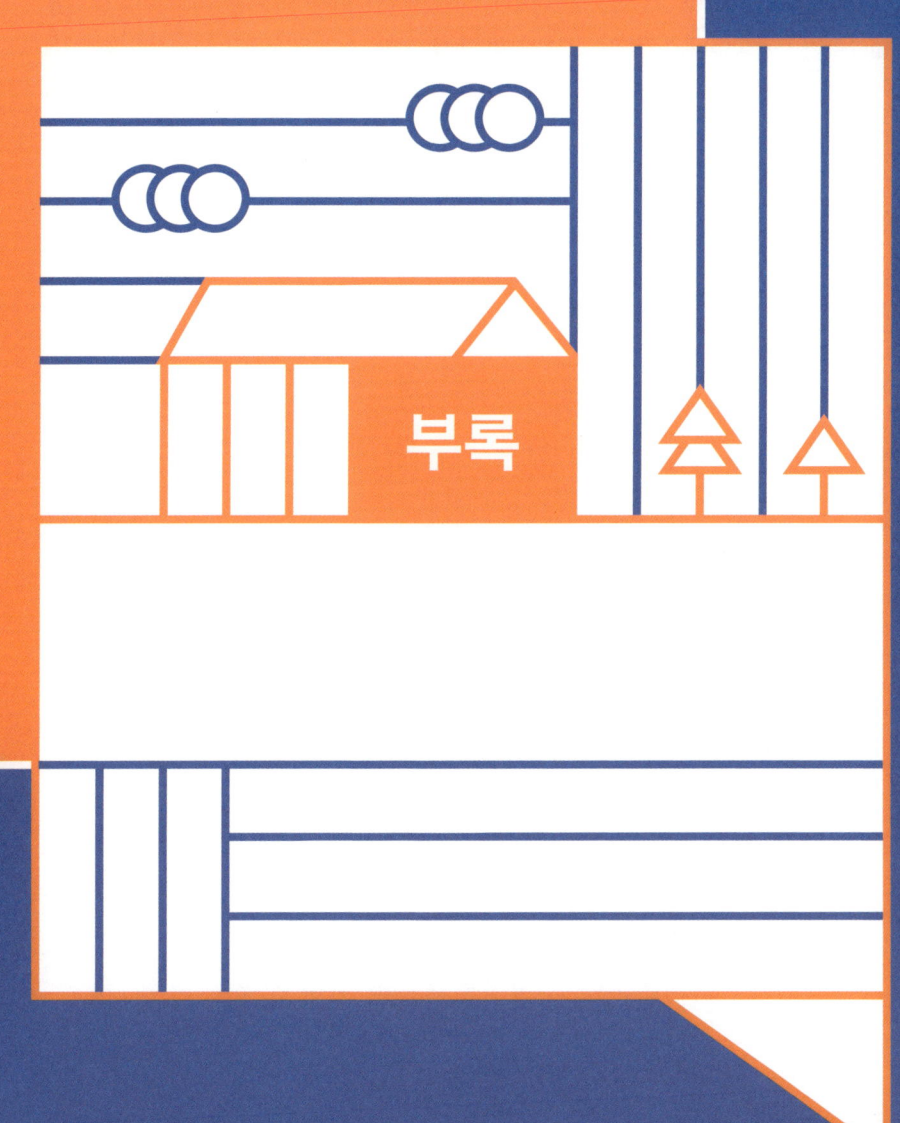

부록

일러두기

이 책에 실린 각종 서류양식은 2020년 7월 기준으로 만들어졌으며 관계법령 및 지자체 조례가 바뀔 경우 달라질 수 있습니다. 또한 토지 투자에서 자주 사용되는 양식 일부만을 발췌하였을 뿐 모든 양식을 소개한 것은 아닙니다. 제시된 작성 예시는 독자 이해를 돕기 위한 것으로, 사건의 개별성과 지자체 별 운영 방식에 따라 달라질 수 있습니다. 사용 전에 반드시 담당 공무원 및 법률전문가와 상의하시기 바랍니다.

● 만사오케이의 경매 추천도서

● 토지 관련 서류양식

- 개발행위 허가신청서 (공작물설치 / 토지분할 / 토지형질변경)
- 토지거래계약 허가신청서
- 토지취득자금 조달계획서
- 이용목적변경 승인신청서
- 농지취득자격증명 신청서(주말농장 / 농업경영체)
- 농업경영계획서
- 농지전용허가 신청서
- 농지처분명령에 대한 의견제출서
- 토지매수청구서

● 소송 관련 서류양식

- 내용증명
- 소장
- 답변서
- 준비서면 (의견제시 / 자료제출)
- 기일변경신청서

만사오케이의 추천도서

『민사집행법에 따른 경매판례분석』, 굿옥션 편집부(굿옥션, 2017년 7월)

『당신이 몰랐던 공매의 매력』, 김동희 저(고려원북스, 2011년 2월)

『연봉 2배 올리는 공매 투자 이야기』, 김동희 저(도서출판채움, 2014년 11월)

『전문가가 알려주는 배당표작성과 배당이의 실무』, 김동희 저(도서출판채움, 2015년 9월)

『한 권으로 끝내는 경매투자의 정석』, 김동희 저(채움과사람들, 2016년 8월)

『법정지상권과 집합건물 투자의 비밀』, 김동희 저(도서출판채움, 2016년 12월)

『지분경매 실전투자의 비밀』, 김동희 저(도서출판채움, 2019년 11월)

『농지 114』, 김영남 저(부연사, 2015년 6월)

『유치권법정지상권 공략 119』, 신창용 저(다산북스, 2011년 9월)

『앤소니와 함께하는 생생경매의 현장』, 안수현 저(매일경제신문사, 2011년 1월)

『앤소니와 함께하는 실전경매 노하우』, 안수현 저(희소, 2013년 1월)

『경매야 부탁해』, 원도 저(잇콘, 2018년 9월)

『왕교수가 알려주는 부동산 공법 경매로 100억 부자되는 비법』, 이주왕·유영선 저(매일경제신문사, 2017년 5월)

『부동산 등기 완전정복』, 정기수 저(매일경제신문사, 2012년 11월)

『부동산 경매 대법원 판례집』, 정기수 저(매일경제신문사, 2015년 6월)

『꿈장사의 월세혁명』, 조영환 저(잇콘, 2019년 10월)

(※저자명 가나다순)

토지 관련 서류양식

■ 국토의 계획 및 이용에 관한 법률 시행규칙[별지 제5호서식] <개정 2019. 8. 7.>

개발행위 허가신청서 (※건축물을 짓는 경우)

※ [ ]에는 해당되는 곳에 √표를 합니다.

접수번호		접수일		처리기간	15일
[√] 공작물설치	[ ] 토지형질변경	[ ] 토석채취	[ ] 토지분할	[ ] 물건적치	

신청인	성명(법인인 경우는 그 명칭 및 대표자 성명) 홍길동		생년월일(법인인 경우는 법인등록번호) 1965. 01. 01	
	주소 경기도 용인시 기흥구 ○○로 ○○○ 101호 (※도로명주소 기입) (우편번호 : 12345) (전화번호 : 010-0000-0000)			
	창업자 해당 여부: [ ] 해당 [√] 미해당 ※ 신청인은 뒷쪽의 '창업자 안내'를 확인하고, 창업자 해당 여부에 √표를 합니다.			

허가신청 사항

위치(지번)	경기도 파주시 ○○면 ○○리 123번지 (※번지주소 기입)			지목	전	
용도지역	계획관리지역			용도지구		

신청내용	공작물 설치	신청면적	104㎡		중량	100톤
		공작물구조	철근콘크리트구조		부피	3,000㎡
	토지형질 변경	토지현황	경사도		토질	
			토석매장량			
		입목식재 현황	주요수종			
			입목지		무입목지	
		신청면적				
		입목벌채	수종		나무 수	그루
	토석채취	신청면적			부피	
	토지분할	종전면적			분할면적	
	물건적치	중량			부피	
		품명			평균적치량	
		적치기간	년 월 일부터 년 월 일까지 (개월간)			

개발행위목적	공장건물
사업기간	착공 2020년 7월 26일, 준공 2022년 7월 30일

「국토의 계획 및 이용에 관한 법률」 제57조제1항 및 같은 법 시행규칙 제9조에 따라 위와 같이 허가를 신청합니다.

2020년 7월 15일

신청인 홍길동 (서명 또는 인)

특별시장·광역시장·특별자치시장·특별자치도지사·시장·군수 귀하

■ 국토의 계획 및 이용에 관한 법률 시행규칙[별지 제5호서식] <개정 2019. 8. 7.>

개발행위 허가신청서 (※토지를 분할하는 경우)

※ [ ]에는 해당되는 곳에 √표를 합니다.

접수번호	접수일	처리기간	15일

[ ] 공작물설치   [ ] 토지형질변경   [ ] 토석채취   [√] 토지분할   [ ] 물건적치

신청인	성명(법인인 경우는 그 명칭 및 대표자 성명) 홍길동	생년월일(법인인 경우는 법인등록번호) 1965. 01. 01
	주소 경기도 용인시 기흥구 ○○로 ○○○ 101호 (※도로명주소 기입) (우편번호 : 12345) (전화번호 : 010-0000-0000)	
	창업자 해당 여부: [ ] 해당 [√] 미해당 ※ 신청인은 뒷쪽의 '창업자 안내'를 확인하고, 창업자 해당 여부에 √표를 합니다.	

허가신청 사항

위치(지번)	경기도 파주시 ○○면 ○○리 123번지 (※번지주소 기입)		지목	전
용도지역	계획관리지역		용도지구	

신청내용	공작물설치	신청면적		중량	
		공작물구조		부피	
	토지형질변경	토지현황	경사도	토질	
			토석매장량		
		입목식재현황	주요수종		
			입목지	무입목지	
		신청면적			
		입목벌채	수종	나무 수	그루
	토석채취	신청면적		부피	
	토지분할	종전면적	A = 1,000㎡	분할면적	㉮600㎡ ㉯400㎡
	물건적치	중량		부피	
		품명		평균적치량	
		적치기간	년 월 일부터 년 월 일까지 (개월간)		

개발행위목적   소유권 이전에 의한 토지분할

사업기간   착공 2020년 7월 26일, 준공 2022년 7월 30일

「국토의 계획 및 이용에 관한 법률」 제57조제1항 및 같은 법 시행규칙 제9조에 따라 위와 같이 허가를 신청합니다.

2020 년   7 월   15 일

신청인   홍길동   (서명 또는 인)

특별시장 · 광역시장 · 특별자치시장 · 특별자치도지사 · 시장 · 군수 귀하

■ 국토의 계획 및 이용에 관한 법률 시행규칙[별지 제5호서식] <개정 2019. 8. 7.>

개발행위 허가신청서 (※토지형질을 변경하는 경우)

※ [ ]에는 해당되는 곳에 √표를 합니다.

접수번호	접수일	처리기간	15일

[ ] 공작물설치   [√] 토지형질변경   [ ] 토석채취   [ ] 토지분할   [ ] 물건적치

신청인	성명(법인인 경우는 그 명칭 및 대표자 성명) 홍길동	생년월일(법인인 경우는 법인등록번호) 1965. 01. 01
	주소 경기도 용인시 기흥구 ○○로 ○○○ 101호 (※도로명주소 기입) (우편번호: 12345) (전화번호: 010-0000-0000)	
	창업자 해당 여부: [ ] 해당 [√] 미해당 ※ 신청인은 뒷쪽의 '창업자 안내'를 확인하고, 창업자 해당 여부에 √표를 합니다.	

허가신청 사항

위치(지번)	경기도 과천시 ○○동 산○○ (※번지주소 기입)	지목	임
용도지역	계획관리지역	용도지구	

신청내용	공작물 설치	신청면적		중량	
		공작물구조		부피	
	토지형질 변경	토지현황	경사도 12도	토질	마사토
			토석매장량 300톤		
		입목식재 현황	주요수종	무입목지	○
			입목지		
		신청면적	1,000㎡		
		입목벌채	수종	나무 수	그루
	토석채취	신청면적		부피	
	토지분할	종전면적		분할면적	
	물건적치	중량		부피	
		품명		평균적치량	
		적치기간	년 월 일 부터 년 월 일까지 (개월간)		

개발행위목적	절토 및 정지
사업기간	착공 2020년 7월 26일, 준공 2022년 7월 30일

「국토의 계획 및 이용에 관한 법률」 제57조제1항 및 같은 법 시행규칙 제9조에 따라 위와 같이 허가를 신청합니다.

2020년   7월   15일
신청인 홍길동   (서명 또는 인)

특별시장 · 광역시장 · 특별자치시장 · 특별자치도지사 · 시장 · 군수 귀하

■ 부동산 거래신고 등에 관한 법률 시행규칙 [별지 제9호서식]

토지거래계약 허가 신청서

접수번호			접수일시			처리기간	15일		
매도인	①성명(법인명) 홍길동					②주민등록번호(법인·외국인등록번호) 650101-1234567			
	③주소(법인소재지) 경기도 용인시 기흥구 ○○로 ○○○ 101호					(휴대)전화번호 010-0000-0000			
매수인	④성명(법인명) 임꺽정					⑤주민등록번호(법인·외국인등록번호) 700101-1234567			
	⑥주소(법인소재지) 서울시 강남구 ○○로3길 ○○-○					(휴대)전화번호 010-0000-0000			
⑦허가신청하는 권리			[V] 소유권 [ ] 지상권						
토지에 관한 사항	번호	⑧소재지	⑨지번	지목		⑫면적(㎡)	⑬용도지역·용도지구	⑭이용현황	
				⑩법정	⑪현실				
	1 2 3	경기도 하남시 ○○동	○○-○	전	대	234㎡	제2종일반	주거	
	⑮권리설정현황								
토지의 정착물에 관한 사항	번호	⑯종류		⑰정착물의 내용		이전 또는 설정에 관한 권리			
						⑱종류	⑲내용		
	1 2 3	주거용 건물		연면적 102㎡, 벽돌조, 사용년수 23년					
이전 또는 설정하는 권리의 내용에 관한 사항	번호	⑳소유권의 이전 또는 설정의 형태		그 밖의 권리의 경우		㉓특기사항			
				㉑존속기간	㉒지대(연액)				
	1 2 3	매매							
계약예정금액에 관한 사항	번호	토지				정착물		㉚예정금액합계(원)(㉗+㉙)	
		㉔지목(현실)	㉕면적(㎡)	㉖단가(원/㎡)	㉗예정금액(원)	㉘종류	㉙예정금액(원)		
	1 2 3	대	234㎡	299,145	70,000,000	건물	10,000,000	80,000,000	
	계			평균	계		계	계	

「부동산 거래신고 등에 관한 법률」 제11조제1항, 같은 법 시행령 제9조제1항 및 같은 법 시행규칙 제9조에 따라 위와 같이 허가를 신청합니다.

2020년 7월 26일

매도인   홍길동   (서명 또는 인)
매수인   임꺽정   (서명 또는 인)

시장·군수·구청장 귀하

신청인 제출서류	1. 「부동산 거래신고 등에 관한 법률 시행규칙」 제11조제1항 각 호의 사항을 적은 토지이용계획서 (「농지법」 제8조에 따라 농지취득자격증명을 발급받아야 하는 농지의 경우에는 같은 조 제2항에 따른 농업경영계획서를 말합니다) 2. 「부동산 거래신고 등에 관한 법률 시행규칙」 제9조제2항에 따른 별지 제10호서식의 토지취득자금조달계획서	수수료 없음
담당 공무원 확인사항	토지등기사항증명서	

■ 부동산 거래신고 등에 관한 법률 시행규칙 [별지 제10호서식]

토지취득자금 조달계획서

제출인 (매수인)	①성명(법인명) 임꺽정		②생년월일(법인·외국인등록번호) 700101-1234567	
	③주소(법인소재지) 서울시 강남구 ○○로3길 ○○-○		(휴대)전화번호 010-0000-0000	
자기자금	④금융기관 예금액	30,000,000 원	⑤토지보상금	원
	⑥부동산매도액	30,000,000 원	⑦주식·채권 매각대금	원
	⑧현금 등 기타	원	⑨소계	원
차입금 등	⑩금융기관 대출액	20,000,000 원	⑪사채	원
	⑫기타	원	⑬소계	원
⑭ 합계			80,000,000	원

「부동산 거래신고 등에 관한 법률」제11조제1항, 같은 법 시행령 제9조제1항 및 같은 법 시행규칙 제9조제2항제2호에 따라 위와 같이 토지취득자금 조달계획을 제출합니다.

2000 년 7 월 26 일

제출인 홍길동 (서명 또는 인)

시장·군수·구청장 귀하

유의사항

1. 본 계획서에는 토지의 취득에 소요되는 자금의 조달계획을 구분하여 기재합니다.
2. ④ ~ ⑧에는 자기자금을 종류별로 구분하여 중복되지 아니하게 기재합니다.
3. ⑤의 토지보상금은 공익사업의 시행으로 토지를 양도하거나 토지가 수용되어 지급받는 보상금을 말하며, 토지보상금을 지급받은 후 금융기관에 예탁하거나 현금으로 보유하고 있더라도 ⑤에 기재합니다.
4. ⑩ ~ ⑫에는 외부 차입금을 종류별로 구분하여 중복되지 아니하게 기재합니다.
5. ⑨에는 ④ ~ ⑧의 합계액을, ⑬에는 ⑩ ~ ⑫의 합계액을, ⑭에는 ⑨와 ⑬의 합계액을 각각 기재합니다.

■ 부동산 거래신고 등에 관한 법률 시행규칙 [별지 제17호서식] <개정 2020. 2. 27.>

취득토지의 이용목적변경 승인신청서

접수번호		접수일시		처리기간	15일	
신청인	성명(법인명) 홍길동			생년월일(법인·외국인등록번호) 1965.01.01		
	주소(법인소재지) 경기도 용인시 기흥구 ○○로 ○○○ 101호			(휴대)전화번호 010-0000-0000		
토지의 표시	번호	소재지	지번	지목	면적(㎡)	권리의 종류	예정금액
	1 2 3	경기도 하남시 ○○동	○○-○	전	234㎡		
정착물의 표시	종류		내용		예정금액	
	건물		조립건물		5,000,000 원	
토지의 이용 목적의 변경	변경 전			변경 후		
	대지			거주용		
변경사유	거주용 주택 건설					

「부동산 거래신고 등에 관한 법률」 제17조제1항, 같은 법 시행령 제14조제1항제3호 및 같은 법 시행규칙 제17조에 따라 위와 같이 취득토지의 이용목적변경 승인을 신청합니다.

2000 년 7 월 26 일

신청인   홍길동 (서명 또는 인)

시장·군수·구청장 귀하

첨부서류	토지의 이용에 관한 변경계획서	수수료 없음

처리절차

신청서 작성 → 접수 → 현장조사 및 관계기관 협의 → 결정 → 신청인에 통지

신청인   처리기관: 시·군·구(토지거래허가 담당부서)

■ 농지법 시행규칙 [별지 제3호서식] <개정 2017. 1. 19.>

농지취득자격증명신청서 (※면적 1,000㎡ 미만일 경우)

접수번호		접수일자		처리기간	4일 (농업경영계획서를 작성하지 않는 경우에는 2일)

농지취득자 (신청인)	① 성명 (명칭)	임꺼정	② 주민등록번호(법인등록번호) 700101-1234567	⑤ 취득자의 구분			
				농업인	신규영농	주말·체험영농	법인 등
	③ 주소	서울시 강남구 ○○로3길 ○○-○				○	
	④ 전화번호	010-0000-0000					

취득농지의 표시	⑥ 소재지						⑩ 농지구분		
	시·군	구·읍·면	리·동	⑦ 지번	⑧ 지목	⑨ 면적(㎡)	농업진흥지역		영농여건 불리농지
							진흥구역	보호구역	진흥지역 밖
	양주시	○○면	○○리	○○-1	전	400㎡			

⑪ 취득원인	공매 낙찰				
⑫ 취득목적	농업경영	주말·체험영농 ○	농지전용	시험·연구·실습지용 등	

「농지법」제8조제2항, 같은 법 시행령 제7조제1항 및 같은 법 시행규칙 제7조제1항제2호에 따라 위와 같이 농지취득자격증명의 발급을 신청합니다.

2020 년 7 월 26 일

농지취득자(신청인)   임꺼정 (서명 또는 인)

시장·구청장·읍장·면장 귀하

첨부서류	1. 별지 제2호서식의 농지취득인정서(법 제6조제2항제2호에 해당하는 경우만 해당합니다) 2. 별지 제4호서식의 농업경영계획서(농지를 농업경영 목적으로 취득하는 경우만 해당합니다) 3. 농지임대차계약서 또는 농지사용대차계약서(농업경영을 하지 않는 자가 취득하려는 농지의 면적이 영 제7조제2항제5호 각 목의 어느 하나에 해당하지 않는 경우만 해당합니다) 4. 농지전용허가(다른 법률에 따라 농지전용허가가 의제되는 인가 또는 승인 등을 포함합니다)를 받거나 농지전용신고를 한 사실을 입증하는 서류(농지를 전용목적으로 취득하는 경우만 해당합니다)	수수료 : 「농지법 시행령」 제74조에 따름
담당공무원 확인사항	1. 토지(임야)대장 2. 주민등록표등본 3. 법인 등기사항증명서(신청인이 법인인 경우만 해당합니다)	

행정정보 공동이용 동의서

본인은 이 건 업무처리와 관련하여 담당공무원이 「전자정부법」 제36조제1항에 따른 행정정보의 공동이용을 통하여 위의 담당공무원 확인사항을 확인하는 것에 동의합니다. ＊동의하지 않는 경우에는 신청인이 직접 관련서류를 제출하여야 합니다.

신청인(대표자)   (서명 또는 인)

■ 농지법 시행규칙 [별지 제3호서식] <개정 2017. 1. 19.>

농지취득자격증명신청서

(※면적 1,000㎡ 이상일 경우)

접수번호			접수일자			처리기간	4일 (농업경영계획서를 작성하지 않는 경우에는 2일)		
농지취득자 (신청인)	①성명(명칭) 임꺽정			②주민등록번호(법인등록번호) 700101-1234567		⑤취득자의 구분			
						농업인	신규영농	주말·체험영농 ○	법인 등
	③주소 서울시 강남구 ○○로3길 ○○-○								
	④전화번호 010-0000-0000								
취득농지의 표시	⑥소재지			⑦지번	⑧지목	⑨면적(㎡)	⑩농지구분		
	시·군	구·읍·면	리·동				농업진흥지역	진흥지역 밖	영농여건 불리농지
							진흥구역	보호구역	
	서산시		○○동	○○-3	답	1,200㎡			
⑪취득원인	공매 낙찰								
⑫취득목적	농업경영	○	주말·체험영농		농지전용		시험·연구·실습지용 등		

「농지법」 제8조제2항, 같은 법 시행령 제7조제1항 및 같은 법 시행규칙 제7조제1항제2호에 따라 위와 같이 농지취득자격증명의 발급을 신청합니다.

2020년 7월 26일

농지취득자(신청인) 임꺽정 (서명 또는 인)

시장·구청장·읍장·면장 귀하

첨부서류	1. 별지 제2호서식의 농지취득인정서(법 제6조제2항제2호에 해당하는 경우만 해당합니다) 2. 별지 제4호서식의 농업경영계획서(농지를 농업경영 목적으로 취득하는 경우만 해당합니다) 3. 농지임대차계약서 또는 농지사용대차계약서(농업경영을 하지 않는 자가 취득하려는 농지의 면적이 영 제7조제2항제5호 각 목의 어느 하나에 해당하지 않는 경우만 해당합니다) 4. 농지전용허가(다른 법률에 따라 농지전용허가가 의제되는 인가 또는 승인 등을 포함합니다)를 받거나 농지전용신고를 한 사실을 입증하는 서류(농지를 전용목적으로 취득하는 경우만 해당합니다)	수수료 : 「농지법 시행령」 제74조에 따름
담당공무원 확인 사항	1. 토지(임야)대장 2. 주민등록표등본 3. 법인 등기사항증명서(신청인이 법인인 경우만 해당합니다)	

행정정보 공동이용 동의서

본인은 이 건 업무처리와 관련하여 담당공무원이 「전자정부법」 제36조제1항에 따른 행정정보의 공동이용을 통하여 위의 담당공무원 확인사항을 확인하는 것에 동의합니다. *동의하지 않는 경우에는 신청인이 직접 관련서류를 제출하여야 합니다.

신청인(대표자) (서명 또는 인)

부록

■ 농지법 시행규칙 [별지 제4호서식] <개정 2019. 8. 26.>

농업경영계획서

(앞쪽)

취득 대상 농지에 관한 사항	①소재지			②지번	③지목	④면적 (㎡)	⑤영농 거리	⑥주재배 예정 작물의 종류(가축 종류명)	⑦영농 착수시기
	시·군	구·읍·면	리·동						
	서산시		○○동	○○-3	답	1,200㎡	12/km	호두	2021. 2월말 묘목식재
	계								

농업 경영 노동력의 확보 방안	⑧취득자 및 세대원의 농업경영능력					
	취득자와 관계	성별	연령	직업	영농경력(년)	향후 영농여부
	본인	남	51세	회사원	시작	노후생계
	⑨취득농지의 농업경영에 필요한 노동력확보방안					
	자기노동력		일부고용		일부위탁	전부위탁(임대)
	○		○		고려중	

농업 기계·장비의 확보 방안	⑩농업기계·장비의 보유현황					
	기계·장비명	규격	보유현황	기계·장비명	규격	보유현황
	경운기	5마력	대여고려중	삽, 낫 등 농기구	보통	보유중
	⑪농업기계장비의 보유 계획					
	기계·장비명	규격	보유계획	기계·장비명	규격	보유계획

⑫연고자에 관한 사항	연고자 성명		관계	

「농지법」 제8조제2항, 같은 법 시행령 제7조제1항 및 같은 법 시행규칙 제7조제1항제3호에 따라 위와 같이 본인이 취득하려는 농지에 대한 농업경영계획서를 작성·제출합니다.

2020 년 7 월 26 일

제출인 (서명 또는 인)

(뒤 쪽)

⑬소유농지의 이용현황

소재지			지번	지목	면적 (㎡)	주재배 작물의 종류(가축종류명)	자경 여부
시·도	시·군	읍·면	리·동				
양주시	○○면		○○리	○○-1	전	400㎡	호두	○
파주시	○○면		○○리	○○	답	200㎡	호두	○

⑭임차(예정)농지현황

소재지			지번	지목	면적 (㎡)	주재배(예정) 작물의 종류 (가축종류명)	임차(예정) 여부
시·도	시·군	읍·면	리·동				

⑮특기사항

기재상 유의사항

⑤란은 거주지로부터 농지소재지까지 일상적인 통행에 이용하는 도로에 따라 측정한 거리를 씁니다.
⑥란은 그 농지에 주로 재배·식재하려는 재배작물의 종류를 씁니다.
⑦란은 취득농지의 실제 경작 예정시기를 씁니다.
⑧란은 같은 세대의 세대원 중 영농한 경력이 있는 세대원과 앞으로 영농하려는 세대원에 대하여 영농경력과 앞으로 영농 여부를 개인별로 씁니다.
⑨란은 취득하려는 농지의 농업경영에 필요한 노동력을 확보하는 방안을 다음 구분에 따라 해당되는 난에 표시합니다.
  가. 같은 세대의 세대원의 노동력만으로 영농하려는 경우에는 자기 노동력 란에 ○표
  나. 자기노동력만으로 부족하여 농작업의 일부를 고용인력에 의하려는 경우에는 일부고용란에 ○표
  다. 자기노동력만으로 부족하여 농작업의 일부를 남에게 위탁하려는 경우에는 일부 위탁 란에 위탁하려는 작업의 종류와 그 비율을 씁니다. [예 : 모내기(10%), 약제살포(20%) 등]
  라. 자기노동력에 의하지 아니하고 농작업의 전부를 남에게 맡기거나 임대하려는 경우에는 전부위탁(임대)란에 ○표
⑩란과 ⑪란은 농업경영에 필요한 농업기계와 장비의 보유현황과 앞으로의 보유계획을 씁니다.
⑫란은 취득농지의 소재지에 거주하고 있는 연고자의 성명 및 관계를 씁니다.
⑬란과 ⑭란은 현재 소유농지 또는 임차(예정)농지에서의 영농상황(계획)을 씁니다.
⑮란은 취득농지가 농지로의 복구가 필요한 경우 복구계획 등 특기사항을 씁니다.

■ 농지법 시행규칙 [별지 제14호서식] <개정 2019. 6. 28.>

농지전용 [V] 허가   신청서
[ ] 변경허가

접수번호		접수일자		처리기간	시·군·구	10일
					시·도	20일
					농림축산식품부	30일

신청인	성명(명칭)	성춘향	주민등록번호 (법인등록번호)	880229-2345678
	주소	경기도 용인시 기흥구 ○○로 ○○○ 101호		
	우편물수령지	상동	(전화번호: 010-0000-0000)	

전용하려는 농지	소재지	경기도 양주시 ○○면 ○○리 ○○-/번지 외 필지			
	구 분	계 (㎡)	답	전	농지개량시설부지
	농업진흥구역				
	농업보호구역				
	농업진흥지역 밖	400㎡		400㎡	
	계	400㎡		400㎡	

사업예정부지 총 면적(비농지 포함)	400 ㎡ (농업진흥지역 ㎡)
사업기간	착공예정일: 2020년 9월 1일 준공예정일: 2020년 12월 31일
전용목적	창고 건축
농지보전 부담금 납부방법	[V]일시납부 [ ]분할납부 ※ 해당란에 √ 표시

「농지법」 제34조제1항, 같은 법 시행령 제32조제1항 및 같은 법 시행규칙 제26조제1항에 따라 위와 같이 농지전용의 허가(변경허가)를 신청합니다.

2020년 7월 26일

신청인   성춘향   서명 또는 인

농림축산식품부장관
시 · 도 지 사   귀하
시장·군수·자치구구청장

첨부서류	1. 전용목적, 사업시행자 및 시행기간, 시설물의 배치도, 소요자금 조달방안, 시설물관리·운영계획, 「대기환경보전법 시행령」 별표 1의3 및 「물환경보전법 시행령」 별표 13에 따른 사업장 규모 등을 명시한 사업계획서 2. 전용하려는 농지의 소유권을 입증하는 서류(토지 등기사항증명서로 확인할 수 없는 경우만 해당합니다) 또는 사용승낙서·사용승낙의 뜻이 기재된 매매계약서등 사용권을 가지고 있음을 입증하는 서류 3. 전용예정구역이 표시된 지적도등본·임야도등본 및 지형도 4. 해당 농지의 전용이 농지개량시설 또는 도로의 폐지 및 변경이나 토사의 유출, 폐수의 배출 또는 악취의 발생 등을 수반하여 인근 농지의 농업경영과 농어촌생활환경의 유지에 피해가 예상되는 경우에는 대체시설의 설치 등 피해방지계획서 5. 변경내용을 증명할 수 있는 서류를 포함한 변경사유서(변경허가 신청의 경우만 해당합니다) 6. 농지보전부담금의 권리에 대한 양도양수를 증명할 수 있는 서류(전용허가자의 명의가 변경되어 변경허가를 신청하는 경우만 해당합니다) 7. 농지보전부담금 분할납부신청서(분할납부를 신청하는 경우만 해당합니다)	수수료 「농지법 시행령」 제74조3에 따름
담당공무원 확인사항	1. 해당 농지의 토지 등기사항증명서(신청인이 전용하려는 농지의 소유자인 경우만 해당합니다) 2. 지적도·임야도 및 지형도	

※ 농지전용에 따른 농지보전부담금을 납부하셔야 허가가 가능합니다.   210mm×297mm[백상지 80g/㎡]

전용신청농지명세서

시·군	소재지 읍·면	리·동	지번	지목	면적(㎡)	진흥지역 용도구분	전용 면적(㎡)	주재배 작물명
양주시	○○면	○○리	○○-1	전	400㎡		400㎡	호두

처리절차

※ 이 신청서는 무료로 배부되며 아래와 같이 처리됩니다.

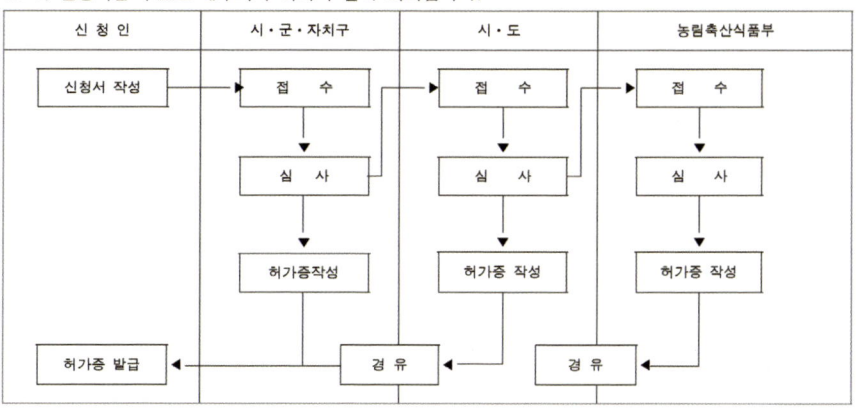

농지전용허가권한(「농지법 시행령」 제71조)

구분	시장·군수·자치구구청장	시·도지사	농림축산식품부장관
농업진흥지역 안 농지	3천㎡ 미만	3천㎡ 이상 ~ 3만㎡ 미만	3만㎡ 이상
농업진흥지역 밖 농지	3만㎡ 미만	3만㎡ 이상 ~ 30만㎡ 미만	30만㎡ 이상

■ 행정절차법 시행규칙 [별지 제11호서식] <개정 2014.7.28>

의 견 제 출 서

※ 아래의 유의사항을 읽고 작성하시기 바랍니다.

의견제출인	성명	임꺽정		
	주소	서울시 강남구 ○○로3길 ○○-○	전화번호	010-0000-0000

의견제출 내용	① 예정된 처분의 제목	농업경영에 이용할 목적으로 취득한 농지의 휴경에 따른 처분 사전통지
	당사자	성명(명칭): 임꺽정 주소: 서울시 강남구 ○○로3길 ○○-○ (전화번호: 010-0000-0000)
	의견	본인은 2020년 2월 잡목을 제거하였고, 4월초 묘목을 식재하는 등 성실 경작을 해왔습니다. 또한 본인이 식재한 호두나무는 수목 사이 간격이 넓어야 하고, 심어놓은 후에는 관리가 자주 필요한 품종이 아닐 뿐 필요한 경작 업무를 꾸준히 지속해왔습니다. 증거자료로 사진과 함께 농기구 구입 및 식대 영수증을 첨부합니다.
	기타	

「행정절차법」 제27조제1항(제31조제3항)에 따라 위와 같이 의견을 제출합니다.

2020 년 7 월 26 일

의견제출인   임꺽정 (서명 또는 인)

○ ○ 군 수   귀하

유 의 사 항

1. 기재란이 부족한 경우에는 별지를 사용하실 수 있습니다.
2. 증거자료 등을 첨부하실 수 있습니다.
3. 위 의견제출과 관련하여 문서를 받으신 경우에는 문서번호와 일자를 ①란에 함께 기재하여 주시기 바랍니다.

■ 부동산 거래신고 등에 관한 법률 시행규칙 [별지 제16호서식]

토지매수청구서

접수번호		접수일시		처리기간	1개월

매수청구인	①성명(법인명) 임꺽정	②생년월일(법인·외국인등록번호) 700101-1234567
	③주소(법인소재지) 서울시 강남구 ○○로3길 ○○-○	(휴대)전화번호 010-0000-0000

토지에 관한 사항	번호	④소재지	⑤지번	⑥주택지표시	지목		⑨면적(㎡)	⑩용도지역·용도지구	⑪이용현황
					⑦법정	⑧현실			
	1	경기도 하남시 ○○동	○○-○		전	전	234	계획관리	농지
	2								
	3								

토지에 있는 공작물 등에 관한 사항	번호	⑫종류	⑬공작물 등의 내용	매수청구에 관계되는 권리	
				⑭종류	⑮내용
	1	창고	컨테이너	소유권	시세 500만원
	2				
	3				

매수청구에 관계되는 토지의 권리에 관한 사항	번호	⑯종류	지상권전세권 또는 임차권의 경우				㉑특기사항
			⑰존속기간	⑱잔존기간	⑲건고·비견고성	⑳지대(연액:원)	
	1						
	2						
	3						

㉒소유권외 권리자 성명·주소

「부동산 거래신고 등에 관한 법률」 제16조제1항, 같은 법 시행령 제15조 및 같은 법 시행규칙 제16조에 따라 위와 같이 토지에 관한 권리의 매수를 청구합니다.

2020년 7월 26일

매수청구인   임꺽정 (서명 또는 인)

시장·군수·구청장 귀하

소송 관련 서류양식

내 용 증 명

수 신 홍길동
주 소 경북 경산시 ○○○길 ○○-○ 203호

발 신 임꺽정
주 소 경기 용인시 기흥구 ○○로 ○○-○
연락처 010-○○○○-○○○○

부동산 표시 : 경북 경산시 ○○면 ○○리 ○○○ 외 1필지

1. 댁내 평안을 기원합니다.

2. 본인은 2020. 3. ○○. 경매(2019타경○○○○○)를 통하여 위 소재 부동산을 낙찰받아 소유권을 획득하고 2020. 4. ○○. 소유권이전등기를 경료한 본건 토지의 소유자로, 2020. 4월 말 해당 부동산을 방문하였을 때 낙찰 당시에는 존재하지 않았던 분묘 1기가 있음을 확인하였습니다.

3. 경산시 사회복지과에 의뢰한 결과 위 분묘는 불법매장임을 확인하였고, 해당 분묘의 묘주가 귀하임을 확인하였습니다.

4. 본인은 해당 토지에 민물어류 양식장 및 관리사 한 동의 설치를 허가받아 공사를 진행할 예정으로, 해당 사업이 시작되는 6월 ○○일 이전까지 분묘를 이전해주시기를 정중히 요청합니다.

5. 만약 분묘가 이장되지 않을 경우 부득이하게 해당 분묘의 강제철거를 신청할 수밖에 없으며, 이를 위해 소요되는 모든 금액을 귀하에게 청구해야 하는 상황입니다.

6. 본인은 원만한 협의를 바라고 있으므로, 아래 번호로 연락 주십시오.
(010-○○○○-○○○○)

2020. ○○. ○○
홍길동 님 귀하

위 통지인   임꺽정   (인)

소 장

원　고　성 춘 향 (800101-○○○○○○○)
연락처 : 010-○○○○-○○○○

피　고　변 학 도 (701231-○○○○○○○)
연락처 : 010-○○○○-○○○○

지료청구의 소

청 구 취 지

1. 피고는 원고에게 2020. 8. 1.부터 "전북 남원시 ○○로 ○○ 대지 53㎡ 지상 철근콘크리트조 스라브지붕 4층건물(무허가)"을 철거하고 위 토지의 인도 완료시까지 매월 금 600,000원의 비율에 의한 금원을 지급하라.

2. 소송비용은 피고의 부담으로 한다.

3. 위 제1항은 가집행할 수 있다.

라는 재판을 구합니다.

청 구 원 인

1. 원고는 이 사건 부동산인 전북 남원시 ○○로 ○○ 대지 53㎡(이하, 이 사건 부동산이라고 합니다)에 관하여 2020. 3. 5. 공매절차를 통하여 2020. 4. 2. 소유권이전등기를 경료한 소유자이고 피고는 위 원고 소유의 대지 지상의 무허가 건축물인 철근콘크리트조 스라브지붕 4층 건물을 점유 사용하는 건물 소유자입니다.

2. 원고가 이 사건 부동산의 소유권을 취득하기 이전부터 위 토지상에 피고 소유의 무허가 건물이 건축되어 있었는데, 피고는 위 건물 3~4층을 사용하면서 1~2층에 대하여는 각 보증금 10,000,000원, 각 월 150,000원의 월세를 받고 제3자에 임대를 하여 임차인들이 점유 사용하고 있습니다.
원고는 피고에게 적정한 가격을 제시하며 피고 소유의 건물에 대한 매각을 요청하는 한편,

이 사건 부동산의 감정금액인 금 63,300,000원의 10%에 해당하는 지료를 지급할 것을 요구하였으나 이에 불응하고 있습니다.

3. 원고는 피고에게 그동안 수 차례에 걸쳐 무허가건물을 원고에게 매각하거나 지료의 지급을 요구하였으나, 피고가 이에 불응하여 부득이 청구취지와 같은 판결을 득하고자 본 소의 제기에 이르렀습니다.

입증방법 및 첨부서류

1. 부동산등기부등본   1통
1. 토지대장등본   1통
1. 소장부본   1통

기타 입증방법은 구두변론시 수시 제출하겠습니다.

2020. 7. ○○.

원고 성 춘 향 (인)

전주지방법원 민사 제2단독 귀중

답 변 서

사　　건　2020가합○○○○　건물철거등
원　　고　성　춘　향
피　　고　변　학　도

위 사건에 관하여 피고 소송대리인은 다음과 같이 답변합니다.

청구취지에 대한 답변

1. 원고의 청구를 기각한다.
2. 소송비용은 원고의 부담으로 한다.
　라는 판결을 구합니다.

청구원인에 대한 답변

1. 원고의 이 사건 청구원인 중 전북 남원시 ○○로 ○○ 대지 53㎡(이하, 이 사건 부동산 대지라고 한다)에 관하여 2020. 3. 5. 공매절차를 통하여 2020. 4. 2. 소유권이전등기를 한 사실에 대하여는 인정하나, 그 외는 사실과 다르므로 부인하며 다툽니다.

2. 피고는 이 사건 부동산 대지상에 철근콘크리트 스라브지붕 4층 미등기건물을 피고의 부친이 1965. 경부터 점유사용 관리하여 오다가 피고의 모친이 부친 생존시에 이를 증여받아 점유사용 관리하여 오던 중 모친은 1992. 8. 경 사망하고 모친 생존시에 피고가 이를 증여받아 약 55여년 동안 점유사용 관리하여 오고 있었고, 피고는 2020. 3. 5. 공매로 인해 2020. 4. 2. 토지에 대한 소유권이전등기를 경료한 것입니다.

3. 그러므로 이 사건 부동산 대지와 무허가 지상건물은 동일인의 소유로 되어 있다가 토지만의 공매로 인하여 각기 다른 사람의 소유로 된 것이므로 이는 법정지상권이 성립한다 할 것이므로 원고의 이 사건 부동산 건물에 대한 철거는 어느 모로 보나 부당하다 아니 할 수 없으며, 원고가 청구하는 지료는 너무 과다하다 할 것이므로 원고의 이 사건 청구는 기각되어야 할 것입니다.

2020. 7. ○○.
피고 소송대리인　변호사　김 이 방　(인)

전주지방법원 민사 제2단독 귀중

준 비 서 면

사　　건　2020가합○○○○　건물철거등
원　　고　성춘향
피　　고　변학도

위 사건에 관하여 원고는 아래와 같이 변론을 준비합니다.

1. 피고는 이 사건의 부동산 대지 "전북 남원시 ○○로 ○○ 대지 53㎡(이하, 이 사건 부동산 대지라고 합니다)"지상의 철근콘크리트조 스라브지붕 4층 건물은 무허가 미등기인 상태로 1965년경부터 피고의 부친이 점유 사용하여 오다가 모친이 증여받았고, 모친 생존 시에 피고가 이를 증여받아 약 55년 동안 점유 사용하여 오던 중 2020. 4. 2. 원고가 그 대지만을 공매로 인하여 소유권을 취득하여 토지와 건물의 소유자가 달리 된 것이므로 법정지상권이 성립한다고 주장하면서 건물의 철거는 부당하다고 주장하고 있습니다.

2. 그러나 이 사건과 같이 공매로 인하여 토지와 건물의 소유자가 달라진 경우는 관습법상 법정지상권의 문제로, <갑의 소유인 대지와 그 지상에 신축된 미등기건물을 을이 함께 양수한 후 건물에 대하여는 미등기상태로 두고 있다가 이중 대지에 대하여 강제경매가 실시된 결과 병이 이를 경락받아 그 소유권을 취득한 경우에는 을은 미등기인 건물을 처분할 수 있는 권리는 있을지언정 소유권을 가지고 있지 아니하므로 대지와 건물이 동일인의 소유에 속한 것이라고 볼 수 없어 법정지상권이 발생할 여지가 없다.[대법 88다카2592, 2002202다9660]> 라는 것이 대법원의 일관된 판례입니다.

3. 이 사건에서 피고는 법률 규정에 의한 물권변동사유인 상속이 아닌 증여를 통해 무허가 미등기건물의 소유권을 얻었으며, 이는 법리상 매매와 같이 법률행위(계약)로 인한 물권변동사유에 해당하는 바 등기하여야 소유권을 취득(민법 제186조)할 수 있으므로, 피고가 모친으로부터 증여받을 당시 이 사건 토지에 대하여서는 증여에 의한 소유권을 취득하였으나 그 지상건물에 대하여서는 처분권은 취득하였을지언정 소유권을 취득하지 못했다고 보아야 할 것입니다.

4. 그러므로 이 사건은 관습법상의 법정지상권 성립요건인 토지와 건물이 동일인에게 속하는 경우에 해당하지 않으므로, 원고가 이 사건 부동산 대지를 낙찰받음으로써 관습법상 법정지상권을 취득하지 못했다고 볼 수 있으므로 피고는 원고의 건물철거에 응해야 할 것입니다.

2020. 7. ○○.

위 원고 성 춘 향　(인)

전주지방법원 [민사 제2단독] 귀중

준 비 서 면

사　　건　　2020가합○○○○ 지료청구
원　　고　　성 춘 향
피　　고　　변 학 도

당사자 사이의 위 사건(지료감정)에 관하여 원고는 다음과 같이 변론을 준비합니다.

- 다　음 -

1. 본건(공매 2019-○○○○○-○○○)의 감정평가서 일부를 발췌하여 제시합니다. (평가시점 2019년 ○○월 ○○일)

2. 비교건으로 2018타경○○○○의 감정평가서 일부를 발췌하여 제시합니다. (평가시점 2017년 ○○월 ○○일)

3. 결론
　　따라서 원고의 주장은 타당하므로 피고는 원고에게 합당한 지료를 지불해야 합니다.

입 증 방 법

1. 2018타경○○○○ 감정평가서 발췌본
2. 본건(2019-○○○○○-○○○) 감정평가서 발췌본
3. 비교건에 대한 실물사진
4. 부동산써브의 ○○동 대지 및 상가 감정가

2020년 7월 ○○일

원고 성 춘 향 (인)

전주지방법원　귀중

기 일 변 경 신 청 서

사 건 2020가합○○○○ [담당재판부 : 제2민사단독]
원 고 성 춘 향
피 고 변 학 도

위 사건에 관하여 2020. 6. 27. 11:30 로 변론기일이 지정되었으나 원고는 다음과 같은 사유로 출석할 수 없으므로 변론기일을 변경하여 주시기 바랍니다.

- 다 음 -

변경신청사유 : 원고는 위 사건의 변론기일인 2020. 6. 27. 10:00 전주지방법원 2019가합○○○○ 토지명도등 사건의 원고로서 변론에 출석하여야 하므로 위 시간에는 출석이 불가하므로, 출석시간을 15:00 이후로 변경해 주시거나 다른 날짜로 변론기일을 변경해 주시기 바랍니다.

첨 부 서 류

1. 전주지방법원 변론기일통지서 사본   1통

2020. ○○. ○○.

위 원고   성 춘 향   (인)
(연락처 : 010-○○○○-○○○○)

전주지방법원 [민사제2단독]   귀중